Planches arrachées pages 66-67, 86-87, 90-91, 108-109, 138-139, 150-151, 230-231, 270-271, 282-283, 286-287
17 novembre 1930

C.
1478.

# RELATION
## NOUVELLE
## D'UN VOYAGE
### DE
## CONSTANTINOPLE.

Enrichie de Plans leveZ par l'Auteur sur les lieux, & des Figures de tout ce qu'il y a de plus remarquable dans cette Ville. (*par Grelot*)

### PRESENTÉE AU ROY.

A PARIS,
En la Boutique de PIERRE ROCOLET.
Chez la veuve de DAMIEN FOUCAULT, Impr. & Libr. ordin. du Roy & de la Ville,
au Palais en la Gallerie des Prisonniers, aux Armes du Roy & de la Ville.

M. DC. LXXX.

AVEC PRIVILEGE DV ROY.

# AU ROY.

IRE,

Il semble qu'un Voyageur qui revient de l'Orient ne devroit apporter à

# EPISTRE.

VÔTRE MAJESTÉ que des perles & des diamans. Ie n'aurois aussi jamais eu assez de présomption pour luy presenter seulement quelques Desseins que j'ay tracez dans mes Voyages, si la bonté avec laquelle elle a bien voulu plus d'une fois les regarder ne me faisoit prendre aujourd'huy la liberté de les luy offrir en les rendant publics. Ie sçay bien, SIRE, que ce present est tout-à-fait indigne d'un Monarque pour qui la Perse & les Indes n'ont rien d'assez considerable. Mais enfin, puisque ce Prince qui croyoit que tout l'Vnivers estoit trop peu de chose pour luy ne refusa pas le plumage d'un Oyseau mort qu'on ne pût luy presenter en vie, j'espere que VÔTRE MAJESTÉ qui n'est pas moins élevée par sa douceur que par ses grandes actions au

# EPISTRE.

deſſus d'Alexandre, me permettra de luy donner au moins la figure des lieux qu'elle pourra soûmettre en effet lorſqu'elle trouvera bon d'y porter ſes Armes toûjours victorieuſes. Oüy, SIRE, les Peuples des Villes que ces Eſquiſſes repreſentent, remplis du glorieux Nom de LOUÏS LE GRAND, s'eſtimeroient heureux de vivre ſous le doux Empire d'un Souverain qu'ils conſiderent avec raiſon comme le premier & le plus grand Monarque de l'Univers. VÔTRE MAJESTÉ y ſeroit aſſurément reconnuë avec plaiſir; & j'aurois en meſme temps la joye de luy avoir découvert par mes Deſſeins ce qu'il y a encore aujourd'huy de plus grand, & ſi je l'oze dire de plus digne d'Elle: C'eſt le but que je me ſuis propoſé en

# EPISTRE.

*y travaillant, pour faire connoître à tout l'Vnivers que je suis avec un tres-profond respect,*

SIRE,

DE VOSTRE MAJESTE',

Le tres-humble, tres-obeïssant,
& tres-fidele sujet & serviteur,
GRELOT.

# AVIS AU LECTEUR.

ON a publié tant de sortes de Relations du Levant, & les Curieux sont si bien informez de tout ce qui s'y fait, que c'est s'exposer à la censure de vouloir mettre au jour quelque chose qui n'ait pas esté déja décrit plusieurs fois. Aussi tout ce que les Voyageurs modernes nous rapportent aujourd'huy de l'Orient n'étant pour la plûpart que des redites; j'ay retardé depuis quelques années que je suis de retour, à rendre public ce que je n'avois fait que pour me remettre icy devant les yeux les agreables idées des plus beaux endroits de mes voyages. J'obsérvois en toutes les Relations que je lisois, que la plûpart des remarques que j'avois faites estoient presque semblables à ce que tant d'illustres Voyageurs avoient donné au Public devant moy; & qu'à moins de vouloir passer comme beaucoup d'autres, ou pour Copiste ou pour Plagiaire, je ne pouvois pas honnestement publier sous mon nom ce que plusieurs s'étoient déja attribuez. Mais enfin voyant que le grand nombre de Relations qui ont paru n'ont toutes ensemble donné pas un seul plan, elevation ou figure fidele de tout ce qui est décrit dans celle-cy. J'ay resolu pour satisfaire à la curiosité de plusieurs personnes qui me font l'honneur de m'aimer, de faire graver quelques-uns des Plans & des Desseins que j'ay tirez dans le Levant. Toutes les

# AVIS

Figures qui font la meilleure partie de ce Livre, & sur lesquelles tout le discours est fondé, satisferont assurément ceux qui n'auront pas eu le loisir ou l'envie de lire tout ce que les autres Voyageurs en ont écrit; & ceux qui auront déja leu dans quelques Relations la description de ces mesmes lieux, & qui n'auront pû par le seul discours en bien concevoir la structure, seront peut-estre encore bien aises d'avoir devant les yeux les Plans, Elevations, Profils, & Images fideles de toutes ces beautez, dont ils ont tant de fois entendu parler.

Ce sera par le moyen de ces mesmes Figures que toutes sortes de personnes pourront sans peril en peu de temps, & utilement satisfaire leur curiosité. On sçaura bien plus de choses de Constantinople aprés avoir parcouru les feüillets de ce Livre, que ceux qui avec de grandes dépenses & de longues fatigues, ont écrit de gros Volumes pour donner des idées toutes contraires à la verité. Je ne veux pas dire par là que tant d'illustres Voyageurs qui m'ont devancé dans le Levant, & qui ont ensuite mis au jour quantité de Relations tres-curieuses, ayent manqué de belles expressions pour expliquer au juste ce qu'ils ont veu. Il ne faut que lire leurs écrits pour ne les pas accuser de cette faute. Ils sont tous loüables en ce qu'ils ont fait; & je ne croy pas qu'un Voyageur qui doit estre le partisan de la verité & de la bonne foy, voulût aux dépens de sa reputation en imposer à qui que ce soit; mais c'est qu'il est certain qu'un gros volume tout entier d'écriture ne donne jamais d'idée si parfaite d'un lieu que le fera un plan ou un dessein tracé sur une feüille

## AU LECTEUR.

le de papier, & que quelque Relation que l'on en face, elle sera toûjours tres obscure si l'on n'y joint quelque crayon de la chose que l'on explique.

Voila ce qui m'a donné la pensée de ne rien décrire icy sans en fournir aussi-tost les Figures. Elles seront comme un grand Sceau qui se met au bas des Patentes pour en authoriser la verité. Tout ce qu'il y a à Paris de fameux Voyageurs m'ont fait la grace d'asseurer la plûpart de ceux qui les ont veu de la fidelité & l'exactitude de ces mesmes desseins.

Ce sont leurs approbations qui ont obligé plusieurs personnes des plus éclairées, & de la premiere qualité à vouloir les voir, & quelques-uns mesmes d'entr'eux ayant eu la bonté d'en parler à Nôtre Grand Monarque, Sa Majesté a bien voulu non seulement me faire plusieurs fois l'honneur de les considerer, mais encore de me commander de les continuer & de les luy faire voir au net.

Aprés une approbation si glorieuse, je ne crois pas que personne puisse trouver mauvais de ce que sans obliger les gens de sortir de leur cabinet, je leur fais voir une bonne partie de ce qu'il y a de plus beau dans l'Orient. Les Villes, les Habitans, les Edifices changeront de nature, ils viendront eux-mesme vous trouver chez vous tels qu'ils sont, & vous informeront beaucoup mieux par mon moyen de ce qu'ils ont de plus beau, que si vous fussiez allé vous mesme sur les lieux les examiner. Je ne doute pourtant pas de vostre capacité & de vostre exactitude : mais je crains fort que vous n'eussiez fait aussi sagement que beaucoup d'autres, qui pour ne pas s'exposer si facilement aux grands perils que

## AVIS

l'on sçait qu'il y a de dessiner en Turquie, s'en reviennent icy trop contents d'avoir seulement veu ce qu'ils n'ont pas peu ou osé tracer sur les lieux. Tous les Voyageurs vous asseureront que les Avanies & les insultes y sont fâcheuses & continuelles, & que l'on ne risque pas moins que la vie ou la Religion quand on veut satisfaire de trop prés sa curiosité. Cependant je vous apporteray sans aucun risque de vostre costé, car j'en ay bien couru du mien, tout ce qu'il y a de plus remarquable dans le Levant.

Je commence par les raretez de Constantinople. Les bouches ou les portes de cette grande ville que l'on appelle autrement l'Helespont ou les Dardanelles avec la Propontide tiendront le premier lieu. Vous verrez ensuite la belle situation de son Port, le grand Serrail & le fameux Temple de S.te Sophie, avec son plan ses veuës du dedans & du dehors. Toutes les Relations ont parlé de cet ancien bastiment, & cependant voicy la premiere qui vous en donne un Plan regulier & des Desseins fidelles. Les grandes difficultez qu'il y a pour un Chrétien d'entrer dans cette Mosquée, ne vous doivent pas faire douter de l'exactitude des crayons que j'en ay tirez, l'habit, la barbe, & la langue Turque dont je me servois, me donnoient souvent l'entrée des lieux qui estoient fermez à bien du monde. Et lors que la difficulté estoit grande, je joignois à ces avantages, l'adresse, l'intrigue, & les presens : tellement que d'une maniere ou d'une autre, il faloit que les lieux fussent bien gardez & bien observez quand je n'en pouvois tirer un Plan, ou tout au moins un crayon du dedans & du dehors sur des tablettes que j'avois toujours sur

## AU LECTEUR.

moy. J'y retournois tant de fois pour confronter mes esquisses avec le modele, que j'en observois jusques aux moindres petits ornements.

J'ay encore joint à ces figures celles des trois plus belles Mosquées de Constantinople, leur Plan avec la maniere & la posture qu'observent ceux qui font leurs prieres au dedans: Mais quoique six ans de sejour que j'ay fait en Turquie & en Perse, & que l'application avec laquelle je m'attachois incessamment à dessiner tout ce qu'il m'estoit possible, m'ayent fourny beaucoup de desseins; je n'en donne neantmoins icy qu'une petite partie, & si je puis connoître que cet essay soit agreable, je seray paroistre dans la suite ceux qui me restent des autres endroits de l'Orient où j'ay esté. Mais tout cela demandant beaucoup de temps & de depense pour un Voyageur comme moy; on me permetra de ne donner maintenant que cecy pour servir seulement comme d'épreuve pour les autres. J'espere que l'on agréera ce petit ouvrage aussi-bien que ceux qui pouront le suivre. Il doit estre d'autant plus recommandable qu'il est attesté par un assez bon nombre de témoins qui luy font l'honneur de l'accompagner; ce sont autant d'illustres Voyageurs qui luy ont fait la grace de l'orner de leurs celebres noms. Ils luy ont donné les attestations suivantes, & quelques-uns mesme ont eu la bonté d'assurer Sa Majesté de mon exactitude, lors que suivant les grandes connoissances qu'elle a de toutes choses, elle me demanda si parmy tant de desseins que je luy faisois voir, je n'y avois pas beaucoup ajoûté de mon invention.

# ATTESTATIONS
## DES PLUS CELEBRES ET ILLUSTRES VOYAGEURS
de l'Orient, touchant la fidelité des Plans & des Desseings
du sieur Grelot.

### Attestation de feu Monsieur Marchant Directeur de la culture du Jardin Royal des Plantes.

Je certifie que tous les Desseins que le sieur Grelot a levez des Mosquées & autres Edifices, sont tres-exacts, & conformes à ce que j'ay veu sur les lieux.
MARCHANT Directeur de la culture du Jardin Royal.

### Attestation de Monsieur Blondel Marêchal de Camp aux Armées du Roy, & Maistre de Mathematiques de Monseigneur le Dauphin.

J'Aurois eu peine à me persuader, veu la difficulté qu'il y a de designer dans l'Orient, que l'on y peust lever des plans, élevations, profils, & autres desseings aussi justes & fidelles que le font ceux que le sieur Grelot nous fait voir aujourd'huy dans ce Livre, & ailleurs: Mais comme toutes les esquilles & crayons qu'il a tirez dans ses voyages m'ont paru tout-à-fait exacts, & conformes au souvenir qui me reste encore des lieux où j'ay passé, je suis obligé d'asseurer tous ceux qui les verront, de ne point craindre de prendre sur eux de fausses idées, puisqu'ils sont tous tres-fidellement designez.
BLONDEL.

### Attestation de Monsieur Bernier Docteur en Medecine.

Il seroit à souhaiter que tous ceux qui voyagent dans les pays étrangers, le fissent aussi utilement que Monsieur Grelot les Desseings qu'il donne dans ce Livre, & ceux qu'il m'a fait voir des autres endroits où j'ay esté, monstrent assez avec quelle exactitude il a observé les choses les plus difficiles à remarquer, telles que le sont les plans & profils des lieux où mesme on a bien de la peine d'avoir accés. C'est pourquoy me sentant obligé de luy rendre la justice qui luy est deuë sur ce sujet, j'asseure le Public que les idées que donnent tous ses Desseings sont tres-conformes à celles qui me sont restées des lieux qu'ils representent.
F. BERNIER.

### Attestation de Monsieur Covel Gentilhomme Anglois.

Dominus Guil. Josephus Grelot, quem probe novi quando Constantinopoli una commorati sumus, mihi monstravit Parisiis tabulas quasdam propriâ suâ manu delineatas, nempe urbium Constantinopoleos, Galatæ, Chrysopoleos, vulgo Scutari, item Templorum Sanctæ Sophiæ, aliorumque quorumdam ab Imperatoribus Turcicis fabricatorum. Ego sane ne ullo officio decessem, aut veritati ipsi asserendæ, non possum non laudare imprimis viri ingenium, industriam ac diligentiam; nec minus affirmare, quod, in quantum mihi videtur, & fideliter & accurate & ad amussim, quod aiunt, facta sunt omnia. Ita testor, JOH. COVEL.

### Attestation de Monsieur Galand Interprete des Langues Orientales, & Antiquaire.

CE seroit estre injuste de refuser à Monsieur Grelot l'approbation des excellens Desseings qu'il met au jour; il a si bien representé & au naturel les lieux que j'ay veus à Constantinople, dans l'Archipel, en Chipre, & dans la Syrie, qu'en jettant les yeux sur les autres Desseings des lieux où je n'ay pas esté, je croy les avoir aussi presens que si j'en voyois l'original. GALAND.

# RELATION NOUVELLE D'UN VOYAGE DE CONSTANTINOPLE,

*ENRICHIE DES PLANS LEVEZ par l'Autheur sur les lieux, & des Figures de tout ce qu'il y a de plus remarquable dans cette Ville.*

LE voyage de Constantinople est sans doute un des plus agreables, & dans lequel on peut remarquer avec admiration ce que la nature offre aux yeux de plus charmant dans la situation des lieux, & ce que le tems nous a laissé des plus beaux restes de la magnificence des Empereurs d'Orient. Ceux qui ont cette curiosité, soit pour passer ensuite plus

A

loin, ou pour borner leur courſe en cette grande Ville, doivent chercher un embarquement commode qui ſe fait pour l'ordinaire à Marſeille, à Livourne, à Veniſe, ou à quelqu'autre port de Mer, à moins qu'ils ne veulent y aller par terre. Qu'ils ayent cependant le ſoin de porter autant d'argent, & de lettres de change qu'il leur en ſera neceſſaire pour le voyage; ſans cela il ne faut point s'embarquer. On doit ſe pourvoir d'un bon capot, d'un ſtrapontin ou petit matelas, d'une couverture, d'un tapis, d'une canevette de vin & d'eau de vie pour ceux qui l'aiment, avoir du biſcuit, de la viande fraiſche & ſalée, des fruits ſecs & frais, & d'autres proviſions de bouche; ou plutoſt, pour s'épargner la peine de tout cet attirail embaraſſant, on peut s'accommoder avec le Capitaine, ou quelqu'autre officier du vaiſſeau pour tous les frais de ſa dépenſe, auſſi-bien que pour le naulis ou paſſage. Le tout ne monte guere qu'à vingt-cinq ou trente écus tout au plus.

Le premier lieu où l'on paſſe neceſſairement c'eſt le détroit des Dardanelles. On y arrive par diverſes routes aprés avoir laiſſé derriere ſoy à droite & à gauche les Iſles Cyclades & Sporades qui compoſent dans la Mer Egée ce que l'on appelle l'Archipel. Je ne diray rien de toutes ces Iſles quoi-que j'en aye viſité & deſſigné la plus grande partie, parce que mon deſſein eſt de parler icy ſeulement de ce qui regarde Conſtantinople, dont les Dardanelles ſont les bouches ou les portes. Le tems que l'on employe à ce voyage ſe regle par le vent qui n'a rien d'assuré. On y peut souvent aller en huit ou dix jours, & quelquefois on n'y arrive pas en un mois, parce que suivant le proverbe des Matelots avec un pain on fait cent lieuës, & avec cent pains on n'en fait pas une sur la Mer.

## DESCRIPTION DE L'HELLESPONT
### & des Dardanelles.

CE fameux détroit que l'on appelle autrement l'Hellespont est situé au 37.<sup>me</sup> degré 42 minutes de latitude septentrionale, & environ le 55.<sup>me</sup> de longitude. Toute sa longueur n'est pas de plus de dix à douze lieuës. Sa largeur dans son entrée est d'une bonne lieuë & demie, & dans toute la suite d'une demie lieuë tout au plus. A son couchant que l'on a à la main gauche en y entrant, on voit la Thrace qui est une partie de l'Europe qu'il separe d'avec la Troade Province d'Asie qui est à son Orient. Il a la Propontide au Septentrion, & la Mer Egée avec tout l'Archipel au Midy.

A l'entrée de ce passage à main droite on trouve le Promontoire Sygée que l'on nomme aujourd'huy *Cap Gianizzari* proche duquel il y a un petit village de Chrestiens Grecs. Les Turcs l'appellent *Giaourkioï* ou village d'Infideles; car c'est le nom qu'ils donnent communément à tous les lieux où il n'y a point de Mosquées. Il est situé proche de l'endroit où estoit autrefois la celebre Ville de Sygée. Les gens du païs le nomment *Troüaki*, c'est à dire petite Troye. Un voyageur peut trouver là quantité de bons rafraichissemens & des provisions, comme des poules, des œufs, des perdrix, du ris, du beurre, des melons, des fruits, & le tout à grand marché, puisqu'on y a souvent un quarteron d'œufs pour quatre ou cinq aspres qui ne font que deux sols ou six blancs de nostre monnoye, & une douzaine de poulets pour une demie piastre qui vaut trente de nos sous. L'eau y est tres-bonne, & l'excellent vin muscat de l'Isle de Tenedos qui n'en est éloignée qu'environ d'une lieuë s'y donne presque pour rien. Moyennant un écu on en peut avoir un baril. De ce Cap ou Promontoire on découvre presque toute la belle campagne de la Troade, avec les rivieres de Xante ou Scamandre, & du Simoïs, qui descendent toutes deux du fameux Mont Ida qui est au Nordest, à deux lieuës de Troye. Ces deux rivieres qui font plus de bruit par la réputation de leur nom que par leurs eaux, ne sont guere plus grosses que l'est à Paris celle des Gobelins. Elles tarissent mesme quelquefois en Esté, & aprés s'estre unies au-dessous du lieu où estoit Troye, & avoir formé un grand marais, elles passent par dessous un pont de bois appuyé sur quelques pilliers de pierre; puis elles s'embouchent dans l'Hellespont environ une demie lieuë au-dessus de ce Cap proche du nouveau Château d'Asie.

Les Turcs qui ne se sont jamais guere appliquez aux beaux Arts, ont toujours esté beaucoup plus propres à ruiner les édifices de l'antiquité, qu'à vouloir en bâtir de nouveaux suivant les regles de la belle Architecture civile ou militaire; & comme ils les ignorent entierement, il ne faut pas s'étonner

## DE CONSTANTINOPLE.

si dans la construction de ce Château neuf d'Asie, aussi-bien que dans celuy qui luy est opposé en Europe, & dans leurs autres forteresses qu'ils sont quelquefois obligez de faire, il ne s'y trouve aucune regularité. Celuy-cy est placé sur une langue de terre qui s'avance dans la Mer, & composé sur un terrain quarré de quatre grands pans de murailles flanquez aux quatre coins de Tours, dont les deux qui sont vers la Mer sont quarrées, avec une espece de redan d'un costé seulement, & les deux autres vers la terre ferme sont rondes. Entre ces quatre Tours, il y en a cinq autres, dont quatre sont quarrées, & une ronde qui en appuyent les murs. Elles sont de grosseur, de grandeur & de distance inégales. Celles qui sont lavées de la Mer ont à fleur d'eau quantité d'embrazures aussi-bien que leurs courtines ou murailles, & redans. J'en ay conté plus de quarante toutes bien garnies de leurs canons braquez & chargez tous prests à empescher le passage à qui le tenteroit sans permission.

Toutefois malgré ce que l'on en debite, ces embrazures ne doivent pas faire peur à une Armée navale qui voudroit en dépit des Châteaux aller à Constantinople. Tous les canons qui sont dedans ne sont braquez que sur de grosses pierres, ou morceaux de bois quarrez sans aucun affust, tellement que leurs premiers coups estant tirez il faut un tems considerable pour les recharger & les rebraquer ; & dans cet intervalle une bordée de canons bien chargez, tirée d'un vaisseau pouroit facilement abattre une bonne partie de sa simple

A iij

muraille qui n'a pas plus de trois pieds de large, sans aucun rempart par derriere; & cette muraille tombant sur les canons & sur les Canoniers mettroit bien-tost ce Château en danger d'estre emporté d'emblée. L'entrée de cette place est au Septentrion, elle aboutit par une grande ruë à une assez belle Mosquée qui est à son Midy proche la Marine, d'où l'on en découvre tout le dosme & le minaret.

Entre ce Château neuf que les Turcs apellent *Natoli-inghi-issar* & le Cap des Janissaires, il y a au Nordest un petit village ou bourg qui porte le nom d'*Inghi-issar-kioï*, c'est à dire Bourg du Château neuf. Il n'y a rien de considerable que huit moulins à vent qui sont tout de suite en allant vers le Promontoire Sygée. Chacun de ces moulins a huit aisles. Ils n'en ont pas moins dans toute la Turquie. C'est assurément afin qu'ils ayent plus de force pour remuer leurs grosses meules & broyer extrémement menu la petite ecorse du bled qui rend fort peu de son; & encore ce son est-il tres-delié. C'est je croy pour cette raison que tout le pain que mangent les Turcs n'est pas si blanc que le nostre, parce qu'il s'y méle beaucoup de son à travers le bluteau dans la farine.

Ce seroit icy le lieu de parler d'Achilles & de plusieurs autres Capitaines Grecs qui ont esté inhumez sur ce Promontoire, aussi-bien que l'endroit propre à faire une ample description des grandes ruines de la fameuse *Ilium*, dont on découvre les tristes restes de ce Cap Sygée, de la Mer

# DE CONSTANTINOPLE.

mesme, & de l'Isle de Tenedos : Mais parce que quelques voyageurs l'ont fait devant moy, je me contenteray seulement de dire que si l'on a égard au temps qu'il y a que cette grande Troye a esté ruinée, & à la quantité prodigieuse de colonnes & d'autres marbres que les Empereurs Chrestiens & Turcs de Constantinople en ont fait enlever pour bâtir leurs Eglises, les Mosquées, les Palais, les Bains, & d'autres edifices publics, & que l'on considere encore les beaux restes que l'on y voit en mille fragmens d'Architecture corinthienne ; on peut assurément dire que Troye estoit la plus belle, la plus grande, & la plus riche Ville de son tems. Il est vray que toutes les ruines qui y sont maintenant pouroient bien estre posterieures à celle de son incendie ; puisque des Empereurs Romains & entr'autres Auguste y ont envoyé des Colonies, & y ont voulu rebâtir une nouvelle Troye pour luy rendre ce qu'elle avoit donné à Rome : Mais enfin quoi-qu'il en soit, il est vray de dire aujourd'huy ce que Lucain a dit il y a plus de seize cens ans, que

*Iam sylvæ steriles, & putres robore trunci*
*Assaraci pressere domos, & templa deorum*
*Iam lassa radice tenent, ac tota teguntur*
*Pergamma dumetis.*

En effet le lieu où estoit autrefois cette grande Ville est tout remply de broussailles & de ronces entrelassées avec ses ruines sur le penchant d'une petite colline où estoit apparemment l'endroit de la Ville le plus habité. Ce lieu est éloigné de la Mer, où estoit autrefois le port de Troye, environ une bonne lieuë de chemin que l'on fait toujours entre les broussailles & les ruines. Si le voyageur estoit assez heureux pour trouver dans quelqu'un des tombeaux qu'il rencontrera sur son chemin, ou parmy les ruines de cette grande Ville, un livre manuscrit Grec qui porte pour titre, Ἐπιτομὴ χρυσῆ, ἢ τὸ βιβλίον ἀρχαῖον Κικανιδῶν ; *Compendium aureum seu volumen antiquorum Kicanidorum;* il feroit plaisir à la Republique des belles Lettres de s'en charger pour luy en faire part, s'il ne vouloit pas le luy offrir comme un present digne d'elle, & il y gagneroit bien les frais de son voyage. Un ancien Autheur assure que ce livre a esté enfermé dans un tombeau de la Ville de Troye avec les os de son premier Roy Kicanis. Pour moy qui ne l'y ay pas trouvé, j'en ay laissé la recherche à quelqu'autre voyageur plus heureux que je ne l'ay esté. Je n'ay jamais veu les ruines de Troye, à quatre differens voyages que j'y ay faits, qu'avec un chagrin extrême de n'y pouvoir remarquer aucune inscription ou autre monument de l'antiquité qui me pust apprendre quelque particularité de sa prise, ou de son ancienne splendeur ; & je m'en suis toujours retiré avec cette exclamation d'un Poëte Grec :

Φεῦ, φεῦ ὃ κλεινὸν ἔρεισμα τῆς πρὶν ὀλβίας Ἀσιάδος γῆς.
*Heu, heu gloriosum fundamentum prius ditissima Asiatica terra.*

On ne va guere à Troye que l'on n'aborde ensuite à l'Isle de Tenedos qui est vis à vis, si l'on
n'y

n'y a pas moüillé auparavant. Cette Isle est assez agreable pour ceux qui aiment les bons vins, & qui se plaisent à la chasse. Ils peuvent satisfaire en ce lieu l'inclination qu'ils ont pour l'une & l'autre de ces choses. Il y a quantité de gibier & abondance de muscat, & d'autres excellents vins. Il y a un port qui peut tenir à l'abry quelques Saïques ou moyens Vaisseaux Turcs, quelques Barques & autres bâtimens legers ; mais pour les gros Vaisseaux, on sçait assez il y a long-tems qu'elle n'est que

*Nunc tantum sinus & statio malesida carinis.*

Mais tel que soit ce Port, on pouroit toutefois bien en faire un bon Magazin & Arcenal pour tenir en bride tout l'Hellespont, la Propontide & le Bosphore de Thrace, & se conserver encore plus facilement tout l'Archipel.

Durant le séjour que je fis dans cette Isle, deux Tartannes Françoises y vinrent donner fond. Le mauvais tems qui avoit contraint la Saïque ou Vaisseau Turc, sur lequel je passois de Smyrne à Constantinople, de relâcher à Tenedos, obligea pareillement ces deux Tartannes d'y venir moüiller l'ancre. En s'arrestant à ce Port pour laisser passer une Tramontane furieuse qui leur estoit contraire aussi-bien qu'à nous, parce qu'elles alloient nostre mesme route, quelques-uns de leurs Officiers & Matelots mirent pied à terre, & y vinrent promptement pour se servir utilement du tems qui sembloit les inviter à faire en passant bonne provision de l'excellent vin muscat de ce lieu. Cependant que les Matelots faisoient aiguade & se fournissoient de quelqu'autres rafraichissemens, les Ecrivains, Chirurgiens & autres de leurs Officiers plus fins qu'eux s'adresserent à un Grec qui sçavoit parler Italien, pour luy demander où se vendoit le meilleur vin de l'Isle. Il les conduisit aussi-tost chez un autre Grec de ses amis où j'estois aussi. Ils me trouverent à table avec un jeune Turc qui estoit de passage aussi-bien que moy sur nostre Vaisseau, & qui n'estoit pas des plus scrupuleux en matiere de boire du vin, sur tout quand il en trouvoit d'aussi-bon que l'est celuy de Tenedos: Mais parce que j'estois vétu à la Levantine avec une veste & une barbe longue, & que je m'entretenois en langue Turque avec mon *ioldache* ou compagnon de voyage; ces cinq ou six François s'estans assis proche de nous ne crurent point que je fusse leur compatriote & que j'entendisse par consequent tout ce qu'ils disoient. Ils se mirent donc comme nous à table, & cependant qu'on emplissoit de vin muscat les quatre barils qu'ils avoient apportez, ils beurent si-bien que ne songeant plus à retourner à leurs Vaisseaux, ils commencerent à la Françoise à parler sur toutes sortes de sujets, & particulierement des femmes Grecques & Turques de cette Isle, & de tout l'Archipel, ne croyant pas qu'il y eust là personne qui pust entendre leurs discours.

Je gardois cependant le silence, ou m'entretenois avec mon Turc. Enfin lassé d'écouter tout ce que le vin leur faisoit dire, je pris la parole; & feignant estre du pays, & d'avoir esté en France à la suite de Muſtaphar Aga qui en eſtoit de retour il y avoit prés d'un an, je leur dis en bon François, & de meſme que ſi j'avois eſté en colere : En verité, Meſſieurs, il faut avoir beu & eſtre François pour pouſſer auſſi loin que vous faites l'impudence & la temerité, & pour venir inſulter juſques chez nous à l'honneur de nos femmes ; ſachez qu'elles ont & par raiſon & par coûtume beaucoup plus de retenuë que les voſtres, & quand meſme il s'en trouveroit d'aſſez malheureuſes pour concevoir des penſées criminelles, le bon ordre qui s'obſerve dans tout cet Empire leur oſteroit les moyens d'en venir à l'execution ; elles ne ſortent que rarement ; on ne les voit preſque jamais dans les aſſemblées, ny paroiſtre en public. Que ſi quelquefois les unes vont au Temple elles ne marchent que la face voilée, & n'oſent parler aux hommes, au lieu que vos Dames Françoiſes ne font pas difficulté d'aller ſe promener ſeules avec un gallant, & de recevoir meſme ſans ſcrupule dans leurs ruelles des hommes qui leurs content fleurettes : Soyez donc moins précipitez une autre fois à décider ſur une matiere ſi chatoüilleuſe, car ſi je n'excuſois le vice de voſtre Nation, pour laquelle d'ailleurs j'ay conçeu de l'eſtime dans le voyage que j'ay fait en France avec un des Officiers de Sa Hauteſſe, je vous forcerois par une juſte avanie à revenir de l'égarement où le vin vous a plongé, & je ſçaurois ſi-bien corriger vos bruſques emportemens, que vous ſeriez contraints de reconnoiſtre à loiſir une verité que vous n'avez pas aſſez ſerieuſement examinée.

On ne vît jamais des personnes plus surprises que ces gens-là le furent, & je croy que si le bon vin muscat qu'ils avoient beu ne leur avoit donné courage, la crainte de l'avanie dont je les avois menacez les auroit bien-tost fait retirer à leur barques; mais enfin aprés les avoir long-tems tenu en suspens, & pris plaisir à leur faire juger mille choses differentes de moy; Je leur dis, en beuvant à la santé du Roy de France, que je n'estois pas tel qu'ils me croyoient, & que j'estois, aussi-bien qu'eux François, & seulement de passage à Tenedos; que l'habit Turc qu'ils me voyoient n'estoit que pour faciliter mes voyages que j'estois souvent obligé de faire seul parmy des Turcs. Apres cela nous fismes venir une *ocque* de vin qui est une mesure environ de trois chopines, & ayant beu tous à la santé des François & des voyageurs, nous nous en retournâmes chacun à nostre bord. Puis la nuict suivante le vent s'estant changé, nous levâmes l'ancre au poinct du jour, & quittâmes l'Isle de Tenedos, dont je ne feray pas une plus longue description, parce que je n'ay pû la placer dans la planche qu'on a mise cy-devant, à moins que de l'avoir beaucoup augmentée, à cause qu'elle est déja trop grande pour ce volume.

Aprés avoir quitté Tenedos, & doublé le Cap Sygée, on se trouve entre les deux Châteaux neufs d'Europe & d'Asie. J'ay suffisamment expliqué celuy-cy, il faut maintenant décrire l'autre. Ce Château neuf d'Europe que les Turcs appellent *Roumeli-inghi-issar* a esté bâti aussi-bien que celuy qui est à son opposite en Asie, par Mahomet IV. vingt-troisiéme

Empereur des Turcs, à present regnant. Ce grand Seigneur devenu vain par ses conquestes, à cause des foibles attaques que les Princes étrangers luy ont faites, avoit toujours crû que la situation avantageuse des Dardanelles rendoit impossible l'entrée de la Propontide, & par-consequent la Ville de Constantinople imprenable de ce costé-là. Il s'estoit persuadé, aussi-bien que ses Predecesseurs, que ce détroit, qui est comme la porte de cette Ville Imperiale, estoit suffisamment gardé & fortifié par ces deux Châteaux que les Turcs estiment extremement forts: Mais ayant appris à ses dépens en l'année 1656. & la suivante, qu'un genereux Capitaine ne craignoit guere de telles forteresses, & qu'en l'espace d'un peu plus d'un an ces deux superbes Châteaux avoient par deux fois servy plutost d'Amphitheatre pour regarder la défaite de toute l'Armée navale des Ottomans, que de place d'armes pour la secourir contre les Venitiens qui la combattirent sous leur canon, & en triompherent à leur veuë. Ce Prince, dis-je, craignant une autre semblable perte, fit bâtir ces deux Châteaux neufs à l'entrée de l'Hellespont dans la forme & la situation que je les ay marquez dans la figure precedente. Avant que de décrire plus au long ces deux forteresses, le Lecteur me permettra, s'il luy plaist, de le faire ressouvenir ou de luy expliquer en peu de mots de quelle façon se passerent ces deux actions glorieuses aux armes Chrétiennes, & fatales aux Mahometanes. Elles viennent assez bien à mon sujet pour ne les pas taire, & de plus je me sens engagé par la reconnoissance que je dois aux bontez de deux Illustres personnes à qui j'ay des obligations particulieres, qui me font l'honneur de m'aimer, & avec qui j'ay beaucoup voyagé. Ce sont Messieurs Marco & Ambrosio Bembo Gentils-hommes Venitiens, qui ont toujours donné & donnent encor aujourd'huy par leurs genereuses actions un nouvel éclat à la tres-ancienne & tres-noble famille des Seigneurs Bembo.

Le premier de ces deux Nobles Venitiens estoit le General des Galeres de la Republique de Venise qui se trouverent à cette expedition, & le second est un jeune Seigneur son Neveu, qui à l'âge de dix-huit ans voyant que les loix de la Republique en paix ne pouvoient encore luy donner de grands emplois, quitta genereusement les délices du sejour de Venise pour aller passer cinq ou six années dans l'Orient; il en entreprit les fatigues, afin qu'estant de retour de ce voyage à sa patrie avec l'âge competant pour les Charges de la Republique, le Senat luy donnât, comme il a fait depuis, des emplois proportionnez à son merite. J'eus le bien de le rencontrer à Hispahan au retour des Indes, & de me joindre à luy pour m'en revenir de compagnie en Europe. Ensuite estant arrivez en Syrie chez l'Illustrissime Seigneur Marco Bembo son Oncle qui y estoit envoyé pour la Republique, nous arrivâmes à Venise, où l'on me fit voir dans le Palais de ces Seigneurs Bembo un grand Tableau dans lequel toute l'expedition des Dardanelles est fort bien representée. Ceux qui s'y trouverent me la raconterent en cette sorte.

Dans le tems que la guerre eſtoit le plus fortement allumée en Candie, les Seigneurs Marcello Moroſini General des Vaiſſeaux, & Marco Bembo General des Galeres de la Republique, avec Monſieur le Prieur de la Rochelle qui commandoit ſept Galeres de Malte, ayant appris que la Flotte des Turcs compoſée de ſoixante Galeres, de trente grands Vaiſſeaux, de quarante-cinq Galliottes, de huit Mahonnes, & de pluſieurs autres Vaiſſeaux legers, eſtoit preſte à ſortir de Conſtantinople pour porter du ſecours au Camp de Candie. Ils allerent hardiment l'attendre aux Dardanelles pour luy fermer le paſſage, bien qu'ils n'euſſent avec eux ſeulement que vingt-quatre Galeres, vingt-huit Vaiſſeaux de haut bord, ſept Galeaſſes, & quelques autres petits bâtimens. Ils y reſterent ſur les ancres prés d'un mois pour attendre la Flotte Ottomane, qui ayant eû avis de leur arrivée, n'oſoit partir de Galipoli où elle avoit donné fond: Mais le Capitan Bacha ayant appris que la Flotte Venitienne luy eſtoit beaucoup inferieure en voiles & en gens, laſſé d'eſtre ſi long-tems retenu aux Châteaux, ſe reſolut enfin de lever l'ancre, de ſortir du Canal, & d'aller à la faveur du vent & du courant attaquer les Venitiens.

La Flotte Ottomane eſtoit encore ſous la portée du canon des Dardanelles, lorſque la Venitienne impatiente d'un ſi long retardement fit voile vers elle, & l'ayant attaquée ſi à propos ſous la ſage conduite de ſes braves Generaux, elle la battit pendant tout un jour ſi furieuſement, & avec tant de ſuccés, que de tout ce grand nombre de Galeres

& de Vaisseaux Turcs, il ne s'en pût sauver que quatorze, qui pour fuir une perte generale se servirent de toute leur Chiourme pour se retirer au plus viste à l'abry des deux Châteaux vieux, le reste ayant esté pris ou coulé à fond à leur veuë. Il est vray que le General Marcello Morosini s'estant trop attaché & trop avancé à suivre ces fuyars Ottomans, y perdit la vie d'un coup de canon, avec environ trois cens des siens : Mais le General Marco Bembo par un effet de sa prudence & de sa valeur ordinaire, se servit de cet heureux succés de la Flotte Venitienne pour aller vanger sur Tenedos la perte récente de Morosini, qui fût bien-tost rétablie par Lazzaro Mocenigo depuis éleu General en sa place. Ces deux genereux Capitaines connoissant l'importance de l'Isle de Tenedos, pour tenir en bride les Dardanelles & maîtriser tout l'Archipel, l'assiegerent aussi-tost, & l'emporterent au bout de quatorze jours. Ils la fortifierent ensuite, & la munirent d'assez de provisions, pour empescher les ennemis de la leur enlever aussi facilement qu'ils l'avoient eux-mesmes emportée.

Ce n'est pas là la seule fois que l'on a bravé ces superbes Tours. Ceux qui ont lû l'Histoire de Venise, ou qui se souviennent encore de la guerre de Candie, sçavent combien de fois les armées Chrétiennes ont pris mesme sous leurs coulevrines des Vaisseaux Turcs, & défait la Flotte Ottomane à la veuë de ces Châteaux. Ainsi un brave Capitaine ne doit point les craindre, non-plus que leur Armée navale s'il la rencontroit en Mer, quand bien
mesme

mesme il auroit beaucoup moins de Vaisseaux qu'elle. On en a presque veu autant d'exemples, qu'il s'est donné de combats sur la Mediteranée avec les Turcs; mais entr'autres celuy du General Delfino en l'année 1654. ne sçauroit estre raconté trop de fois; & les obligations que j'ay à l'Eminentissime Cardinal Delfino frere de ce genereux Seigneur, me forcent d'en rafraichir la memoire du Lecteur.

Cet Illustre General de l'Armée Venitienne se trouvant une nuict par une tempeste furieuse écarté de sa Flotte, & resté seul avec quatre de ses Vaisseaux, il rencontra le matin suivant l'Armée Ottomane composée de trente-quatre grands Vaisseaux, de quatorze autres Barbaresques, de deux Corsaires, de quarante Galeres, & de six Galeasses, dont il fut entouré en un instant. Cette disproportion prodigieuse de Vaisseaux, de gens, & de forces, auroit esté plus que suffisante pour faire tomber les Armes des mains, & pour abattre entierement le courage de tout autre que de cet intrepide Commandant. A peine toutefois s'en étonna-t'il; au-contraire, encourageant fortement toute sa petite Escadre à vaincre ou à mourir; il se défendit si genereusement, & fut si bien secondé du Seigneur Jean-Baptiste de Sessa, & des autres Capitaines & gens de sa petite troupe, qu'il coula plusieurs Vaisseaux & Galeres à fond, tua plus de quatre mille Turcs, en arremba la Sultane, la dépoüilla de ses étendarts, & se retira enfin glorieusement du milieu de tant d'ennemis avec ses

C

quatre Vaisseaux, & fort peu de perte de ses gens.

Le Capitaine George Marie fameux Corsaire, en auroit sans doute encore fait autant s'il eust esté secondé des deux autres Vaisseaux qui l'accompagnoient; mais par la derniere lâcheté ils l'abandonnerent & le laisserent seul combattre jusques à la mort. Ainsi il merita en mesme tems la gloire de s'estre deffendu sans secours, & peut estre d'avoir vaincu luy seul une Armée toute entiere de Turcs. Un autre Corsaire Venitien luy en avoit donné l'exemple quelques années auparavant, il soutint aussi luy seul tout l'effort de la Flotte Ottomane dans le Canal de Chio où elle le surprit, & toutefois il en sortit glorieusement, aprés avoir combattu pendant cinq ou six heures, & beaucoup endommagé cette Armée navale de Mahometans. Mais pour ne me point arrester davantage à montrer icy par une infinité d'exemples, qui sont assez ordinaires sur la Mediterranée, combien les forces navales des Turcs sont peu considerables, je retourneray à la description des Forteresses de l'Hellespont, d'où l'on poura juger si les forces de leurs autres milices ne seroient point encore plus foibles.

Ces deux nouveaux Châteaux ayant donc esté bâtis depuis les genereux exploits des Seigneurs Bembo & Mocenigo, ne doivent pas beaucoup plus étonner un genereux Capitaine, que s'ils n'y estoient point. Ils sont assez éloignez l'un de l'autre pour qu'un Vaisseau puisse passer entre-deux sans en estre tout au plus atteint de quelques coups de Coulevrine à portée morte; il y a de l'un à l'autre cinq bons quarts de lieuë de distance. Ils sont tous deux commandez par des collines; mais celuy d'Europe l'est plus que celuy d'Asie. Il est situé proche du Cap de Grece, d'une forme tout-à-fait irreguliere. Il a dans son circuit quelques maisons de l'Aga & des Officiers, avec une Mosquée, dont le dome & le minaret paroissent beaucoup en dehors, aussi-bien que les autres édifices, parce qu'ils sont la pluspart posez sur le haut de la place, d'où par de grands degrez on descend aux embrazures des canons qui sont à fleur d'eau. Il y a proche de ce Château un petit Village qui n'a rien de recommandable, & cinq grands pilastres qui servent à soutenir des ventoules pour donner de l'air à quelques conduits souterrains qui portent l'eau à cette Forteresse.

On n'a pas plutost passé ces deux Châteaux neufs, que l'on entre dans cette espace de Mer, que l'on nomme l'Hellespont, ou le bras S. George dont ils sont les portes. Si jamais lieu fût fameux par le nombre des combats, c'est celuy-cy. Il a toujours esté le Theatre des belles actions, & pour peu que l'on soit instruit de l'Histoire Grecque, Latine & Moderne, on se ressouvient avec bien du plaisir de ce qui s'y est passé. On est extrêmement satisfait de voir d'une seule œillade, l'Europe & l'Asie qui s'approchent si fort en cet endroit, que l'on diroit qu'elles veulent s'embrasser pour s'unir ensemble sous un mesme Conquerant, ou qu'elles ne se séparent là que pour luy ouvrir le passage, & faciliter les genereuses entreprises.

Depuis les Châteaux neufs que nous avons décrits jusques aux vieux, il n'y a rien de considerable à remarquer pour le present. L'Antiquité y avoit quelques villes & villages dont on ne peut apprendre les noms qu'en lisant les Autheurs. Les gens du pays, tant Grecs, que Turcs y sont dans la dernicre ignorance, & ainsi il ne faut point leur demander des nouvelles du lieu précis où tomba la malheureuse Hellé, qui laissa son nom & sa vie en passant ce détroit pour s'enfuïr dans la Colchide avec son frere Phrixus, chargez tous deux de la fameuse Toison d'or. Ils n'en sçavent pas davantage de la ville d'Arisbe, à qui Homere donne l'epithete de divine, non plus que du Promontoire & du Bourg Rætion où estoit le sepulchre du brave Ajax. Il pouvoit estre sur ce Cap où est maintenant le Château neuf d'Asie, ou bien sur cette avance de terre que l'on voit à l'embouchure du Xante & Simoïs. On fait donc tout ce chemin, tant par Mer que par terre, sans y trouver rien de remarquable; & l'on arrive enfin aux vieux Châteaux que les Turcs appellent *Boghase-issari*, ou Châteaux du gozier.

Le vieux Château d'Asie que l'on nomme *Natoli iski issar* est d'une figure quarrée flanqué aux quatre coins de Tours, dont celles qui donnent sur la Mer sont de la mesme forme, & les autres rondes. Il y a au milieu de ce Château une grande Tour quarrée ou Donjon, sur la Plate-forme duquel il y a quelques coulevrines. Ce fut de ce Donjon que partit le coup fatal qui osta la vie à Lazzaro Mocenigo, lors qu'ayant défait pour la seconde fois la

Flotte navale des Turcs en l'année 1657. il se disposoit en dépit de ces Châteaux, dont il avoit déja bravé le canon, d'aller mettre le feu à Constantinople; mais ce triste coup luy ostant la vie, luy osta en mesme-tems le moyen de poursuivre une si genereuse entreprise. Il y a derriere ce Château un gros village peuplé d'environ trois mille ames, tant en Chrétiens, dont il y en a fort peu, qu'en Juifs & Turcs. Cette place n'est considerable que pour la situation du passage où elle est; la pluspart de ses canons sont sans aucun affust à fleur d'eau, comme aux Châteaux neufs. Il y en a vingt-huit, plusieurs desquels portent jusques à l'autre rivage, tellement que nonobstant la pesanteur des gros boulets de pierre dont on charge ces canons, de qui le moindre calibre est de soixante livres, ils portent d'Asie en Europe, & reciproquement ceux d'Europe en Asie, parce que le trajet qui sépare ces deux Châteaux, n'a pas plus d'une demie-lieuë de large.

Le Château d'Europe que les Turcs nomment *Roumeli-iski-issar* est encore plus irregulier & moins fort que celuy d'Asie, il est placé sur le penchant d'une coline qui le commande, & est composé de trois grosses Tours jointes en une d'une forme triangulaire approchante de celle d'un cœur. Ces Tours sont environnées d'un circuit de murailles avec quelques demy tours qui descendent jusques à la rade où sont environ trente canons à fleur d'eau d'un mesme calybre & d'une mesme portée que ceux du Château d'Asie. Ils sont tous braquez obliquement, de peur qu'en tirant, ceux d'un Château n'offençassent l'autre. Plusieurs croyent que ces deux Châteaux & les deux villages qui sont auprés, sont sur les ruïnes de ces deux anciennes villes Sestos & Abydos ; mais parce que plusieurs autres en doutent, & qu'il est bien difficile d'en rien assurer, si quelque voyageur curieux n'en déterre dans la suite quelque preuve plus convaincante, je laisseray de mon costé la chose indécise, n'en ayant pû rien découvrir de plus certain dans les quatre fois que j'y ay passé. Les Francs ou les Européens qui voyagent en Turquie appellent ces deux Châteaux Dardanelles, parce que Dardanus que Jupiter eût d'Electra fille d'Athlas, fut le premier Roy de ce pays, & qu'il y bâtit une ville qui s'appella de son nom Dardanie, aussi-bien que toute la Province d'alentour. Virgile veut que cette ville ait esté la mesme que Troye, à qui Tros petit fils de ce Dardanus, & pere du beau Ganimede, donna son nom, & à la Province celuy de Troade ; mais quelques autres Autheurs assurent que l'ancienne Dardanie, qui estoit bâtie sur l'Hellespont vers l'endroit où sont les Dardanelles, retint toujours son nom, & que la nouvelle qui fut bâtie sur le Xante, où Scamandre, changea le sien en celuy de Troye & d'Ilion. Quoy-qu'il en soit, les Habitans de cette ancienne Dardanie n'avoient guere meilleure réputation que ceux qui sont aujourd'huy aux Dardanelles : ceux-là passoient pour des Magiciens, suivant ce qu'en dit Columella.

*At si nulla valet medicina repellere pestem,*
*Dardaniæ veniant artes ;*

ou pour des gens qui n'ont point d'autre attache que le gain : Dans le sentiment d'un autre Poëte,

*Dardanius merces divendit carius emptas.*

Ceux qui vivent aujourd'huy dans ces Châteaux n'en font pas moins, il s'y trouve aussi-bien que dans plusieurs autres endroits de la Grece, de ces vieilles Sorcieres qu'ils appellent *Striglais*, lesquelles portées dans toutes choses au mal dés leur enfance, & qui ne se voyant plus en estat de faire acheter leur amour, mettent à prix celuy des autres, dont elles se vantent faussement d'estre les maistresses, ou vendent de quoi satisfaire la haine. Elles se servent de plusieurs façons de sortileges, elles nomment les uns *Philtra* pour faire aimer, les autres *Ecthra* pour faire haïr, & d'autres *Vaskarmiais* ou *Phtarmiais* pour toute autre sorte de fascinations & ensorcelemens. Ces vieilles Megeres s'y prennent diversement, suivant le mal qu'elles veulent faire, & bien qu'elles n'y travaillent que de nuit & en secret, de peur d'estre prises par le Soubachi, & liées dans un sac avec une grosse pierre, pour estre ensuite jettées par ordre de la Justice au fond de la Mer; j'en marqueray pourtant icy quelque chose, de la maniere que me l'a raconté une personne du pays qui en avoit pris une sur le fait.

Cette race de Circé voulant se vanger sur quelqu'un qui leur aura peut-estre dit quelque injure en passant par la ruë, se levent environ sur l'heure de minuit, puis ayant pris trois cailloux sur lesquels elles marmottent pendant une demie-heure quelques paroles qu'elles n'enseignent jamais à d'autres qu'à leurs écolieres, elles les mettent au feu, les font rougir, & les en retirent pour allumer à chacun d'eux un petit cierge qu'elles mettent sur les trois pieds d'un trépied, pour contrefaire en quelque façon le *Trikirion* des Evêques Grecs. Elles mettent ensuite ce trépied à la renverse sur leur teste, prennent les trois cailloux refroidis, & sortent en cet équipage de leur maison pour aller dans la ruë où demeure la personne qu'elles veulent ensorceler, puis estant arrivées au premier *Tristraton* ou lieu de trois avenuës, elles jettent les trois cailloux qu'elles portent, dans les trois ruës differentes, & croyent avec les paroles qu'elles proferent, que leurs charmes auront assez de force pour faire le mal qu'elles prétendent. Elles se servent encore d'autres manieres, tant pour deviner, que pour faire d'autres sortileges, à quoy les plus raisonnables ne croyent gueres, & qu'il seroit trop ennuyeux de décrire icy.

Pour ce qui est de revendre, la plufpart des Marchands des Bourgs de ces deux Châteaux, & sur tout les Juifs, s'en acquittent assez bien. Ils achetent à fort bas prix les marchandises des Vaisseaux Chrétiens & Turcs qui passent par ce détroit pour s'en défaire avec profit sur le lieu, ou les porter dans les autres Villes & Villages de Terre ferme, où ils ne les donnent qu'à bon conte : mais comme cela leur est commun avec tous les Marchands du monde qui ne laissent point perdre l'occasion de survendre quand ils le peuvent, je n'en diray rien davantage touchant les Habitans des Dardanelles qui

# DE CONSTANTINOPLE.

qui font comme Caſtor, dont Martial exprime la vie & l'employ dans ce vers,

*Omnia Caſtor emit; ſic fiet ut omnia vendat.*

Je n'ay point averty le Lecteur, qu'en abordant ces Châteaux par Mer on eſt obligé de les faluër de quelques coups de canon, parce que les trois fois que j'y ay paſſé pour aller à Conſtantinople, je me ſuis toujours trouvé ſur des Saïques; ce ſont des Vaiſſeaux Turcs qui ſont à peu prés comme les grands batteaux qui montent de Roüen à Paris; ils n'ont aucune autre artillerie que deux ou trois miſerables Pierriers que l'on ne laiſſe pas de tirer quelquefois, bien que les Châteaux neufs, ny les vieux, ny répondent jamais: Mais parce que j'y ay paſſé encore d'autres fois ſur d'autres Vaiſſeaux bien armez, je diray icy ce qui s'y obſerve.

Lors qu'un Vaiſſeau Marchand eſt proche des Châteaux, il doit les faluër tout au moins de trois, cinq ou ſept coups de canon; mais s'il eſt de guerre, il doit en tirer ſept, neuf ou onze coups; auſquels les Châteaux répondent d'un, de trois ou de cinq coups; puis le Vaiſſeau les remercie de trois, cinq ou ſept coups; aprés quoy l'on paſſe ſon chemin ſi c'eſt pour aller à Conſtantinople: Mais ſi c'eſt lors que l'on en ſort, on oblige les Vaiſſeaux Marchands, & quelquefois ceux de guerre, à reſter au moins trois jours pour eſtre viſitez avant que de paſſer outre. Je ne ſçaurois à ce propos obmettre icy une Hiſtoire où j'ay eu quelque part.

D

Quand Muſtaphar Aga qui fut envoyé en France en 1669. y eut finy ſa Commiſſion, le Roy le renvoya à Conſtantinople avec quatre Vaiſſeaux de guerre bien armez qui portoient Monſieur de Nointel pour eſtre ſon Ambaſſadeur à la Porte Ottomane en la place de Monſieur de la Haye-Vantelet. Ces quatre Vaiſſeaux ſous la conduite de feu Monſieur d'Aplemont eſtant arrivez à Conſtantinople, y demeurerent ſix ſemaines ſur les ancres ; & pendant que les deux Ambaſſadeurs François ſe diſpoſoient, l'un pour ſa reception & ſon Audiance du Grand Seigneur, & l'autre pour ſon départ, les Capitaines de ces quatre Vaiſſeaux eurent tout le tems de faire plaiſir à quantité de pauvres Eſclaves qui ſe retirerent ſur leur bord pour s'y mettre en liberté. Tous ceux qui s'y preſenterent y furent bien receus, & il y en vint un nombre aſſez conſiderable pour obliger leurs Patrons à s'en plaindre au Caïmacan ou Gouverneur de Conſtantinople. Mais comme la plus grande partie de ces Eſclaves eſtoient des gens de peu de conſequence, & n'appartenoient qu'à quelques Bourgeois Marchands & autres perſonnes de cette ſorte ; le Caïmacan ſe contenta de donner quelques douces réponſes à ceux qui ſe plaignoient, ſans oſer paſſer outre. Il ſçavoit que Monſieur d'Aplemont ayant autrefois avec un ſeul Vaiſſeau menacé de mettre le feu au Serrail & à la Ville ſi on ne luy eût donné ſatisfaction ſur ce qu'il demandoit, n'eſtoit pas un homme avec quatre Vaiſſeaux bien armez à rendre des Eſclaves qu'il avoit mis ſous la protection du Roy, en les recevant dans son bord. Ce Gouverneur de Constantinople n'en auroit jamais rien témoigné, & mesme auroit feint de n'en rien sçavoir, s'il n'y eût esté obligé par la fuite de Monsieur de Beaujeu. Cet illustre Chevalier de Malte lassé d'avoir passé plusieurs années dans le Château des sept Tours, où il estoit Esclave du Grand Seigneur, résolut d'en sortir adroitement, & de se servir de l'occasion favorable de ces quatre Vaisseaux pour executer son dessein, que Monsieur d'Aplémont avoit promis de seconder. Il s'échappa donc un soir fort adroitement de ce Château ; mais estant sorty avant que la Chaloupe qui devoit le prendre fut arrivée, la crainte d'estre découvert, & la poursuite de quelques chiens l'obligea d'entrer dans l'eau où il ne demeura pas sans peril ; car un Caïque passant il fut frappé d'un coup de rame qui l'obligea de faire le plongeon, & sa perte estoit assurée si les Turcs de ce Caïque ne l'eussent pris pour un de ces animaux qu'il fuyoit ; enfin cette Chaloupe le vint prendre, & le porta jusques aux Vaisseaux. L'Aga des sept Tours sçeut le lendemain matin qu'il s'estoit sauvé : Il alla aussi-tost en avertir le Caïmacan, qui crût qu'il estoit de son devoir d'envoyer en poste aux Dardanelles pour y arrester les quatre Vaisseaux du Roy, jusqu'à ce que l'on eust rendu le Seigneur de Beaujeu. Le Courier devança les Vaisseaux, quoy-qu'ils fussent partis presque en mesme tems, & lors qu'ils y arriverent, les deux Châteaux vieux n'attendirent pas le salut de nostre Escadre, ils la prévinrent aussi-tost qu'ils l'apperceurent, en tirant quelques coups à balle qui alloient d'une rive à l'autre.

Ce fut assez de ce signal pour avertir nos gens de ne point passer outre, s'ils ne vouloient qu'on leur tirast dessus. Ils jetterent donc aussi-tost l'ancre, & un de l'Escadre l'y jetta si malheureusement qu'il fut obligé de l'y laisser, parce qu'elle labouroit, & que le vent & le courant qui emportoient son Vaisseau l'auroient mis en danger d'être coulé à fond, & peut-estre obligé les autres au combat qu'ils n'avoient point ordre de donner. Monsieur d'Aplemont envoya aussi-tost à l'Aga des Châteaux qui demeure pour l'ordinaire dans celuy d'Asie, pour sçavoir d'où leur venoit cette civilité qui leur faisoit saluër nos vaisseaux de la sorte. L'Aga dit qu'il avoit ordre de ne les point laisser passer, si l'on ne luy rendoit Monsieur de Beaujeu esclave de sa Hautesse, & prés de trois cent autres esclaves que l'on avoit enlevé à plusieurs particuliers, & qu'à ce dessein il y viendroit faire la visite ordinaire qu'il fait sur les Vaisseaux Marchands qui sortent de Constantinople. Monsieur d'Aplemont luy fit dire par l'interprete qu'il n'avoit point d'esclaves dans son Escadre, que tout le monde y estoit libre, & que s'il avoit la hardiesse de venir faire la visite sur les Vaisseaux du Roy, qu'il l'y feroit pendre au bout d'une antenne à la veuë de ses Châteaux, & qu'enfin pour ce qui estoit du passage, qu'il ne s'en mettoit pas en peine, puisque si le Courier qu'il envoyeroit à Andrinople conjointement avec le sien, ne luy apportoit pas un ordre de luy laisser le passage libre, qu'il l'avertiroit deux jours avant que de lever l'ancre, afin qu'il eût mieux le temps de se disposer à le recevoir, lors qu'il iroit l'attaquer dans ses propres Châteaux, & qu'il pûst mieux se preparer à le voir affronter ses canons, & à essuyer luy-mesme tout le feu de la valeur & de l'Artillerie Françoise.

Cette réponse estoit extrémement hardie pour l'endroit ou se trouvoit Monsieur d'Aplemont ; neantmoins je croy qu'il l'auroit executée comme il l'avoit dit, car durant tout le tems qu'employerent les deux Couriers au voyage d'Andrinople, il occupa tous les gens de son équipage à mettre en ordre toutes les choses necessaires à l'attaque & à la deffence : mais le treiziéme jour qui fut la veille de Noël, on apporta d'Andrinople l'ordre que le Grand Seigneur donnoit à l'Aga des Châteaux, de laisser passer les Vaisseaux de France avec tous ceux qui estoient dedans : & on nous asseura qu'en même tems sa Hautesse avoit fait expedier un commandement au Caïmacan de Constantinople de faire couper la teste à l'Aga des sept Tours, pour luy apprendre ainsi qu'à ses Successeurs à mieux garder & avec plus de soin d'orés-en-avant les Prisonniers de ce Château, & sur tout quand ils sont de la qualité qu'estoit Monsieur de Beaujeu.

Tous ces ordres furent executez promptement. Les Vaisseaux leverent l'ancre le jour de Noël, aprés avoir satisfait à la pieté des trois Messes que l'on y chanta à minuit & le matin, suivant l'ordinaire de ce jour, & l'Aga du Château des sept

Tours eût la teste tranchée peu de jours aprés.

Ce fut à ce que l'on tient dans le mesme endroit que Xerxés en colere de voir que la Mer trop agitée s'opposoit au dessein qu'il avoit de passer en Grece, la fit foüeter, & pour la braver dans la suitte, y fit jetter un Pont de batteaux, parce que ce lieu est le plus étroit de l'Hellespont: ainsi selon les paroles de Petrarque,

*Fece gemere sotto il ponte il mare.*

Mais ce fut aussi dans ce même lieu que la Mer indignée de cet outrage s'en vengea peu de tems aprés. Elle rompit par une tempeste d'Hyver toutes les chaînes de ce Pont, elle en brisa tous les batteaux aprés les avoir entraînez par la violence de son courant, & ostant enfin à Xerxés la seureté de ce passage, elle vit ce Roy superbe obligé de s'enfuïr, & de se cacher tout tremblant dans un esquif de Pescheur pour passer vers Abydos. Ce Prince auparavant si vain fut heureux de trouver cette barque pour sauver sa vie, & pour se dérober en ce détroit au malheur commun de son armée, dont la défaite fut si generale à celuy des Termopiles, que de tous les vaisseaux dont il couvroit l'Hellespont, & qu'il faisoit passer sur les montagnes pour insulter ce semble à la nature, à peine pût-il rencontrer un miserable esquif pour le porter en Asie, & luy faire éviter par la fuite la mort ou les chaînes, luy qui se vantoit d'avoir donné des entraves à la Mer, & d'avoir rendu la terre navigeable, aprés qu'il en avoit tary les rivieres.

## DE CONSTANTINOPLE.

Quelqu'un dira peut-estre que je m'areste un peu trop entre Sestos & Abydos, & que le desir que j'ay de faire souvenir le Lecteur d'une partie des choses qui se sont passées en cet endroit, pourroit bien me faire courir la fortune de Leandre. Le plaisir qu'il avoit de s'entretenir avec son aimable Hero, de ce qui leur estoit arrivé depuis leur derniere entreveuë, fut la cause qu'il se perdit dans ce mesme détroit, en s'écartant de sa route ordinaire. Et pour moy la satisfaction que je ressens quand je me retrace l'image de ces mesmes lieux, & que je m'entretiens de ce qui s'y est passé, me fera sans doute accuser de m'éloigner inutilement de mon sujet pour ne rien dire icy de nouveau. On me reprochera que je devrois bien me souvenir de l'ancien proverbe qui dit, *Abydum ne temerè subnaviges*, parce que ce lieu estant renommé pour avoir esté sur tout autre la patrie des gens effeminez & des calomniateurs, je ne manqueray pas d'y trouver encore quelqu'un qui ne laissera point passer cette relation sans la censurer, & ainsi je laisseray Sestos & Abydos que l'on ne connoist plus aux Dardanelles, & j'avanceray chemin sans m'arrester à parler de Lampsace ou Lampsaque leur voisine, de crainte que voulant rafraichir la memoire du Lecteur, touchant ce qui regarde l'origine & les antiquitez de cette ville, dont Menedeme estoit habitant, je ne donnasse une nouvelle matiere à ceux qui parmy nous font gloire de luy ressembler, d'exercer sur cet ouvrage la malignité de leur critique: je me contenteray donc de dire que cette ville de Lampsace n'est plus dans l'estat qu'elle estoit lors que Xerxés la donna à Themistoclés, aprés qu'il eut embrassé son party, afin qu'elle eût le soin de luy fournir tout le vin que luy & tous ceux qui l'accompagnoient, pourroient boire. Ce n'est plus qu'un miserable Bourg qui n'a rien conservé de son ancienneté, que les Collines qui l'environnent, sur lesquelles il croist encore quelques vignes dont les raisins & les vins sont excellens, mais en tres-petite quantité. La ville de Magnesie Capitale de la Lydie, qui fut chargée par le mesme Xerxés d'entretenir de pain ce Capitaine Grec, & ceux de sa suitte, s'est beaucoup mieux conservée, elle est encore grande, belle, abondante, & marchande: mais pour ce qui est de Myuns ville d'Ionie, qui eut aussi des ordres pareils pour les viandes de sa table, & de celles de ses Domestiques, il y a long-temps qu'elle est tout-à-fait ruïnée. On trouve à main gauche de l'autre costé de Lampsace, la ville de Caligula que l'on nomme par corruption Galipoli, au lieu de *Caligula polis*. Cette ville est grande, son Port est commode & spacieux, elle paroist beaucoup de dessus la Mer, & se trouve de mesme que la pluspart des villes maritimes de l'Empire Turc peuplées de Chrétiens, de Juifs & de Turcs, qui y ont chacun plusieurs Eglises, Synagogues & Mosquées, ils y vivent tous en assez bonne intelligence, & s'entretiennent du commerce de leurs denrées, ou du travail de leurs mains. On y charge des soyes, des laines, du cotton, des fruits, des huiles & du vin,

comme

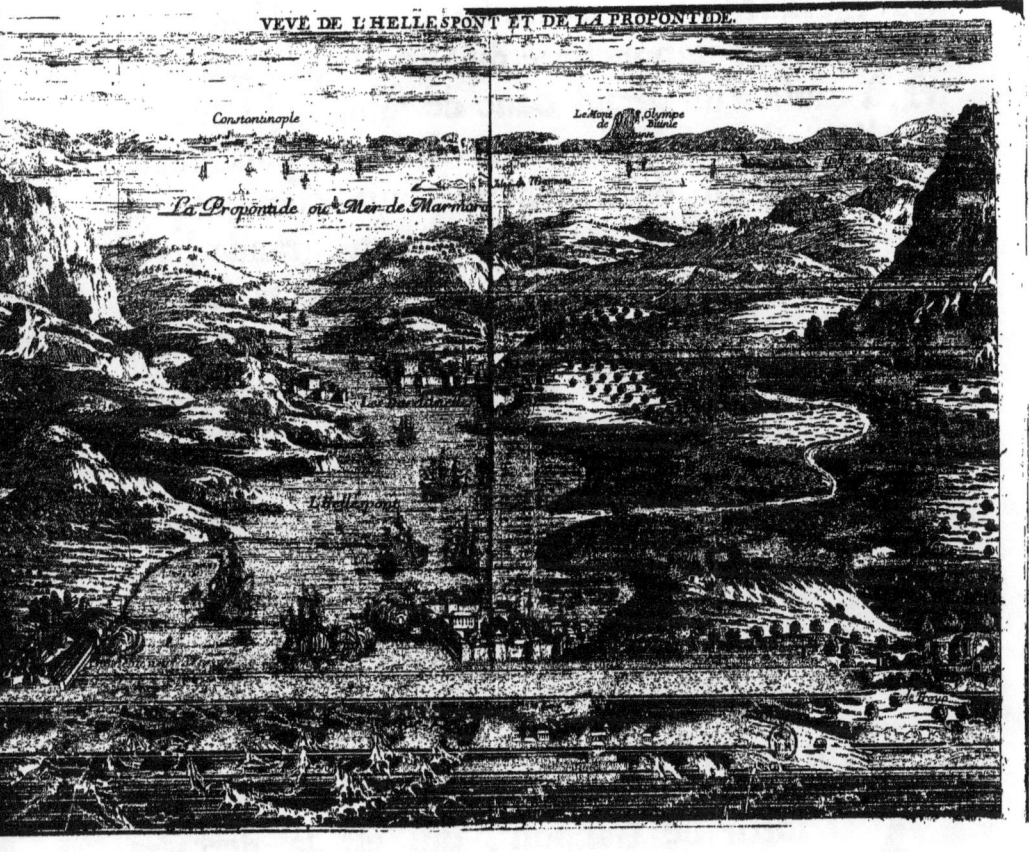

comme dans la pluſpart des autres échelles du Levant.

Je ne ſçaurois quitter l'Helleſpont, ſans dire en faveur des Mariniers, de quelle maniere il le faut paſſer pour éviter ce qu'il y a de dangereux. En entrant dans ce détroit, il faut aller premierement Nord, & Nord quart à l'Eſt environ l'eſpace d'une lieuë, juſques à une pointe baſſe du coſté de l'Eſt au-deſſus de l'embouchure du Simoïs qu'il faut éviter, à cauſe d'un grand banc de ſable qui s'avance vers l'Oüeſt, enſuite la route eſt Nord, puis Nord-Eſt quart à l'Eſt, durant environ huit lieuës, juſques à Galipoli à l'Oüeſt, de qui il y a une grande baye où l'on peut faire rade & abry des vents ſeptentrionaux, elle a juſques à vingt-cinq braſſes de fond; mais en entrant dans ce Port, il faut prendre garde de ne pas aller trop prés de la coſte du Sud de Galipoli, parce qu'il y a un banc & des rochers cachez ſous l'eau, non-plus que trop proche celle du Nord, car il y a un rocher fort dangereux; & ainſi,

——————— *medio tutiſſimus ibis.*

auſſi-bien que dans tout l'Helleſpont.

## DESCRIPTION DE LA PROPONTIDE.

AU ſortir de Galipoli, qui eſt la derniere ville de l'Helleſpont, on entre dans la Propontide, que l'on appelle encore Mer Blanche ou Mer de Marmara. Le nom de Propontide luy vient de ce qu'elle eſt devant la Mer Noire, qui ſe nomme autrement le Pont; celuy de Mer Blanche luy a esté donné à comparaison du Pont-Euxin, à qui les frequens naufrages & les obscuritez du tems presque continuelles ont acquis le titre de Mer Noire, & les Isles de Marmara qui sont environ neuf ou dix lieuës avant dans cette Mer luy ont fait encore porter leur nom.

Tout le circuit de la Propontide, qui est environ de cent soixante lieuës, est renfermé dans le 38.me & 41.me degrez de latitude septentrionale, & dans le 55.me & 58.me de longitude, ou environ. On peut juger par cette situation qu'il est dans un climat fort temperé, qui ne ressent rien des glaces cruelles du Septentrion, ny des chaleurs étouffantes du Midy. Aussi voit-on bien peu d'endroits dans l'Univers, où dans un petit espace il y ait eu tant de grandes villes bâties, qu'il y en a eu autour de ce grand bassin. La fameuse Kisique, la celebre Nicée, l'agreable Apamée, la charmante Nicomedie, l'infortunée Calcedoine, & tant d'autres villes de nom que l'Asie faisoit voir sur les bords de cette Propontide, sont des témoins suffisans que cette grande partie du monde n'avoit rien obmis de son costé pour contribuer à l'embellissement de son rivage. Toutes ces villes sont à la droite des Vaisseaux qui vont de Galipoli à Constantinople; & l'Europe qu'ils ont à la gauche montre encore sur ses bords les villes de Rodosto, la nouvelle & l'ancienne Perinthe ou Heraclée, Selivrée, Bevado, Grandpont, & autres qui sont assez recommandables; & parce que j'ay visité presque toutes ces villes les unes après les autres en divers voyages que j'ay faits tant par Mer que par Terre au tour de la Propontide ; je diray icy quelque chose de chacune en particulier dans le mesme ordre que je les ay nommées cy-dessus, & dans la disposition qu'elles ont à l'égard de ceux qui vont à Constantinople.

La ville de Kisique qui est une des premieres que l'on trouve à main droite sur les bords de l'Asie, s'est renduë fameuse dans l'antiquité par celle de sa fondation qu'elle tire des Argonautes, ce qui arriva prés de cinq cens ans avant celle de Rome ; par sa situation qui estoit dans une fort belle Isle de la Propontide que deux grands ponts conjoignent à la terre ferme ; par ses superbes Tours & ses bâtimens magnifiques qui estoient presque tous de marbre ; par trois grands Arcenaux ou Magazins toujours entretenus avec soin, & fournis abondamment de tout ce qui pouvoit estre necessaire à la conservation de ses habitans, le premier desquels estoit remply de toutes sortes d'armes deffensives & offensives, le second de tous les instrumens necessaires tant à ceux qui demeuroient au-dedans de la ville, qu'à ceux qui estoient répandus dans la campagne du domaine de cette Republique, & le troisième contenoit les greniers & les lieux où l'on reserroit les provisions publiques, tant pour les necessitez de la paix, que pour celles de la guerre. La liberté pour qui cette Ville a toujours combattu ne la rendoit pas moins recommandable ; il est vray qu'elle la perdit par l'extreme passion qu'elle fit paroistre pour la conserver,

*Kisique.*

parce que ne pouvant supporter l'insolence de quelques citoyens Romains, elle en mit quelques-uns aux fers, & en foüetta d'autres ; ce qui luy attira la colere d'Auguste, qui luy osta cette liberté si chere, & qu'elle s'estoit acquise durant la guerre Mithridatique : Mais ce Prince fléchy par les prieres des Kisiciens, voyant que pour se le rendre plus favorable ils avoient achevé le Temple qu'ils avoient auparavant commencé d'élever à son honneur, & dont ils avoient pendant le temps de leurs troubles negligé la construction, les remit dans leur premier estat. Ce fut dans cette mesme ville que l'Empereur Severe fit mourir Pescennius Niger qui s'estoit révolté contre luy en Egypte.

De tous les avantages qu'elle possedoit autrefois, il ne luy reste plus maintenant que celuy de sa charmante situation. Elle est presentement jointe à la terre ferme par un Isthme qui s'y est formé du debris de ces deux grands Ponts qu'elle avoit sur la Mer, pour passer plus commodément & sans risque dans le continent, dont elle n'estoit separée que de deux portées de trait. Cet Isthme n'a guere plus d'une demie-lieuë de large. Il a de costé & d'autre, sçavoir à l'Est & à l'Oüest deux fort beaux Ports qui sont tout-à-fait abandonnez, aussi-bien que la ville qui n'a plus rien qui marque ce qu'elle fut par le passé, que des monceaux prodigieux de superbes bâtimens renversez les uns sur les autres. Parmy ces déplorables ruines de son ancienne grandeur, on voit sur une agreable colline un fort bel Amphitheatre de figure ovale, capable de contenir aux spectacles plus de douze mille hommes. De cét Amphitheatre, aussi-bien que du reste de la colline sur laquelle se trouve encore tout ce qui reste de Kisique, on découvre les deux Golphes qui formoient ses deux Ports ; mais tout cela n'est plus frequenté que par quelques voyageurs curieux de voir encore les précieux restes de l'antiquité. Les hibous seuls y font leur demeure, & ce lieu mesme où la confusion du grand nombre, & le concours d'habitans dans leurs diverses occupations, excitoient un bruit qui ne permettoit pas d'entendre celuy de la Mer agitée : ce lieu mesme ne retentit maintenant pendant le calme que des cris lugubres de quelques oiseaux funestes, & d'animaux solitaires qui ont trouvé dans les débris de cette ville abandonnée, des nids & des tanieres que le tems leur a préparez dans les demeures magnifiques que l'ambition des Kisiciens avoit élevées.

Quand la ville de Nicée, que les Turcs appellent Isnit, ne seroit pas une des plus celebres du monde, par l'auguste Concile de trois cent dix-huit Evêques qui s'y tint en l'année 325. sous l'Empire & en la presence du Grand Constantin, & sous le Pontificat de saint Sylvestre, elle le seroit par la fondation qu'en fit Antigonus Roy d'Asie, fils de Philippe, qui la nomma de son nom Antigonie, & Lysimachus l'un de ses successeurs luy donna le nom de sa femme Nicée. Cette ville est à peu prés de figure quarrée placée à l'extremité d'un petit Golphe dans une belle plaine. Elle a au Nord-Est à deux

*Nicée.*

E iij

lieuës une chaîne de petites montagnes abondantes, en bois, vins, fruits & fontaines; ses murailles qui ont environ huit milles de circuit, sont toutes appuyées de grosses Tours, la plûpart rondes, dans lesquelles il y a de grandes chambres. Il y avoit autrefois un corridor qui regnoit tout autour des murailles, comme il s'en voit encore en plusieurs villes de France; mais les Turcs qui n'ont point eu de soin de l'entretenir, l'ont laissé tomber en plusieurs endroits, aussi-bien que les murs qui le soutenoient. Cette ville est grande, il y a d'assez belles ruës, & quantité de restes précieux de l'Antiquité tant Chrétienne que Payenne, & entr'autres une porte de la ville fort superbe qui est à son Sud-Est; elle est faite en maniere d'Arc de Triomphe toute de marbre, avec plusieurs bas reliefs que les Turcs ont tout mutilez, & enrichie de plusieurs inscriptions Grecques & Latines; on trouve encore dans la ville & aux environs quantité de beaux morceaux antiques, dont j'avois tiré plusieurs desseins & ectypes : mais les ayant perdus avec plusieurs autres, & mesme avec une partie de l'argent que j'avois dans un rencontre que nostre Caravanne eût avec les Arabes en passant de cette ville en celle d'Alep, le Lecteur se ressentira pour cette fois d'une partie de ma disgrace & de mes pertes. Il n'y a guere plus de dix mille hommes à Nicée tant en Chrétiens Grecs, qu'en Juifs & Turcs. Ils y vivent tous par le moyen du trafic qu'ils font de leurs bleds, fruits, cottons, toilles, & autres denrées qu'il portent à Constantinople, qui n'en est éloignée que d'environ six vingt milles, ou cinquante lieuës par Mer.

Parmy le grand nombre de villes qui ont porté le nom d'Apamée, celle que les Turcs appellent aujourd'huy Montagniac en est une; si ce n'est que l'on veüille dire que cette ville est la mesme que Nicopolis: mais si l'on doit croire aux vieilles inscriptions qui se trouvent sur les lieux, on peut assurer que Montagniac n'est autre chose qu'Apamée. Monsieur Vaillant homme celebre pour la recherche des choses anciennes, & que j'eus le bien d'accompagner en cette ville, y trouva une fort belle inscription sur un marbre quarré, où le nom d'Apamée estoit écrit. Il est vray que cette inscription pourroit peut-estre y avoir esté transportée de quelqu'autre endroit voisin: Mais enfin, quoy-qu'il en soit, si Montagniac n'est pas Apamée, elle n'est pas beaucoup éloignée du lieu où cette ville estoit, & n'en ayant rien de plus certain, j'en laisseray faire une plus longue discussion à cet illustre voyageur dans la curieuse relation qu'il fait esperer des courses, ou plutost des études qu'il a faites dans les trois parties de nostre continent, où il donnera l'ectype de cette inscription.

Cette petite ville est dans un endroit assez agreable. Le Golphe sur les bords duquel elle est bâtie, s'appelloit autrefois *Cianus Sinus* de l'ancienne ville de *Cium*, dont on voit encore quelques ruines; mais aujourd'huy il n'a point d'autre nom que celuy de Montagniac; par son moyen cette ville a grand commerce avec Constantinople, & le

*Montaigna*

peu de chemin qu'il y a d'elle jusques à Bursa, luy attire presque tout le trafic de cette grande ville, & de toute la Bythinie dont elle est la Capitale. Il n'y a de Montagniac à Bursa, Brusa, Brousa, ou Bursia, (car on luy donne tous ces noms,) qu'environ cinq lieuës de chemin que l'on fait toujours dans des campagnes fort agreables, assez bien cultivées. Il y a bien dans Montagniac cinq ou six mille habitans, Grecs, Juifs & Turcs, qui sont presque tous Marchands, & y vivent du trafic qu'ils font de leurs denrées. Les environs de cette ville sont fort abondans en toute sorte de fruits, que l'on apporte à Constantinople pour les y vendre.

*Nicomedie.* Il est difficile de trouver une situation plus avantageuse que celle de Nicomedie, elle l'emporte assurément, aprés Constantinople, sur toutes les autres villes. Elle est placée au fond d'un Golphe à qui elle donne le nom, & couvre tout le penchant d'une petite colline embellie de fontaines & chargée d'arbres fruitiers, de vignes & de grains. Elle a quantité de grands jardins, dont les fruits sont excellents, & entr'autres les melons qui ne cedent en rien à ceux de Cachan en Perse que l'on estime par dessus tous les autres. Le voyageur qui sera curieux d'avoir quantité de belles inscriptions, pourra satisfaire en partie sa curiosité dans la ville de Nicomedie, il n'y a guere de ruës & de cemetieres où l'on n'en trouve quelque fragment, & souvent mesme d'entieres Latines & Grecques; il est vray que cette ville a toujours esté recommendable depuis que Nicomede Roy de Bythinie l'augmenta,

&

& luy donna son nom de Nicomedie, au lieu de celuy d'Olbia, qu'elle avoit eu auparavant de la Nymphe Olbia, qui en jetta les premiers fondements. Ce fut-là qu'Annibal aprés toutes ses défaites se refugia vers Antiochus & Prussias Rois de Bythinie: mais cet infortuné Capitaine craignant que ces Princes ne le remissent entre les mains des Carthaginois qu'il avoit perdus, ou des Romains qui l'avoient vaincu, & qui l'avoient envoyé demander à Prussias par Titus Quintius, se donna la mort selon le sentiment de Plutarque, en se servant du poison qu'il portoit dans le chaton d'une bague. Tite-Live dit qu'il y fut mis en croix.

Cette ville a esté une des premieres qui ait receu la foy Chrétienne, & le grand nombre de Saints Martyrs qui en étoient, & qui y ont versé genereusement leur sang pour la défence de la foy, l'ont encore renduë plus illustre. Sainte Barbe fut de cet heureux nombre & du mesme lieu, aussi-bien que Saint Hadrian, Saint Pantaleon, Saint Gorgon, dont nous avons le corps en France, qu'un des Neveux de Pepin y apporta de Rome en l'année 763. Ce fut aussi proche de cette ville dans un bourg nommé Acciron, que le Grand Constantin âgé de soixante six ans, mourut d'une fiévre chaude en l'année 340. Quelques Autheurs veulent que cet Empereur estant tombé dans l'heresie des Ariens, qui avoit en sa presence esté condamnée au Concile de Nicée, resolut d'aller se faire baptiser une seconde fois dans le fleuve du Jourdain, & qu'étant à ce dessein party de Constantinople pour ce voyage, il tomba malade à Nicomedie où Eusebe qui en étoit Evêque infecté de l'Arianisme, luy donna ce second baptême que les Ariens admettoient.

Le Golphe de Nicomedie n'a pas plus d'une demie-lieuë de large, il est assez long, & l'on découvre de costé & d'autre quantité de petites collines, qui par leurs inflexions & sinuositez differentes, forment avec le Golphe qui est entre elles un des plus charmans paysages que l'on puisse desirer. Cette ville que les Turcs appellent Ismit est fort grande & bien peuplée ; Il y a quantité d'Eglises Grecques & de belles Mosquées, plusieurs Kans, ou Caravanserats, & plusieurs beaux Bazars, Halles ou Marchez. Elle est peuplée d'environ trente mille ames en Grecs, Armeniens, Juifs & Turcs, qui exercent presque tous le commerce des soyes, cottons, laines, toiles, fruits, poteries, verrerie, & d'autres choses qui rendent cette ville d'un grand trafic. La pluspart des grands Vaisseaux Saïques, Barques Kaïques, & autres Batteaux des Marchands de Constantinople se fabriquent à Nicomedie: mais ils ne réussissent pas mieux dans la construction des bastimens de mer, que dans l'architecture civile & militaire. Il s'y fait des Vaisseaux qui sont à la verité de tres-haut bord & fort grands, mais qui sont aussi tres-méchans voiliers & de facile prise. Lors que j'y passay on y en bâtissoit deux qui furent prés de trois ans à estre achevez, on les mena à Constantinople pour les y faire charger, & commencer leur premier voyage. Ces deux Vaisseaux firent l'estonnement de toute la ville, ils estoient si hauts & si grands, qu'il n'y en avoit pas un dans le Port qui ne parût auprés d'eux comme une petite barque : on les mit à l'échelle ou Port de Courchiou magazin proche de la Mosquée de ce lieu, & tournez vers la Mecque. L'Imam ou Curé de ce quartier vint y faire la priere ou inauguration accoûtumée qu'ils font dans les Vaisseaux neufs; on les chargea ensuitte, & apres que l'Imam & le peuple leur eut donné mille benedictions pour leur souhaiter un bon voyage, ils leverent tous deux l'ancre, & firent voile du costé d'Egypte; mais à peine eurent-ils passé les Dardanelles & entré dans l'Archipel, qu'un Corsaire Maltois leur abregea le chemin, & les conduisit à Malte avec tout leur équipage.

On trouve au couchant de Nicomedie à la droite du Golphe ou à son Nord une fontaine d'eau minerale : je croy qu'elle est alumineuse, dont les Turcs & les Grecs disent merveilles ; ils y vont en troupe de tous costez, & il n'y a guére de maladies à les entendre parler que cette fontaine ne guerisse. Pour moy, la seule curiosité de la voir pensa me faire perdre la veuë. Elle est au pied d'un rocher attaché à une petite montagne d'où s'écoulant vers le Golphe, elle arrose avec quelqu'autres petits ruisseaux une plaine de joncs & autres herbes, & y forme apparemment en hyver un marais qui estoit à sec lors que j'y passay ; ( c'estoit aussi dans le mois d'Aoust, ) & marchant à travers de ces joncs, deux mouches guespes que j'avois peut-estre separées d'ensemble, se jetterent chacune sur mes yeux & m'y darderent leur aiguillon; la douleur que je ressentis de cette piqueure fut extréme, il me fut impossible d'ouvrir les yeux pendant un quart-d'heure, & si je n'avois esté pour lors en la compagnie de Monsieur Vaillant Docteur en Medecine, j'aurois couru grand risque de m'en retourner à tâtons à Constantinople, au lieu de me preparer à aller voir la Perse : Mais comme ce sçavant homme connoist aussi-bien la vertu des plantes que la valeur des medailles, il m'appliqua aussi-tost quelques feüilles d'un herbe qu'il trouva proche de nous, & m'ayant estuvé les yeux d'eau & du suc de cette herbe, il m'en appaisa la douleur, & me mit aussi-tost en estat d'aller visiter cette *agiasma* ou sainte fontaine.

Un peu plus avant vers le couchant, on trouve dans le Golphe de Nicomedie à main gauche au Sud un avance de terre comme un grand mole qui n'a pas plus de cinq à six toises de large, & bien un demy-quart de lieuë de long. A son extremité du costé de la terre, il y a une Mosquée dont les Turcs font un assez plaisant conte. Un jour de grande Feste, disent-ils, un Derviche ou Moine qui demeuroit de l'autre costé de ce Golphe qui est au Nord, eut devotion d'aller faire à son ordinaire sa priere à cette Mosquée: mais une tempeste de la nuit precedente luy ayant emporté sa petite barque, & n'ayant plus dequoy passer le Golphe, il pria Dieu de luy inspirer ce qu'il devoit faire. Sa priere fut exaucée, & *Melek Gebraïl* ou l'Ange Gabriel ne manqua pas de luy reveler aussi-tost de prendre sur le bord de la Mer dans un coin de son manteau autant de sable qu'il pourroit, & qu'en le semant sur l'eau devant luy il se feroit un chemin, sur lequel il pouroit cheminer sans crainte. Le bon Hermite fit ce qui luy avoit esté revelé, mais n'ayant pas pris assez de sable ou l'ayant versé trop abondamment, il se trouva court au milieu de l'eau, son chemin couloit à fond derriere luy à mesure qu'il marchoit, & comme il n'estoit pas encore fait pardevant n'ayant plus de sable à jetter, ce Derviche eut recours aux prieres & aux larmes pour se retirer de cet embaras. Mahomet voyant l'extréme devotion de ce bon Mussulman & le peril où il s'étoit exposé pour aller à la Mosquée, obtint aussi-tost de Dieu de faire avancer un bras de terre jusqu'à ce pauvre Derviche pour luy donner lieu par ce moyen de se trouver au Temple à l'heure de la priere. Depuis ce tems-là cette avance de terre est toujours demeurée pour perpetuer à jamais le souvenir de cette action.

Au sortir de ce Golphe de Nicomedie on entre dans la Mer de Calcedoine, que les anciens appelloient l'Ocean Calcedonien. Au milieu de cette petite Mer, qui n'a pas plus de dix lieuës d'étenduë, on trouve un grand Fanal au bout d'un Promontoire qui est proche de Calcedoine. Sur ce Promontoire ou avance de terre il y a une belle maison de plaisance du Grand Seigneur, que l'on appelle *Fanari Kiosc*, ou *Abry du Fanal*. Ce mot de Kiosc en Turc signifie galerie couverte ; aussi tout ce Kiosc du Fanal, de mesme que presque tous les autres, ne font faits que de plusieurs colonnes disposées en quarré avec des galeries tout-au-tour qui sont couvertes d'un tres-grand toict assez bas en forme de pavillon.

La situation de ce Kiosc est fort agreable, elle est dans le milieu & dans le plus haut d'un fort-beau jardin, qui est le plus régulier de tous ceux qui se voient en Turquie; aussi a-t-il plusieurs allées tirées au cordeau, & quelques parterres assez-bien entendus, au lieu que la pluspart des autres jardins du Grand Seigneur ne sont qu'une confusion d'arbres plantez çà & là sans aucun ordre. Toutes ces allées aboutissent au Kiosc ou pavillon, d'où l'on a fort-belle veuë. On découvre de cet endroit la meilleure partie de la ville de Constantinople, du grand Serrail, & de Galata. Cette ville est au couchant de ce jardin, & n'en est guere plus éloignée que d'une bonne lieuë. Le port & la ville de Calcedoine est à sa droite au Nord-Oüest. Les Isles des Princes, & la Propontide, sont devant luy au Sud-Oüest, une partie de l'entrée du Golphe de Nicomedie est à la gauche au Midy, & les belles terres de la Bithinie sur l'extremité desquelles il est placé, sont derriere luy à son Orient.

La charmante disposition de ce lieu obligea le Sultan Soliman II. d'y faire bâtir ce Kiosc ou lieu de plaisance pour y aller quelquesfois s'y divertir avec une partie des Sultanes de son Serrail. Il fit mettre au milieu de ce grand salon, dans un lieu un peu élevé, un fort-beau *Sopha* ou estrade garny de ses *maindits* ou matelats, coussins & tapis précieux, & entouré d'une baluftrade de marbre toute cifelée de Morefques. Ce Sopha eft quarré, & placé prefqu'au milieu d'un grand baffin de mefme figure, qu'une quantité de petits jets d'eau empliffent peu-à-peu, avec beaucoup d'agrément, jufques à hauteur de bain. Ce Prince qui n'eftoit pas moins porté à l'amour des Dames, qu'à celuy des armes, fit orner ce lieu de tous les enjolivemens que l'Architecture Mahometane pût inventer pour concourir à fon divertiffement, & à celuy des Sultanes qu'il aimoit le plus. Il fortoit fouvent avec elles de fon Serrail de Conftantinople, qui n'en eft éloigné que d'environ une demie lieuë, & fe faifoit porter à ce Kiofc, où eftant arrivé, il s'y retiroit feul avec elles pour y fatisfaire avec plus de fecret & moins de trouble à tous les emportemens, qu'une paffion auffi déreglée que la fienne pouvoit exciter dans un lieu qui n'eftoit orné qu'à ce deffein, & qui n'étoit fait que pour le plaifir.

Le Fanal qui eft proche de ce Kiofc fert aux Vaiffeaux qui arrivent de nuit à Conftantinople, ou aux Barques qui veulent donner fond proche de Calcedoine, le nombre de ceux-là eft affez ordinaire; mais à l'égard de ces derniers, cela fe rencontre rarement.

Le Port, auffi-bien que la Ville de Calcedoine, eft fort peu frequenté, il n'y a que quelques petites Barques & Kaïques qui vont à Conftantinople pour en apporter quelques provifions qui ne fe trouvent pas dans ce lieu. Cette ville eftoit autrefois une des plus celebres de la Propontide; un certain

*Calcedoine.*

Calcedon, pasteur, fils de Saturne, commença d'y bâtir quelques cabannes sur le bord d'une petite riviere qui passe proche de là, qu'il nomma de son nom ; long-tems aprés les habitans de la ville de Chalcis qui estoit dans l'Isle d'Euboée, que l'on appelle maintenant Negrepont, y envoyerent une colonie, & luy confirmerent son nom, parce qu'il approchoit assez de celuy de leur ville. Ceux de la ville de Megare qui estoit prés de l'Isthme de Corinthe en firent autant environ l'an du monde 3290. mais les uns n'ayant pas esté plus éclairez que les autres dans le choix d'une belle situation qu'ils avoient vis-à-vis d'eux au lieu où est maintenant Constantinople, ils meriterent tous que l'Oracle de Delphes les traittast d'aveugles, & que Megabize Persan, aussi-bien que tous ceux qui y ont passé depuis luy, & qui y passeront encore dans la suite, leur ayent confirmé ce titre, & le leur donnent encore toujours. Pour moy je m'étonne comme parmy tant de gens qui les ont appellez aveugles, il ne s'en est pas trouvé qui leur ait aussi donné le nom de fols. Arrian l'Historien qui estoit leur voisin, puisque la ville de Nicomedie luy donna le jour, dit que ces peuples ayant negligé pendant quelque tems le culte d'une Divinité à qui leurs Ancestres avoient élevé un Temple, furent châtiez d'une maladie honteuse ; à quoy ne trouvant point de remede, ils crurent que le plus prompt estoit de retrancher la partie infectée, quelque considerable qu'elle pût estre pour sauver le tout. Cette Divinité en colere estoit apparemment

ment

ment Venus, puisqu'elle avoit un fort-beau Temple à Calcedoine, & que le mal qui affligeoit les Calcedoniens estoit un de ceux qu'apporte cette Déesse. La maladie estoit à la verité fâcheuse, mais le remede l'estoit encore davantage ; & s'il y eust eu là quelqu'un de nos Empyriques pour afficher aux carefours, comme ils font tous les jours à Paris, qu'ils guerissent infailliblement de tous les maux que peut causer Venus, ils auroient bien fait plaisir aux Dames Calcedoniennes qui se trouverent toutes veuves sans avoir perdu leurs maris.

Ce Temple de Venus ne se voit plus à Calcedoine, non plus que celuy d'Apollon qu'un certain Cocconas rendit celebre par les oracles qu'il y faisoit adroitement rendre à ce Dieu. Ce Cocconas portant envie aux villes de Delphes dans la Phocide, de Claros dans l'Ionie, & de Delos parmy les Cyclades dans la Mer Egée, parce qu'elles s'estoient renduës celebres & riches par les Oracles d'Apollon, s'avisa un jour de faire parler ce Dieu dans le Temple qu'il avoit à Calcedoine. Il se fit donc recevoir Prestre d'Apollon, & s'étudiant à rendre des réponses ambiguës à la façon des Oracles, il y reüssit si bien, qu'en peu de tems la renommée d'Apollon Calcedonien rendit cette ville fameuse dans toute la Thrace Européenne & Asiatique, dans la Bythinie, dans la Phrygie, & dans les autres Provinces voisines, d'où chacun venoit en foule à Calcedoine pour y recevoir des réponses sur les doutes qu'il pouvoit avoir.

Tous ces Temples de l'antiquité payenne, aussi-bien que ceux de la primitive Eglife, ne fe voyent plus à Calcedoine, il y a feulement pour toute Eglife une petite partie de celle de fainte Euphemie qui refte encore maintenant fur pied. Le peu de Grecs qu'il y a dans cette ville y font leurs Offices. Ce fut dans cette Eglife où fe tint le quatriéme Concile general & œcumenique. Pour ce qui eft des autres antiquitez, il n'y en refte plus gueres que quelques tombeaux & infcriptions brifez avec un affez beau refte d'aqueduc fouterrain. Le port n'eft plus fermé de chaînes, comme il eftoit autrefois, pour défendre l'entrée; & bien qu'il foit ouvert à tous, il n'en eft pas plus frequenté pour cela. Enfin Calcedoine à qui Chryfopolis ou Scutary fervoit autrefois de Port pour tenir fes Galeres, & de Magazin pour conferver fes provifions, n'a plus rien gardé de fon antiquité que fon nom: Elle n'eft plus à prefent qu'un miferable village d'environ mille ou douze cens feux tout remply de ruines; il eft vray que cette ville infortunée a efté ravagée tant de fois, qu'il ne faut pas s'étonner fi elle eft dans un eftat auffi miferable qu'eft celuy où on la voit maintenant réduite. Les Perfes, les Gots, les Sarrafins & les Turcs luy ont fait reffentir tour à tour les funeftes effets de leur cruauté, & la trop grande proximité de Conftantinople a mefme efté un puiffant obftacle à fon agrandiffement. Les Empereurs d'Orient, qui ont toujours depuis Conftantin le Grand tenu leur fiege Imperial à Conftantinople, ne fongeoient qu'à augmenter cette grande ville aux dépens mefme,

## DE CONSTANTINOPLE.

& des dépoüilles de ses voisines, aussi-bien que de ses ennemies. L'Empereur Valens fut de ce nombre, il fit luy seul plus de dégast à Calcedoine que tous ses autres ennemis, il en abattit tous les murs qui estoient faits de belles grandes pierres, & ne vouloit pas moins que la razer entierement, parce qu'elle avoit donné retraitte à Procope son ennemy, & avoit semblé vouloir en favoriser le party. Le grand Aqueduc qui est proche la Solimanie à Constantinople, aussi-bien que la meilleure partie de cette Mosquée, ont esté bâtis du débris de cette ville infortunée.

On ne suit presque jamais le chemin que je viens d'expliquer pour aller à Constantinople ; on laisse à la droite tous les beaux rivages de la Bythinie, & l'on costoye presque toujours ceux de la Thrace. Au sortir de l'Hellespont, la premiere ville que l'on trouve est Rodosto. Cette ville est assez-bien postée, elle est au fond d'un petit Golphe qui luy donne la commodité d'un assez bon port. Elle est bien peuplée d'environ quinze mille hommes. Le commerce qu'elle a avec toute la Thrace, la Propontide, & la Mer Noire, la rendent plus frequentée que toutes les autres qui sont de ce costé. Il y a trois ou quatre grandes Mosquées, & plusieurs autres petites. Les Grecs y ont aussi quelques Eglises, & les Juifs deux Synagogues. Elle est située en long sur le bord de la Mer où est son plus grand commerce, & de là elle s'étend du costé de la terre en plusieurs jardinages fournis d'assez bons fruits, mais qui ne sont guere bien cultivez, non

*Rodosto.*

plus que dans tout le reste des lieux de la Turquie ; les Mahometans ne s'entendent pas plus au jardinage qu'à l'Architecture ; & bien qu'ils ayent un tres-grand nombre de *Bostangis* ou Jardiniers en titre d'Office, ils se rapportent souvent de la culture de tous leurs fruits seulement à ce que peut faire la nature. On y seme quantité de cotton, de concombres, de melons ordinaires, & de melons d'eau que l'on nomme Pastegues en Provence, & autres semblables fruits rafraichissans, mais ils n'y viennent pas si bons qu'à Nicomedie.

*Perinthe ou Heraclée.*

Au sortir du petit Golphe de Rodosto l'on trouve sur la gauche l'ancienne ville de Perinthe ; cette ville est presque la quarantiéme de celles qui ont porté le nom d'Heraclée ; & si parmy toutes les disgraces qui luy sont arrivées elle n'avoit encore aujourd'huy conservé son nom, on auroit peine à croire en voyant le déplorable estat où elle est maintenant réduite, que ce qui en reste fût des vestiges de cette fameuse Perinthe qui a donné autrefois des loix à la superbe Bysance, sous la tirannie de laquelle elle gemit aujourd'huy.

Cette ville est située au $42^{me}$ degré $25^{me}$ de latitude septentrionale au-tour d'un Promontoire un peu élevé, qui forme d'un costé & d'autre deux Ports assez favorables, desquels celuy qui est au Nord-Est, ou à l'Orient d'Esté, est le plus grand & le plus asseuré, aussi est-il le seul frequenté ; mais comme on n'a pas le soin de le nettoyer, & que les Turcs le laissent insensiblement combler du débris des anciens édifices, dont on voit encore plusieurs restes sur les bords, il ne sçauroit plus entrer dedans que des Barques Marsillanes, des Saïques Turques, & autres Vaisseaux de moyenne grandeur, au lieu que du tems de l'Empereur Severe, & mesme beaucoup avant comme aprés luy, il tenoit souvent à l'abry toute une Armée navale, & les Vaisseaux du plus haut bord y avoient un fond assuré.

La figure de ce Port est presque circulaire & assez semblable à un fer à cheval: la veuë en est assez agreable; mais celle du Promontoire qui est à sa gauche l'est encore davantage. De dessus ce Promontoire on découvre les deux Ports d'Heraclée entre lesquels elle s'éleve, & la Mer de Marmara qu'elle a devant elle avec toute cette ville: les belles campagnes qui l'environnent contribuent aussi beaucoup à l'avantage de sa situation. C'estoit assurément sur ce lieu où estoit ce bel Amphitheatre d'Heraclée qui a passé dans l'antiquité pour une des sept merveilles du monde, on y en voit encore quelques beaux restes, & entr'autres de fort grandes caves qui sont pleines d'une eau extrémement claire & fraische, elles servent maintenant de cisternes. C'estoit de ces réservoirs ( qui sont apparemment d'eau vive, parce qu'ils sont dans un lieu trop élevé pour n'estre que des cisternes,) que par differents canaux l'on faisoit monter les eaux dans tous les endroits de l'Amphitheatre où l'on en avoit besoin.

Cet édifice n'étoit pas le seul qui fut considerable dans Heraclée ; car outre les Temples, les bains, & un assez grand nombre d'autres bâtimens pu-

G iij

blics dont elle estoit ornée, on y voyoit encore plusieurs belles statuës élevées dans les places publiques, à la memoire de ceux qui avoient fait quelque chose de considerable pour le bien de la ville. Les statuës ont esté mises en pieces, & rompuës par la barbarie des siecles : mais leurs pieds d'estaux avec les inscriptions qui y restent, montrent assez la reconnoissance des Perinthiens envers leurs bien-facteurs. Cela fait que l'on ne sçauroit douter de la generosité des anciens Heracleotes, non plus que cette ville d'Heraclée ne soit l'ancienne Perinthe. Les inscriptions Grecques & Latines que l'on y lit en plusieurs endroits, en sont des témoins trop fidelles pour en douter, & les beaux restes d'antiquité qui s'y trouvent confirment encore ce que dit un Poëte,

———————— quæ magna Perinthus
Ante fuit, priscum mutavit Heraclea nomen.

On en voit presque dans toutes les ruës des assurances, il y en a plusieurs qui servent mesme de pas aux portes, mais la plus grande de toutes ces inscriptions qui se voyent maintenant à Heraclée, est une qui est enclavée dans un gros mur de l'Eglise Metropolitaine de cette ville, qui donne sur la ruë par où l'on sort pour aller à Andrinople. Elle est Grecque & dediée à la bonne fortune de l'Empereur Severe. Ce fut luy qui pour se vanger de ce que la ville de Bysance avoit pris le party de Pescennius Niger la subjuga & la soumit à recevoir les loix de la Republique de Perinthe dont elle estoit la rivale. Il y a encore une autre inscription Grecque proche de la mefme Eglife dans la maifon du Metropole, Primat ou Grand Evêque : elle eſt dediée à la bonne fortune de l'Empereur Trajan fils de Nerva.

La maifon de ce Metropole eſt contiguë à l'Eglife, où il va mefme à couvert. Dans le paffage qui eſt entre deux, & qui fert de veſtibule à ladite Eglife, il y a la fepulture d'un Gentilhomme Anglois, qui s'en allant à Conſtantinople tomba malade de peſte à l'Iſle de Tenedos, & mourut avant mefme que d'eſtre arrivé à Heraclée, où il fut enterré en l'année 1627. comme le marque l'Epitaphe Grecque & Latine que l'on a écrit fur fa tombe. Apparemment que l'on donna au Metropole & au Cadi de cette ville une bonne partie du viatique de cet Anglois, dont il n'avoit encore guere dépenſé pour le faire inhumer dans ce lieu qui eſt à l'abry & tout à l'entrée de l'Eglife ; car ce n'eſt plus la coutume des Grecs, non plus que des autres Chrétiens de l'Orient d'inhumer dans les Temples.

Cette Eglife Cathedrale d'Heraclée eſt une des plus belles qu'il y ait dans toute la Grece ; Quand je dis une des plus belles Eglifes de la Grece, il ne faut pas s'imaginer que ce foit quelque bijou d'Architecture. C'eſt feulement une Eglife pratiquée dans un gros pan d'un des murs de la ville, & dans un reſte d'ancien bâtiment comme d'une tour furquoy l'on a baſty une voute affez belle qui couvre tout l'édifice. Le dedans de cette Eglife eſt affez propre, & mefme beaucoup mieux ordonné que celuy de l'Eglife du Patriarche de Conſtantinople. Il y a encore pluſieurs autres Eglifes à Heraclée qui ne sont pas en si bon ordre que cette Metropolitaine, puis que de cinq ou six autres qui s'y voyent, il y en a deux ou trois toutes desertes & abandonnées. Elles courent en cela la mesme disgrace que la pluspart des maisons de cette ville. Quand j'arrivay à Heraclée, je demanday s'il y estoit Feste, parce que passant dans plusieurs ruës je n'y voyois que des boutiques fermées. On me dit que c'étoient les maisons de quantité d'Heracleotes Grecs qui estoient morts de peste, ou qui avoient abandonné leurs biens & leur patrie quelques années auparavant pour se delivrer de la vexation des Turcs qui leur faisoient continuellement de nouvelles avanies: Mais que si cela duroit de la sorte, il ne resteroit bien-tost dans Heraclée que des Turcs pour en estre les habitans; parce que depuis quelque tems que le vin avoit esté deffendu sous de tres-rigoureuses peines dans toute la Turquie, les pauvres Grecs n'avoient plus dequoy tirer le *Karache* ou tribut qu'ils sont obligez de payer au Grand Seigneur, & qu'ainsi ceux qui restoient encore dans Heraclée pourroient bien deserter aussi-bien que les autres, si cette défence ne souffroit dans peu quelque adoucissement.

Il en est presque de mesme dans toutes les autres villes de la Turquie, elles sont toutes tres-mal peuplées; car outre que la contagion qui ravage toujours quelque endroit de l'Empire Ottoman éclaircit extrémement le nombre des sujets du Grand Seigneur, la politique de ce Prince n'est pas assez éclairée pour connoistre que la polygamie que luy & ses

loix

# DE CONSTANTINOPLE.

loix authorisent ne suffit pas pour remplir d'habitans un Empire aussi vaste que le sien; un peu d'humanité & moins de tyrannie dans ses Estats les peupleroit assurément davantage que ne font pas toutes les femmes de son Serrail, & celles de tous ses Bachas & autres sujets. Mais bien loin de cela, le bâton, les chaînes & la prison ne manquent point à ceux qui ne payent pas régulierement leur tribut ; & la Predestination dont les Mahometans sont entestez, ne permet pas que l'on établisse en Turquie des Lazarets ou Maisons de santé, pour y obliger ceux qui viennent de quelque endroit infecté à faire quarantaine avant que d'avoir commerce avec ceux du lieu où ils arrivent. Au contraire, un pestiferé n'est pas plutost mort, que l'on porte au marché vendre toutes ses hardes, & le premier qui en a besoin les achete, & suit bientost, sans y penser, la destinée de celuy qui s'en servoit avant luy. Ce desordre est grand & continuel, & neanmoins pas un Turc n'y fait reflection. Les pauvres Grecs y pensent assez, mais la folle Religion de leurs Maistres les fait perir avec eux.

Le commerce qui se fait aujourd'huy à Heraclée n'est pas grand, les Vaisseaux qui entrent dans son Port le font plutost pour laisser passer quelque mauvais tems qui les aura peut-estre surpris là autour, (comme il arriva au nostre qui fut obligé d'y relâcher durant cinq ou six jours d'une Tramontane furieuse) que pour y faire quelque chargement considerable. On y trouve pourtant du cotton, des olives, des fruits secs & verds, des cuirs & des laines en assez bonne quantité. Je me trouvay à Heraclée dans le tems que l'on y faisoit la récolte du cotton, & la curiosité me porta dans la campagne voisine pour voir de quelle maniere cela se passoit. On sçait assez, sans que j'en fasse icy un plus long récit, que le cotton provient d'une graine noire au dehors, & blanche au dedans de la grosseur des petits poids, que l'on séme au mois de Juin pour la recueillir en Septembre ou Octobre au plus-tard, qu'en l'espace de deux ou trois mois qu'elle est en terre elle monte quelquefois jusques à la hauteur d'un arbrisseau, ses feüilles sont à peu-prés de la figure de celles du platane; mais soit qu'il croisse beaucoup ou peu, il rapporte toujours plusieurs gousses ou pelotons remplis de cotton, au milieu desquels est cette graine; & quand ces pelotons sont en maturité, ils s'ouvrent en trois ou quatre feüilles à peu-prés comme des anemones pour montrer le cotton qu'elles renferment; on le sépare ensuite de sa graine par le moyen de deux petits rouleaux faits comme ceux d'une petite presse de graveur, le cotton passe entre-deux, & la graine tombe de l'autre costé. Cette ville a esté honorée de la generosité de plusieurs Martyrs qui y ont versé leur sang pour la défense de la foy Chrétienne, du nombre desquels furent les Saints Felix, Janvier, Clement & Philémon.

Depuis Heraclée jusques à Constantinople il n'y a rien de recommendable pour le present, non-plus que pour l'antiquité. On trouve seulement sur les coſtes de la Thrace trois ou quatre villages qui peuvent avoir eſté autrefois aſſez conſiderables, parce qu'il y a quantité de mazures, mais à preſent cela paroiſt peu de choſe ; car Selivrée, Bevados, Grandpont & San Stefano ne feroient pas tous quatre enſemble de quoy former une ville mediocre ; je ne diray donc rien davantage de ce coſté de la Propontide, les peuples qui y habitent ſont toûjours Juifs, Turcs ou Grecs, & leur commerce n'eſt comme aux autres villes, que de cotton, ſoye, laines, fruits, cuirs, volailles, & autres denrées de cette nature. Mais en parlant de Grandpont, je ne ſçaurois taire une action toute pleine de generoſité qu'y fit Monſieur Vaillant Medecin & Antiquaire du Roy, en la compagnie duquel j'étois la premiere fois que je paſſay de ce coſté-là.

Nous allions de Smyrne à Conſtantinople ſur une Saïque Turque, noſtre Vaiſſeau s'arreſta pour décharger quelques marchandiſes à Grandpont, que les Turcs appellent *bouïouc Tcheſmega*, ou *bouïouc Kupri*, & durant quelques heures que le Vaiſſeau y reſta, ledit Sieur Vaillant mit pied à terre pour tâcher à ſon ordinaire d'y découvrir quelques antiquitez. En paſſant par une place publique il y trouva un jeune Venitien que l'on avoit pris & enchaîné comme un eſclave fugitif, afin qu'eſtant détenu là pendant quelques jours, ſon Maiſtre, s'il en avoit un, eût le loiſir de le reclamer, ou que s'il n'en avoit point, ceux qui l'avoient arreſté en peuſſent tirer quelque argent en le vendant à quelqu'un. Ce Venitien eſtoit juſtement ce que l'on soupçonnoit de luy, il avoit esté fait esclave pendant la guerre de Candie, & vendu à un Turc de la campagne chez lequel il n'estoit point, comme il nous le dit dans la suite, trop mal-traitté ; mais nonobstant la douceur de son Patron, le desir naturel d'estre en liberté & de s'en retourner dans son pays, luy avoit fait chercher tous les moyens imaginables de s'enfuir. Il n'en avoit point trouvé de plus favorable que l'occasion qui se presentoit d'un nouveau *Baïle* ou Ambassadeur de Venise, qu'il avoit appris estre en chemin pour venir à Constantinople. La chose réussit à son souhait ; son Maistre qui ne se défioit plus de luy, parce qu'il luy témoignoit beaucoup d'affection, & qu'il y avoit déja quelques années qu'il estoit à son service, l'envoya porter une lettre à Andrinople dont il estoit éloigné de deux journées. Le Venitien chargé de la lettre de son Maistre alla bien à Andrinople ; mais au lieu de luy en rapporter la réponse, il prit le chemin de Constantinople, marchant plus de nuit que de jour par des routes écartées pour n'estre pas découvert ; mais il ne pût si bien se cacher, qu'il ne fût bien-tost arresté. C'est la coutume en Turquie d'arrester comme un esclave fugitif une personne que l'on trouve marcher seul à la campagne, ou bien arriver dans un village sans aucune compagnie, & de ne la point laisser aller si elle ne montre une lettre de son Maistre qui l'envoye, ou qui luy a donné une carte de liberté ; le Venitien ne pût montrer les siennes, puisqu'il n'en avoit point, & qu'il est extrêmement difficile

& dangereux en Turquie d'en contrefaire de cette sorte. On le prit donc à l'ordinaire, on le mit à la chaîne dans une place publique où il resta trois jours entiers, bien qu'il dît qu'il appartenoit à un Marchand Venitien qui l'envoyoit à son Ambassadeur porter des lettres qu'il avoit supposées. Ce malheureux dans cet estat se trouvoit extrêmement en peine, il craignoit ou que son Maistre venant à le reclamer ne luy fist subir le châtiment ordinaire aux esclaves fugitifs, sçavoir de cinq cens coups de bâton sous la plante des pieds, & essuyer mille autres peines qu'on laisse à la discretion d'un Maistre irrité, ou bien qu'on ne le revendît à quelqu'autre Patron qui ne l'auroit pas traitté si doucement que celuy qu'il venoit de quitter. Le bonheur de cet infortuné fut l'arrivée de Monsieur Vaillant. Aussi-tost qu'il l'apperçeut il se jetta à ses pieds, le supplia en Italien de le vouloir retirer du risque qu'il couroit d'estre vendu de nouveau, ou rencontré de son Aga; qu'on luy osteroit ses fers, & qu'on le laisseroit aller avec luy s'il vouloit bien le demander, comme estant amy du Maistre dont il avoit supposé le nom, & payer la somme qu'on exigeoit de luy pour l'avoir détenu. Monsieur Vaillant demanda le Venitien, paya sa rançon, l'amena à Constantinople où il luy donna genereusement la liberté toute entiere.

Aprés avoir parcouru tous les bords de la Propontide, il faut dire quelque chose de ses Isles. Les plus considerables, & que l'on rencontre les premieres sont les Isles de Marmara qui donnent leur

*Isles de Marmara.* nom à toute cette Mer. On les trouve à main droite en sortant de Galipoli, à dix lieües environ dans la mer, la route pour y aller est Est quart au Nord-Est; en hyver les Vaisseaux cinglent au Sud de ces Isles, à cause des vents de Sud & Sud-Est qui regnent, & en Esté on fait canal pour aller à Constantinople, dont elles ne sont éloignées que de cent milles. Il y en a quatre, deux grandes, une moyenne, & une petite; elles sont toutes fort proches l'une de l'autre, & assez bien peuplées; La plus grande des quatre qui est celle de Marmara est la plus septentrionale, elle a bien dix ou douze lieües de circuit, sa ville Capitale est Marmara qui luy donne son nom, & plusieurs autres villages, entr'autres *Galioni* & *Crastio*, avec quelques Convents & Hermitages qui passeroient bien en France pour des Abbayes & des Prieurez. Ces Convents & Hermitages sont habitez par des Caloïers ou Religieux Grecs, qui y vivent fort sobrement.

La plus grande de ces Isles aprés Marmara, & qui est à son Orient, c'est *Avezia*, qui a un bourg de mesme nom, & deux autres villages dont l'un s'appelle *Aloni* & le troisiéme *Arabkioi* ou villages d'Arabes, parce qu'il n'est peuplé que d'Arabes ou de leurs descendans. La moyenne de ces Isles est Coutalli qui a un bourg du mesme nom, & la derniere qui s'appelle Gadaro pour estre la plus petite, ne laisse pas d'avoir quelques habitations avec quelques Convents de Caloïers. Ces quatre Isles sont dans un bon climat, elles sont situées au 38.$^{me}$ degré & quelques 35. minutes

de latitude Septentrionale, & au Sud-Eſt on a l'O-
rient d'Eſté d'Heraclée, elles ſont abondantes en
bled, vin, fruits, cotton, pâturages & beſtiaux, la
peſche y eſt auſſi fort bonne; mais il n'y a que les
gens du lieu qui s'en ſervent pour leur uſage, parce
que Conſtantinople & les autres villes de la Propontide qui pourroient avoir beſoin de poiſſon, ont
auſſi chez elle une aſſez bonne peſche pour ſe pouvoir paſſer de celle des Iſles de Marmara.

Pour aller de ces Iſles à Conſtantinople, & venir reciproquement de Conſtantinople à Marmara,
la route eſt Nord & Sud: j'en ay fait le chemin en
moins de douze heures par un bon vent, quoy-que
l'on y conte cent milles qui ſont environ quaran-
te bonnes lieuës. A l'extremité de la Propontide *Iſles des Princes*
avant que d'entrer à Conſtantinople, on trouve
encore un petit corps d'Iſles que les Turcs appellent *Papas adaſi*, les Grecs *Papadoniſia* ou Iſles des
Moines, & les Européens Iſles du Pape & Iſles des
Princes. Ces Iſles ſeroient un lieu de delices ſi des
Chrétiens eſtoient Maiſtres de Conſtantinople, chacun y voudroit avoir une maiſon de plaiſance, car
elles n'en ſont éloignées que de trois ou quatre
lieuës que l'on fait aſſez ſouvent en une heure &
demie ou deux heures de tems. Elles ſervent de promenade ordinaire aux Européens qui demeurent à
Conſtantinople, auſſi-bien qu'aux Perotes & autres
Grecs: mais ce qui devroit faire le bonheur de ces
Iſles, eſt au contraire ce qui cauſe leur ruine; le
voiſinage de Conſtantinople leur eſt beaucoup moins
utile que deſavantageux. Quand quelque Janiſſaire

ou autre yvrogne Turc veut se divertir, il s'en va aux Isles pour avoir le plaisir de s'y en yvrer avec plus de liberté, car si les Turcs boivent rarement du vin, on peut dire qu'ils ne laissent pas d'avoir le dessein de s'en souler quand ils le peuvent; aussi ne croyent-ils point en avoir goûté s'ils ne s'en ressentent trois jours aprés. Ils vont donc à ces Isles, qui ne sont guere habitées que par des Chrétiens Grecs, pour y boire à toute outrance, & y font en suitte les desordres que peut causer le vin. Ils menacent les pauvres Grecs, les frappent assez souvent, & leur prennent tout ce qui les accommode; il est bien vray qu'il ne leur arrive jamais guere de les tuer, parce que le meurtre est extremement défendu dans toute la Turquie, & que l'on y pend la bouteille au lieu mesme où elle a causé quelque desordre, mais ils ravagent tellement tous leurs jardins, vignes, vergers, & tout ce qu'ils cultivent à la campagne, qu'ils n'ont pas le cœur d'y rien entretenir ny semer. Et ainsi ces Isles aussi fecondes que charmantes sont presque toutes en friche, il n'y a que quelques Caloïers qui cultivent autour de leurs Convents quelques herbages, legumes, raisins & autres fruits pour l'usage de leurs maisons, & pour régaler avec le poisson qu'ils péchent sans s'éloigner de ces Isles les francs & autres honnêtes passagers qui les vont visiter. Ils n'empéchent point de manger de la viande chez eux quand on l'y porte, quoy-qu'ils soient tous du nombre des Ichtiophages volontaires qui s'en sont interdits l'usage pour toujours.

Ces

# DE CONSTANTINOPLE.

Ces bons Caloïers sont des Religieux de saint Basile aussi-bien que ceux du Mont Athos ou ἅγιον ὄρος & de toute la Grece, ils suivent tous la même régle, & portent tous un mesme habit. On n'entend point parler parmy eux de reforme du premier institut, non plus que de reformer encore la reforme qui en aura esté faite; ils n'ont rien changé dans la maniere ancienne de vivre & de s'habiller parmy eux, leur vestement est le mesme que par le passé, ils n'y ont rien adjouté ny diminué qui les distinguast les uns des autres, & malgré la désolation de leurs états & l'éloignement des tems, l'unité de leurs constitutions s'est conservée sans souffrir d'alteration ny de relâchement. Ils menent aussi une vie fort retirée & fort pauvre, ils ne mangent jamais de viande, & outre cette abstinence continuelle, ils observent encore pendant l'année quatre Carêmes, sans conter plusieurs autres jeûnes & vigiles que toute l'Eglise Grecque garde religieusement, sans que qui que ce soit des seculiers non plus que des Religieux, soit malades ou sains osent manger, mesme dans l'extréme necessité du beure, du poisson, ou des œufs. Les Armeniens en retranchent encore l'huile, & pas un de tous ces Chrétiens ne s'avise jamais d'en demander dispense, aussi ne leur seroit-elle pas accordée, à moins qu'ils n'apportassent pour s'en servir & pour l'obtenir mesme une extréme précaution, après l'avoir bien payée par une aumône considerable qu'ils sont obligez de donner à l'Eglise.

Quoy-que le grand nombre des Carêmes &

des jeûnes qu'obſervent ces Chrétiens de l'Orient auſſi-bien que ces Caloïers leur faſſe paſſer prés des trois quarts de l'année aſſez maigrement, cela n'empêche pas neanmoins que les uns & les autres n'y faſſent d'aſſez differents & bons ragoûts quand ils veulent traitter ceux qui les viſitent en Careſme. Le proverbe Italien qui dit que *Trovata la legge trovato l'inganno* a lieu en Orient, auſſi-bien qu'en Europe: ſi on y deffend le vin, l'eau de vie, le caffé, les ſorbets & autres excellentes boiſſons ſuppléent au deffaut; ceux qui font ſcrupule de manger du poiſſon garniſſent leurs tables de toutes ſortes d'huîtres & coquillages, de potargue, de caviare, & autres compoſitions faites d'œufs & de laittes de poiſſon, qui ſont beaucoup plus delicates que ne ſont pas les poiſſons meſmes, & n'ont point d'arêtes à éplucher ny à craindre; & ſi les Armeniens ne veulent ny beure ny huile dans leurs ſauſſes, ils ſe ſervent d'amandes, de piſtaches, de noix, & d'autres fruits & graines pilées dans le mortier, qui eſtant miſes ſur le réchaut font un pareil & meilleur effet que noſtre beure. Enfin, ceux qui ſont les plus attachez à l'obſervance de ces Careſmes, confondent tellement l'abſtinence des viandes avec le jeûne, qu'ils ne croyent point du tout pécher, ſi durant le tems de leurs jeûnes ils mangent toujours quelque choſe entre leurs repas, pourveu que ce ne ſoit ny chair, ny poiſſon, ny œufs, ny beure, ny huiles.

 Je ne prétens point blâmer icy l'abſtinence de ces Caloïers ny des autres Chrétiens d'Orient qui les ſuivent, je l'eſtime & l'approuve autant que le fait l'Eglise Romaine, qui bien loin de trouver à redire à la devotion de ces peuples dans l'exacte observance de leurs Carêmes, voit avec douleur que la pluspart des Chrétiens d'Europe qui la reconnoissent pour mere, negligent ou méprisent mesme le seul qu'elle leur ordonne de garder. Je sçay qu'il y a des personnes saintes parmy ces bons Caloïers, Vartabiettes, Papas, & autres Religieux, aussi-bien que parmy les autres Chrétiens seculiers de l'Orient qui joignent tellement le jeûne à l'abstinence, qu'ils se contentent de manger une seule fois le jour peu de pain, & quelques herbes amorties sur le feu avec quelques grains de sel & de l'eau, & qu'il y en a mesme de fort vieux, qui par une longue habitude de jeûne ne mangent pendant tous les Carêmes qu'une fois tous les trois jours. Un Maronite de Damas m'a assuré que son grand pere à l'âge de quatre-vingt-dix ans, observoit encore l'ancienne coutume qu'il avoit prise depuis long-tems de ne manger que sept fois durant les sept semaines de leur Carême, & qu'il n'estoit pas le seul à qui il en avoit veu faire autant. Ainsi l'on trouve encore parmy les déplorables ruines de la Religion Catholique, (qui dans ces lieux semble non seulement estre entierement abbatuë, mais même abolie) des restes admirables & precieux de l'ancienne vertu des plus saints Anachorettes.

## DESCRIPTION DE CONSTANTINOPLE.

AU sortir de ces Isles que je ne décris pas davantage, parce que d'autres l'ont fait avant moy. On commence à s'approcher de Constantinople que l'on voit à main gauche, & à en costoyer les murs qui regnent depuis le Chasteau des sept Tours jusques à la pointe du Serrail, en suite de quoy la route du Vaisseau doit estre vers le Nord-Est pour doubler la pointe du Serrail, afin d'éviter le courant continuel des eaux du Bosphore qui descendent avec impetuosité de la Mer Noire dans la Propontide, & qui jetteroient infailliblement le Vaisseau sur Acropolis où est la pointe du Serrail. On laisse donc sur la gauche le Serrail, & le Vaisseau allant du costé de Scutary passe fort prés d'un rocher, sur lequel est basti une tour quarrée entourée d'une muraille de mesme figure qui a plusieurs embrasures à son pied garnies de leurs Canons. Les Turcs appellent cette tour Khes-calasi le Chasteau de la Pucelle, & les Européens la nomment sans aucun fondement la tour de Leandre, puisque ce n'est point en cet endroit où Leandre passoit l'eau pour aller voir sa Maistresse Hero, mais bien aux Dardanelles, comme nous l'avons dit.

C'est de ce lieu plutost que de pas un autre de l'Univers que l'œil se porte agreablement de toutes parts : Il ne se peut rien voir ny mesme concevoir de plus charmant que cet abord de Constantinople. Pour moy lors que j'y arrivay la premiere fois, je m'imaginay entrer dans une ville enchantée, je me trouvois au milieu de trois grands bras de Mer, dont l'un vient du Nord-Est, & l'autre est vers le Nord-Oüest, ou l'Occident d'Esté, & le troisiéme qui est produit des eaux de l'un & de l'autre se décharge au midy dans le grand baſſin de la Propontide. Ces trois grands bras de Mer lavent de coſté & d'autre à perte de veuë des terres qui s'élevent inſenſiblement par un grand nombre de petites colines toutes couvertes de maiſons de plaiſance, de jardins & de Kioſcs. Plus ces trois grands Canaux ou bras de Mer s'approchent de la ville, & plus le nombre preſque infiny des maiſons s'augmente. Elles paroiſſent toutes les unes par deſſus les autres en forme d'Amphitheatre, afin qu'elles puiſſent auſſi toutes joüir des charmes d'une ſi belle veuë.

Au milieu de ces maiſons diverſement peintes on apperçoit un nombre incroyable de gros doſmes, de coupolles, de minarets, tourelles ou clochers qui s'élevent beaucoup au-deſſus des bâtimens ordinaires. Tous ces doſmes ſont couverts de plomb auſſi-bien que les minarets qui ont tous leurs pointes dorées; la verdure des cyprés & des autres arbres d'un grand nombre de jardins contribuë beaucoup à la confuſion agreable des objets differens qui charment les yeux de tous ceux qui arrivent à Conſtantinople. La multitude des Vaiſſeaux qui font une couronne tout au-tour du Port ſans en embaraſſer le milieu, reſſemble à un cercle ſpatieux de grands arbres qui ſe ſont dépoüillez tout exprés de leurs feüilles pour ne point cacher les beautez qui ſont derriere eux, & la quantité prodigieuſe de Kaïcs, Permes ou Gondoles, & petits Batteaux dont le nombre eſt eſtimé monter à ſeize mille, qui paſſent continuellement de tous coſtez, les uns à la voile, & les autres à la rame

I iij

pour la commodité des habitans, semble offrir sans cesse à tous les spectateurs d'un si bel amphitheatre le divertissement d'un combat naval. Enfin, de quelque costé que l'on se tourne quand on est au milieu du port de cette grande ville, on ne peut que l'on n'admire combien la nature l'a favorisé dans le choix qu'elle a paru faire de tout ce qui peut contribuer à la beauté de sa situation.

Aprés de si grands avantages, & qui luy sont si particuliers, il ne faut pas s'étonner de ce que le Grand Constantin quitta si facilement les délices de la Ville de Rome, pour transporter à Bysance le Siege de son Empire, & luy donner son nom. Aussi n'y a-t-il point de ville plus propre qu'elle à commander tout l'Univers; elle en voit d'une seule œillade les deux plus belles parties, & peut en moins d'un quart d'heure faire passer ses ordres de l'Europe où elle est située, jusques dans l'Asie, qui semble ne s'approcher d'elle que pour venir se soumettre à ses loix. Ainsi quand l'art & la nature se seroient accordez ensemble pour former un lieu où la beauté & l'abondance fussent égales, ils n'auroient jamais pû mieux réussir qu'en faisant ce qui est à Constantinople. La terre y produit toutes sortes de bons fruits, l'œil & le goust ont de quoy se repaistre avec plaisir, & l'on n'y peut rien desirer de ce qui satisfait aux besoins de la vie ou de ce qui la rend agreable. L'eau douce & salée y fournissent toutes les commoditez que puisse donner un element si necessaire aux hommes; les poissons, sans parler des huistres, y sont en si grande abondance, que je ne sçay si ce n'est point aussi la curiosité de voir Constantinople qui les y ameine par troupes & en si grande quantité. On les voit souvent sauter hors de l'eau les uns après les autres, plutost pour admirer les beautez de cette grande Ville, que pour respirer la douceur de son air dont ils n'ont pas besoin. Ils le laissent goûter à une infinité d'oiseaux qui témoignent assez par le ramage qu'ils font tous les soirs & les matins sur les arbres, dans les jardins & sur les collines des environs, qu'ils ne trouvent rien au monde de plus charmant que ce beau climat. Les Amphibies qui vivent tantost sur terre, souvent dans l'eau, & après dans l'air, s'y trouvent aussi en assez grande quantité, pour faire croire que ces trois elemens sont à Constantinople autant dans leur perfection qu'ils le sçauroient estre. Et enfin, il n'y a pas jusques au feu qui ne pouvant souffrir d'estre enfermé dans les petits foyers d'une si belle ville, y excite souvent de grands embrasemens, comme si devenu capable de jalousie, & ne pouvant s'y faire considerer plutost qu'ailleurs dans les usages ordinaires, il aimoit mieux y rendre ses effets funestes, que d'estre le seul des elemens qui n'y cause rien de remarquable : il semble ainsi qu'ils sont tous dans leur thrône à Constantinople.

Cette profusion des dons de la nature firent croire à l'Empereur Justinien que les hommes devoient plutost abandonner tout le reste du monde pour venir s'établir à Constantinople, que de laisser quelque jour un lieu si charmant sans habitation,

comme il est arrivé à plusieurs autres grandes villes; dans cette pensée, il changea son nom de Constantinople, & luy donna celuy de Ville eternelle, comme il paroist par la Loy, *si qui quinta cap. de diverf. præd. urb. tit. 69.* Ce nom n'est pas le seul, non plus que le dernier qu'a porté cette ville fameuse, elle en a eu presque autant que de Maistres, & tous ceux qui ont esté ses Rois ou ses Tyrans se sont toujours plû à changer tout-à-fait son nom, aussi-bien que sa fortune. Le premier de tous ses titres luy fut d'un bon augure. Ce fut celuy de *Chrysoceras*, qui signifie corne d'or, ou si l'on veut corne d'abondance, que quelques Bergers de la Thrace donnerent à cette langue de terre sur laquelle est placée Constantinople, parce que l'avantage de sa situation & la figure exterieure qu'elle a se rapporte à une corne d'abondance. Cela luy arriva environ l'an du monde 3286. qui fut durant la vingt-deuxiéme Olympiade, du temps d'Ezechias & de Numa Pompilius, ou six cens quatre-vingt-dix ans avant la naissance de JESUS-CHRIST. Aprés ce premier établissement de quelques cabanes de bergers à Chrysoceras, le nombre des habitans charmez d'un si beau séjour, s'y augmenta tellement, qu'il s'y forma en peu de tems un assez gros Bourg à qui l'on donna le nom d'*Acropolis* ou ville de la Pointe, puis celuy de *Lygos*. Ensuite de-quoy *Buzis*, *Byse*, *Bysante* ou *Bysanta* ( car les Autheurs le nomment differemment ) qui y conduisit une colonie de Megariens, la fit appeller de son nom *Bysance*, qui luy est demeuré jusques au tems de
l'Empereur

# DE CONSTANTINOPLE.

l'Empereur Antonin qui la fit augmenter, rétablir & nommer Antonine. Elle eût encore le nom d'*Anthuse*, puis celuy de nouvelle Rome; & enfin Constantin le Grand qui y transporta le Siege de l'Empire Romain, qui l'agrandît & l'orna avec une magnificence digne du rang qu'il luy donnoit, luy ajoûta le sien, & la fit nommer nouvelle Rome Constantiniene, que l'on abregea en disant depuis Constantinople, ou ville de Constantin.

Cette nouvelle Rome Constantiniene n'eust pas de meilleurs commencemens que l'ancienne Rome; & mesme si l'on en veut croire Zosime qui n'estoit pas trop amy de Constantin, & quelqu'autres Autheurs, Constantinople a esté rebâtie sous de plus funestes auspices que l'on ne jetta les fondemens de Rome. Ces Autheurs accusent cet Empereur d'avoir fait mourir sa femme Fauste & son fils Crispus, pour un moindre sujet que Romulus ne tua son frere Remus; mais outre que cela arriva devant que Constantin se fut fait Chrétien, c'est que le proverbe Grec qui dit que ἀνθρώπω καὶ σοφοῦ σοφώτερος, sera toujours veritable, & les plus grands hommes ne seront jamais sans quelque défaut, non-plus que le Soleil ne sera jamais sans tache. Quoy-qu'il en soit, ce dernier nom est toujours depuis demeuré à Bysance, & sur tout parmy les Latins & autres Chrétiens d'Europe, car pour les Turcs & autres peuples de l'Asie, de l'Afrique, & de l'Europe, ils l'appellent tous aujourd'huy *Stambol*. Ce nom luy est peut-estre venu de la corruption du mot Εἰς τὴν πόλιν, que les Grecs des environs de Constantinople répondoient en y allant à ceux qui leurs demandoient τȣ πόλις, où allez vous. Les Turcs & autres Levantins n'en sçavent point la veritable origine : Il suffit donc de dire que cette ville est maintenant connuë parmy un aussi-grand nombre de peuples sous le nom de Stambol, qui signifie abondance de foy, qu'autrefois sous celuy de Constantinople.

Chrysoceras, Acropolis, Lygos, Bysance, Antonine, Anthuse, nouvelle Rome, Constantinople, Ville eternelle, & Stambol, ou comme il vous plaira, est donc cette Ville fameuse située aux extremitez de la Thrace, presque au $41^{me}$ degré de latitude septentrionale, & environ au $57^{me}$ de longitude. Elle occupe toute cette langue de terre qui s'avance sur l'embouchure du canal de la Mer Noire, que l'on appelle Bosphore de Thrace dans la Propontide ou Mer de Marmara. Et de là s'étendant de part & d'autre forme un port le plus avantageux pour la seureté & la commodité des Vaisseaux, & le plus abondant de toutes sortes de poissons qu'il y ait au reste de l'Univers. Mais sans parler icy de ce que fût autrefois cette grande Ville, puisque d'autres l'ont fait devant moy, & que tout ce que l'on en peut écrire maintenant ne sçauroit estre tiré que de quelques passages assez obscurs des anciens Autheurs, je diray seulement en abregé l'estat present où elle est aujourd'huy, aprés en avoir donné un petit plan dans ce qui suit, & une idée assez parfaite dans le petit dessein que j'en ay mis cy-aprés ; & le tout en attendant que Monsieur

Covel Gentilhomme Anglois en donne au public un fort beau, fort grand & fort exact qu'il a entre les mains, avec les curieuses & sçavantes observations qu'il a fait pendant prés de dix ans qu'il a demeuré en Grece.

Cette langue de terre ou peninsule sur laquelle Constantinople est placée, commence à se détacher du continent depuis le Château des sept Tours pour avancer entre-deux Mers, jusques à la pointe du Serrail, & de là s'étendant du costé de terre ferme fait un grand demy cercle qui forme le Port de la ville, jusques à une petite riviere qui vient s'emboucher dedans, & qui mélant ses eaux douces avec les salées de la Mer, contribuë de sa part à rendre ce mesme Port agreable & commode. Depuis cette embouchure des eaux douces où se voit le cemetiere des Juifs, par derriere la Ville il y a une suite presque toute droite d'une double muraille platte, appuyée de plusieurs Tours quarrées, qui continuë de la sorte jusques au Château des sept Tours ; tellement que la figure de cette ville est triangulaire, oxygone, assez semblable à une harpe ou à une corne d'abondance, dont le haut est attaché à la terre ferme, & les deux autres costez sont baignez des eaux du canal de la Mer Noire, & de celles de la Propontide : Le circuit de Constantinople est d'environ quatre lieuës, sçavoir depuis les sept Tours, jusques à la pointe du Serrail que l'on nommoit autrefois Acropolis, il y a une bonne lieuë & demie. Depuis cette pointe du Serrail, jusques à Aivan-Saraï qui est un faux-bourg proche du cemetiere des Juifs, on compte cinq grands quarts de lieuë, & de là aux sept Tours il y a bien une bonne lieuë. Ce dernier costé de la ville est vers la terre ferme, & les deux autres sont sur le bord de la Mer, & lavez de ses eaux. Tout ce circuit est ceint de murailles simples appuyées en dehors de Tours quarrées & rondes, & en dedans des maisons de la ville, il est ouvert de dix-huit portes, dont cinq sont vers la Propontide avec leurs échelles ou petits ports & descentes, six vers le Port fournies pareillement de leurs échelles, & sept du costé de terre ferme où les murailles & les fossez sont doubles; ces dernieres murailles furent bâties par la diligence d'un certain Cyrus qui estoit pour lors Gouverneur de Constantinople sous le regne de Theodose le jeune. Cet ouvrage fut si agreable au peuple, qu'il en fit des réjoüissances publiques, & des vers à la gloire de ce Seigneur, on chantoit par tout qu'il estoit vray que Constantin avoit bâty la ville, mais que Cyrus l'avoit augmentée & rédifiée, & l'on proposa mesme de luy changer son trop grand nom de Constantinopolis, en celuy de Cyropolis. Ce que voyant Theodose, il en eût de la jalousie; & pour récompenser Cyrus d'avoir si-bien fermé la ville, il le fit luy-mesme enfermer dans une closture bien plus étroite, puisqu'il le fit raser, & le confina dans un Cloistre où il mourut de déplaisir.

Le Château des sept Tours qui conjoint ces murailles du costé de terre ferme à celles qui sont vers la Propontide, est la premiere chose que l'on trouve de Constantinople. On le pouroit bien nommer la Baſtille de Stambol, puiſqu'elle a la meſme origine & les meſmes uſages que la Baſtille de Paris, c'eſtoit autrefois auſſi bien qu'elle une des portes de la ville formée de quatre grandes tours. Cette porte ſe nommoit la porte dorée, ſoit parce que les ornemens qui l'embelliſſoient eſtoient dorez, ſoit parce que c'eſtoit par elle que ſe montroit la dorure de Conſtantinople dans les plus belles entrées & receptions qui ſe faiſoient ordinairement par cette porte. Du nombre de ceux qui y entrerent en pompe, fut le Pape Jean I. du nom. Ce ſaint Pere y fut receu avec toute la magnificence & l'applaudiſſement poſſible, non pas tant parce qu'il eſtoit envoyé par Theodoric ou Thierry Roy d'Italie à l'Empereur Juſtin le vieux, que parce que paſſant par cette porte dorée, ce ſaint homme rendit la veuë à un aveugle, & qu'il alloit à Conſtantinople pour accommoder en ces tems difficiles les affaires des Catholiques avec les Arriens, dont Theodoric ſuivoit le party : Ce fut à cette entreveuë du Pape & de l'Empereur, que Juſtin commença la coutume qui s'eſt toujours obſervée depuis que les Empereurs reçoivent les marques & armes de l'Empire de la main ou de la part des Souverains Pontifes.

Aux quatre anciennes tours de cette porte, Mahomet II. qui prit la ville de Conſtantinople y en ajoûta trois autres pour en faire un Château, qui fût aſſez fort pour y conſerver la meilleure partie de ſes threſors, & de ceux de ſes ſucceſſeurs. Ce Château y a auſſi long-tems ſervy. Les grands Seigneurs en faisoient autrefois leur thresorerie ; mais aujourd'huy il n'est plus qu'une honneste prison où le Grand Seigneur tient ses esclaves de qualité, & autres prisonniers d'Estat. Quand quelques-uns de ces prisonniers sont Chrétiens, on leur permet d'y faire venir des Prestres qui y celebrent la Messe dans une petite Chapelle, & leurs administrent les Sacremens en toute liberté, & mesme quand ces prisonniers sont Chevaliers de Malte ou autres personnes de qualité, on leur permet encore de sortir de cette Bastille mitigée pour s'aller promener à la ville ou à la campagne durant quelques jours, pourveu qu'un Ambassadeur, ou quelque autre personne considerable établie à Constantinople promette de les y ramener aprés, & de les representer quand l'Aga ou Gouverneur des sept Tours le desirera. Cette humanité des Turcs soulage un peu la peine de ceux que la disgrace enferme dans ce Château. Sans cela, il seroit bien fâcheux de se voir condamné, sans avoir fait aucun crime, à une prison perpetuelle telle qu'est celle des sept Tours pour un Chevalier de Malte ou autre pris en course; car pour ceux que l'on prend en guerre, ils n'y demeurent que jusques à ce que la paix soit faite. Ce fut dans ce Château que l'infortuné Prince Sultan Osman finit malheureusement sa vie en 1622. Hussein Pacha y fut étranglé, on y voit encore son tombeau qui est dans le jardin de ce lieu. Et ce fut de cette prison, comme nous avons dit, que s'échappa Monsieur de Beaujeu Chevalier de Malte qui avoit esté pris en course contre les Turcs,

& à qui depuis quinze ou seize ans qu'il y estoit détenu, on avoit plusieurs fois refusé la liberté, nonobstant les grandes sommes qu'il offroit pour sa rançon.

Au dehors des murs de ce Château proche d'une des tours qui formoit autrefois la porte dorée, il y a deux grands bas reliefs de marbre blanc, dont l'un represente un homme endormy appuyé sur son bras, & une Déesse qui descend du Ciel tenant un flambeau à la main. Ce peut estre Endimion avec la Lune qui le vient trouver; & l'autre, si je ne me trompe, represente les neuf Muses avec le cheval Pegase; mais l'un & l'autre, quoy qu'assez bien travaillés, ne sont pas pourtant assez finis pour obliger les connoissans à dire, comme quelques voyageurs ont fait, que nous n'avons rien en Europe qui approche de la délicatesse de ce ciseau, ny qui soit de si bon goust & d'un dessein si hardy que ces deux figures, & qu'il faudroit faire un present au Caïmacan de Constantinople & à l'Aga des sept Tours, pour avoir d'eux la permission d'enlever ces deux morceaux de sculpture.

En allant par Mer du Château des sept Tours au Serrail, on trouve à main gauche une tour quarrée qui est dans la Mer, éloignée des murailles de la ville environ d'une vingtaine de pas. Les gens du pays la nomment la tour de Belisaire. Ils disent que ce fut dans cette tour où ce grand Capitaine pour récompense des services signalez qu'il avoit rendus à l'Empereur Justinian contre tous ses ennemis d'Asie, d'Afrique & d'Europe, se vît dépouïllé de tous

ses biens, réduit à l'extrême necessité, & obligé aprés avoir souffert qu'on luy eust crevé les yeux, de pendre un petit sac attaché avec une corde au bout d'un bâton à une fenestre de cette tour, comme font les prisonniers pour demander sa vie aux passans, & leur crier donnez une obole au pauvre Belisaire, à qui l'envie a crevé les yeux, & non point le crime. Fort proche du lieu où est cette tour, il y avoit autrefois un Port de Galeres où les Empereurs Theodose, Arcade & leurs successeurs ont long-tems tenu leur Chiourme. Au-dessus & vis-à-vis de ce Port, il y avoit autrefois une grande place au milieu de laquelle estoit cette belle colonne que l'on voit encore sur pied : mais aujourd'huy la place est remplie de maisons, dont quelques unes sont appuyées contre le pied destail de cette colonne, & en cachent entierement la baze. Elle est de marbre toute entourée de figures assez-bien taillées, qui representent une expedition d'Arcadius; mais qui ne sont pas toutefois de la main d'un si bon Maistre, que celles qui sont sur la colonne Trajane qui est à Rome, elle est pourtant de beaucoup plus haute qu'elle, & creusée de mesme avec un escallier par lequel on peut aller facilement jusques en haut; mais il est presque impossible d'en obtenir à present la liberté : Un voyageur que je ne nomme point, beaucoup plus heureux que sage, eût il y a quelques années la permission d'y monter, & quand il fut au-dessus, il fut assez imprudent pour se montrer tout à découvert, contre l'avertissement qu'on luy avoit donné de prendre garde qu'on ne l'apperçeut;

# DE CONSTANTINOPLE.

çeut; & mesme pour faire quelque chose de plus, il s'amusa à écrire son nom au haut de cette colonne, & faire mesme plusieurs signes avec son mouchoir qu'il avoit attaché au bout d'une canne qu'il portoit. Tous ceux qui passoient pour lors par ce quartier là, ou qui avoient des maisons dans le voisinage, furent extrémement surpris de voir contre l'ordinaire un homme monté sur le sommet de cette colonne, & plus encore quand ils apperceurent que c'estoit un Franc qui avoit son chapeau en teste. En un instant toute la ruë fut pleine de monde, & tout le quartier en émotion. Les uns y accouroient en foule poussez par la curiosité de voir cette nouvelle figure, croyant que ce fut l'ame de celuy qui a fait élever cette colonne, qui venoit pour reprendre la place que sa statuë y avoit autrefois occupée. Et les autres excitez par la jalousie que pouvoit leur causer la seule pensée que leurs femmes auroient esté veuës par un Chrétien Franc, sortirent promptement de leurs maisons pour voir qui estoit cet homme si hardy que de monter au haut de cette colonne; ils creurent tous d'abord qu'il ne l'avoit fait qu'à dessein de découvrir de là plus facilement dans le Serrail de leurs femmes, & voir laquelle luy plairoit le plus.

Chacun donc excité par les divers mouvemens que pouvoit luy causer sa passion, accourut à cette colonne, assiegea la maison par où le Franc estoit entré dedans, & l'ayant fait descendre au plutost, le conduisit à grands coups de poings & de *Papouches* jusques à la maison du *Soubachy* ou Commisfaire du quartier. Pour le payer de sa curiosité on préparoit déja la *Falaque* & les bâtons, & le pauvre Franc en eût sans doute essuyé tout-au-moins une cinquantaine de coups sous la plante des pieds, si son Ambassadeur qui fut promptement averty de cette affaire n'eût envoyé au-plus-viste un Interprete avec un present pour dire au Soubachy qu'il le supplioit de ne pas passer outre; que celuy qui avoit introduit ce Franc dans la colonne estoit plus coupable que luy qui estoit un étranger, & qui ne sçavoit point les coutumes de Turquie; & que d'ailleurs il devoit considerer que cet homme n'ayant pas l'esprit bien tourné, il meritoit en consideration de l'Ambassadeur & du present qu'il luy faisoit, qu'on luy pardonnât une faute que la seule folie luy avoit fait commettre : Mais qu'au surplus s'il y avoit quelque punition à faire, il falloit plutost qu'elle tombât sur le Portier de cette colonne, que sur ce pauvre étranger. En effet il fut quitte des bastonades en payant le present, & le Portier de la colonne les receut pour luy.

On découvre fort bien de dessus la Mer cette colonne d'Honorius & d'Arcadius, mais pour ce qui est du Port de leurs Galeres qui estoit vis-à-vis à la rive, il n'y a pas mesme à present rien qui marque qu'il y en ait eu un; non plus qu'un peu plus avant vers le Serrail où Julien l'Apostat en fit faire aussi un autre que l'on appella de son nom le Port Julien, & depuis le Port Sophie, parce qu'il répondoit à la place où est bâtie l'Eglise de S.te Sophie.

En continuant toujours le chemin vers le Port, & costoyant les murs de la Propontide, on ne trouve rien de considerable pour arrester son Caïque ou petit batteau, sinon lorsque l'on approche du jardin du Serrail, duquel je diray peu de choses, parce que le Lecteur pourra d'un coup d'œil (en le jettant sur le dessein) découvrir sans peine & plus clairement tout ce qui concerne les dehors de ce Palais, qu'il ne s'en instruiroit par une longue & ennuyeuse description que je luy en ferois; & comme d'ailleurs l'interieur n'en est connu qu'à ceux qui y sont renfermez, en considerant cette Planche on remarquera facilement tout ce que j'en ay veu moy-mesme, & tout ce que j'en pourrois apprendre par mes discours.

Environ l'endroit où est bâty le Kiosc du *Bostangis-Bachy*, il y a une fontaine pour qui les Grecs ont une devotion singuliere pendant toute l'année, mais sur tout le jour de la Transfiguration de Nostre Seigneur: Ils vont en foule à cette fontaine qu'ils nomment ἁγίασμα, c'est à dire sanctification: Ils s'y lavent, se couvrent du sable qui est à l'entour, & font enfin un récit admirable des vertus extraordinaires de cette eau salutaire. Les Grecs ont quantité de ces fontaines miraculeuses, il n'y a guere de ville ou village où il ne s'y en trouve quelqu'une, & quand il n'y en a pas de naturelles qui passant par des veines métaliques ont toujours quelque vertu, les Papas ou Prestres Grecs en sçavent trouver dans quelques puits proche de leurs Eglises qui produisent toujours quelque bon effet, soit pour ceux à qui ils la donnent, soit pour eux-mesmes.

Proche de cette fontaine est le Kiosc du Boſtangis-Bachy, ou Grand Jardinier. Ce Kiosc est un pavillon ou grand balcon couvert qui est en dehors les murs du Serrail, & donne sur la Propontide dont il découvre une bonne partie, auſſi-bien que du Bosphore de Thrace. Les Turcs se plaisent fort à ces sortes de bâtimens, il y a fort peu de Serrails qui n'en ayent mesme plusieurs, les uns sont au milieu des jardins pour y mieux goûter le frais, les autres sont sur le bord de l'eau quand il y en a, & les autres sont placez sur le haut des maisons, comme des plattes-formes couvertes. Ces Kioscs sont fort propres à entretenir l'humeur réveuse des Turcs. Ils se mettent là dedans sur un sopha ou estrade avec une pipe de tabac & quelques *Flingeans* ou taſſes de caffé, & y demeurent quelquefois des deux ou trois heures en compagnie, sans tenir de grands discours les uns aux autres, & y dire autre chose que quelques mots entre-coupez des gorgées de caffé qu'ils boivent extrêmement chaud & à plusieurs reprises. Ce Kiosc du Boſtangis-Bachy n'est pas si frequenté que les autres ; cet homme qui occupe la quatriéme Charge de l'Empire n'a pas le loisir d'y venir souvent goûter le frais, ny la charmante veuë que donne la belle situation de ce bâtiment ; il est aſſez occupé aux affaires du grand Serrail, & à celles des autres Maisons de plaisance du Grand Seigneur, dont il a la Surintendance, auſſi bien qu'au Gouvernement de toutes les villes & villages qui sont sur les bords du Bosphore & de la Propontide qui relevent de sa Jurisdiction. On entre dans ce Kiosc par dedans le Jardin du Serrail, & l'on en descend par une petite porte avec son escalier qui donne sur le bord de la Mer.

Au sortir de ce Kiosc, la premiere chose que l'on trouve en costoyant toujours les murs de la ville qui servent en cet endroit de closture au Serrail, sont quantité de canons braquez, la pluspart à fleur d'eau pour deffendre l'entrée du Serrail & du Port à qui la voudroit tenter sans permission. Le plus gros & le plus remarquable de tous ces canons est celuy qui tira le dernier coup à la prise de Bagdat, & qui obligea la ville par le desordre qu'il y fit de se rendre à Sultan Murat: on le conserve bien plus que les autres, & on luy a fait faire une chambre separée pour le distinguer du commun. On ne tire jamais ces canons quoy qu'ils soient toujours chargez, si ce n'est le premier ou second jour de la Lune du *Bairam* que l'on en tire quelques uns pour avertir les Musulmans que la grande Feste du Bairam est venuë, & que le *Ramazan* estant finy, ils ne sont plus obligez à jeûner. On les tire encore aux grandes réjoüissances comme lors que le Grand Seigneur a fait quelque nouvelle conqueste de ville ou Province : mais en d'autres tems on ne s'en sert point, si ce n'est pour empécher d'entrer ou sortir quelque Vaisseau, qui le voudroit faire sans ordre, ou bien lors que quelque Officier remarquable de la Milice est condamné pour quelque mauvaise action d'estre jetté dans la Mer, alors on en tire un en l'y jettant.

Au milieu de ces canons est une des quatre portes du Serrail, sçavoir celle des jardins que l'on appelle *Bostan-Capi* ; elle est flanquée de deux grosses tours rondes, couvertes chacune de son pavillon, accompagnées de deux grands cyprez & autres arbres qui sont en dehors le Serrail sur le bord de la Mer. Au bas de ces tours, il y a deux barrieres de bostangis ou jardiniers qui sont les *Capigis* ou gardes de cette porte ; il ne sçauroit rien entrer ou sortir par là qu'avec la permission de ces deux sentinelles qui ne la donnent pas facilement. On ne l'accorde qu'à ceux qui sont Officiers du Serrail, c'est par cette porte que les Sultanes sortent quand le Grand Seigneur les meine promener sur le Canal de la Mer Noire, ce qui ne leur arrive pas souvent, ou bien quand elles vont au Serrail de Scutaret qui est presque vis-à-vis de cette porte. C'est cet endroit que l'on nommoit autrefois Acropolis ou pointe de la ville, parce que c'est l'extremité de la langue de terre, sur laquelle est située Constantinople. On l'appelle aujourd'huy la pointe du Serrail ou *Seraï-Bournu*.

Aprés que l'on a doublé cette pointe du Serrail, & passé une petite fontaine où la pluspart des Vaisseaux vont faire aiguade, on s'approche de deux autres Kioscs ou Pavillons que Sultan Soliman fit bâtir sur le bord de la Mer pour voir de-là plus commodement, & faire voir encore à ses Sultanes toutes les entrées & sorties de ses Armées Navales, qui estoient de son tems bien plus nombreuses & en beaucoup meilleur ordre qu'elles ne le sont pas aujourd'huy. Le premier de ses Kioscs estoit pour ses femmes, dont il avoit un assez bon nombre; il est bien plus élevé que l'autre, on y entre par dedans le Serrail sans estre veu. Il est bâty en long élevé sur des arcades garny de trois belles chambres, chacune desquelles est ornée de plusieurs petits domes dorez avec des manieres de petites alcoves, dans lesquelles sont les Sophats garnis de leurs minders qui sont des matelats & coussins couverts de tapis précieux & de riches toiles peintes & brodées. Ces Sophas ou Estrades sont proches des fenestres qui ne manquent pas d'avoir leurs grilles & jalousies, afin que les Sultanes puissent voir commodément de là tout ce qui se fait au dehors, sans courir le risque d'estre veuës, qui seroit grand pour elles, & pour celuy que l'on sçauroit les avoir envisagées.

Tous ces enjolivemens du Kiosc des Sultanes ne sont rien à comparaison du grand Salon qui est dans l'autre Kiosc. Il n'y a rien au monde de plus propre, le marbre, les colonnes, les jets d'eau artificiels, les tapis precieux, les galeries qui regnent tout au tour, la charmante veuë que l'on a de tous costez au dehors, & les riches lambris dorez & cizelez du dedans font de ce Kiosc un lieu d'enchantement. On ne voulut jamais me permettre de le dessigner quand j'y allay, parce que le Bostangis Bachi y devoit arriver bien-tost. En effet je n'en estois pas à vingt pas qu'il sortit de la porte du Serrail, par laquelle on vient à ces Kioscs, il me fit appeller m'ayant apperceu, & demanda à celuy qui m'avoit introduit dans ce Kiosc, ce que j'estois venu faire là : il luy répondit pour s'excuser que l'ayant instamment prié de me laisser voir une petite partie des grandeurs infinies du Maistre du monde (car ce sont les titres ordinaires qu'ils donnent au Grand Seigneur) qu'il m'avoit seulement permis de regarder dans ce Kiosc par la porte. On y entre pourtant assez facilement quand on peut prendre le tems qu'il n'y a que les gardes, & qu'on veut bien leur faire quelque present, tant il est vray qu'en tous lieux, ainsi que dit Horace,

*Pretio tutum iter & patens.*

Comme ces sortes de bâtimens ne sont placez sur le bord de l'eau que pour jouïr du plaisir qui se prend sur la Mer, il y a tout proche de ces Kioscs cinq ou six remises de petites Galeres, grand Kaics & autres Vaisseaux legers qui sont toujours tous prests à recevoir le Grand Seigneur & sa suite, lors qu'il veut aller se promener sur le Canal. Toutes ces petites Galeres & Vaisseaux sont enrichis de quantité de moresques dorées & peintes de tous costez. Il n'y a pas jusques aux rames, avirons & crocs qui n'ayent leur part de la dorure & de la peinture ; ils sont enjolivez & peints depuis un bout jusqu'à l'autre, pour contribuer encore de leur costé au divertissement que le Grand Seigneur prend souvent sur le Bosphore, lors qu'il est à Constantinople.

Au sortir de ces Kioscs les murs qui enferment le Serrail commencent à se séparer de ceux de la ville, & montant jusques proche l'Eglise de Sainte Sophie où est la grande porte de ce Palais, ils descendent

dent enfuite vers la Propontide au-deſſus du Kioſc du Boſtangis-Bachy; tellement que tout le circuit du Serrail n'a gueres plus de cinq quarts de lieuë de tour. C'eſt dans ce circuit qu'eſtoient renfermées les premieres habitations de la ville de Byſance, que l'on nommoit auparavant Acropolis ou ville de la Pointe; & dans cet endroit meſme il ſe rencontre encore aujourd'huy aſſez de monde pour compoſer une ville, & pour la rendre enſuite nombreuſe & peuplée, ſi tous ceux à qui ce Palais ſert de priſon plutoſt que de demeure, pouvoient s'unir enſemble par des liens plus étroits & plus doux: car eſtant preſque tous tant de l'un que de l'autre ſexe dans la fleur de leur âge, & choiſis d'une conſtitution de corps ſaine & vigoureuſe, il n'y a pas un d'entre les *Capigis*, *Boſtangis*, *Achis* & *Halvagis*, c'eſt à dire Portiers, Jardiniers, Cuiſiniers & Confituriers, & autres Officiers du Serrail, qui ne devint en peu de tems le chef d'une famille conſiderable, lorſque par des nœuds legitimes il ſeroit attaché à quelqu'une des Sultanes ou des *Odaliſques* qui ſont leurs Suivantes: Mais une troupe impitoyable de cent Eunuques noirs ne permet pas ſeulement à ces Dames infortunées, ny à leurs malheureux Officiers, de s'enviſager les uns les autres, bien loin de pouvoir s'entretenir quelquefois. Ils ſont tous extrêmement retenus & obſervez, les uns dans leur office, & les autres dans leur appartement. Les Sultanes n'en ſortent jamais qu'avec l'eſcorte de ces Cerberes envieux, encore n'eſt-ce que tres-rarement & en petit nombre, & meſme lors qu'elles

M

en obtiennent la permission, une partie de ces Noirs impuissans les entourent, & les Bostangis ou Jardiniers, ou autres Officiers qui se trouvent par hazard dans leur passage, sont obligez de s'éloigner & de se prosterner au-plus-viste la face contre terre, afin que l'on ne puisse pas dire qu'un homme ait une fois veu la moindre des Sultanes du Grand Serrail durant qu'elle y a demeuré; ce privilege est reservé seulement au Grand Seigneur qui n'en fait point part à d'autres, si ce n'est que pour honorer quelque *Pacha* ou autre personne de qui il aura receu quelque service signalé, il tire de son Serrail une des Sultanes dont il ne se sert plus pour la luy donner en mariage, comme il fit il y a quelques années à celuy qui est maintenant Caïmacan ou Gouverneur de Constantinople.

On peut concevoir de ce que j'ay dit cy-dessus, que le Grand Serrail est une presqu'Isle lavée de deux costez des eaux de la Mer, mais toute entourée d'une muraille platte appuyée de plusieurs tours rondes & quarrées qui sont assez proche les unes des autres. On met toutes les nuits sur la pluspart de ces tours des *Azamoglans* ou Enfans de tribut que l'on ne juge pas capables d'emplois plus relevez, en sentinelle, pour prendre garde aux desordres qui pourroient arriver au dedans ou au dehors du Serrail, & pour servir encore de guet au feu qui cause souvent de grands incendies à Constantinople. Toute cette ceinture de murailles enferme les jardins de ce Palais, au milieu desquels sont les bâtimens élevez sur le haut du Promontoire, que l'on appelloit autrefois Tertre saint Demitre. Il ne faut pas s'imaginer que les jardins du Serrail soient quelque chose d'approchant de celuy des Thuilleries, de Versailles, de Fontainebleau, ou mesme des jardins de plusieurs particuliers de France, ny que les édifices qu'il enferme ayent quelque chose de semblable au Louvre, ou à l'Escurial, bien loin de la magnificence des Palais de nos Princes; il n'y a rien de beau ny de régulier à l'exterieur de cette Maison; & s'il l'emporte sur tous les Palais de l'Univers, c'est la seule veuë qui le rend le plus beau lieu du monde. Les jardins y sont sans ordre, tous remplis de cyprés, lauriers, & autres arbres toujours verts, afin que de Galata, ny des autres lieux circonvoisins qui sont plus élevez, on ne puisse point découvrir les Sultanes quand elles s'y promenent. Pour ce qui est des bâtimens qui composent le corps du Serrail, ils sont faits sans aucun ordre d'Architecture régulière, & sans aucune symétrie ny proportion, ce sont quantité de corps de logis inégaux separez les uns des autres en forme de pavillons, & élevez la pluspart sur de grandes arcades, au-dessous & à costé desquelles sont les offices & les appartemens des Officiers, car le dessus n'est que pour les Sultanes. Dans les offices & autres appartemens du Serrail qui sont à rez de chaussée, on y peut entrer les bagues sauves, parce qu'il n'y a que des Officiers qui y demeurent; mais pour le haut qui est l'appartement des Dames, le privilege d'y entrer est reservé seulement au Grand Seigneur & à ses Eunuques. Il est impossible ainsi de voir ce qui se fait dans cet

M ij

endroit du Serrail, & d'en donner par-consequent une relation exacte, puisque c'est un crime capital qu'à peine la mort pourroit-elle l'expier, à moins que l'on n'en eût acheté la permission par la perte de ce qui nous rend hommes. De cette façon je ne crois pas qu'il y ait de voyageurs assez curieux pour vouloir remarquer à ce prix l'interieur du Serrail.

Cette difficulté dont Sa Majesté Tres-Chrétienne est parfaitement bien instruite, aussi-bien que de tout ce qu'il y a de plus secret dans le Serrail & dans toute la Turquie, l'obligea de me demander en souriant (lors que j'eus pour la troisiéme fois l'honneur de l'entretenir de mes voyages,) si j'estois entré quelques fois dans cette partie du Serrail. Je luy dis, que non, parce que si j'y avois esté, il m'en auroit coûté ce que j'estimois beaucoup davantage que tout l'Empire du Grand Seigneur. Cette réponse imprévüe, & qui peut estre diversement interpretée, fit rire le Roy & son Altesse Royale Monsieur, avec tout ce qu'il y avoit pour lors de personnes de qualité auprés d'eux, jusques là mesme que la Reine & les autres Dames qui s'y trouverent, n'ayant pas bien entendu mes dernieres paroles, & demandant le sujet pourquoy l'on rioit si fort, Monsieur leur dit avec son enjoüement ordinaire, que Sa Majesté m'ayant demandé si j'estois entré dans l'appartement des Dames du Serrail, où il faut estre Eunuque pour y estre admis, j'avois répondu que non, parce que pour y avoir le moindre accés, il m'en auroit coûté une chose qui m'estoit plus considerable mille fois que tout l'Empire Ottoman. Surquoy pour expliquer ma pensée, & faire connoistre en mesme tems au reste de la Cour l'ordre inviolable du Serrail, je repartis, qu'en effet je ne quitterois pas pour l'Empire de l'Univers la Religion Chrétienne, que l'on fait abjurer à ceux qui entrent en cet endroit du Serrail, sans le dommage irreparable qu'une précaution aussi cruelle qu'infame leur fait souffrir auparavant.

Nonobstant la difficulté qu'il y a d'entrer dans ce *Gynaikion*, s'il se trouvoit quelque jeune voyageur ( car un vieux n'y seroit pas propre ) qui voulust à quelque prix que ce fût, avoir luy-mesme la satisfaction d'en voir le plus interieur & le plus secret, il n'auroit qu'à gaigner quelque femme Juifve, sur tout de celles qui y vont souvent pour vendre des bijoux aux Sultannes, luy faire premierement un present qui est le premier mobile de toutes choses en Turquie, aussi-bien que par tout ailleurs, se déguiser en femme, s'habiller comme elle, qui est une chose facile, eu égard à leur vestement; & le voile sur la teste à leur ordinaire, s'en aller avec elle au Serrail, où il ne manqueroit pas d'estre receu comme la suivante ou Esclave de la Juifve. Mais comme le risque y est grand, je ne conseille pas à qui que ce soit de s'y exposer, pour voir peut-estre fort peu de choses. On fera beaucoup mieux de s'en rapporter à ce qu'en a écrit Monsieur Tavernier dans son Livre intitulé l'Interieur du Serrail, où il satisfait abondamment aux doutes des plus curieux. J'y renvoye donc le Lecteur, & le prie de se contenter que je luy represente icy

# 94 RELATION D'UN VOYAGE

l'image fidele de ce qui se peut voir du grand Serrail sans crainte & sans risque. Il jugera par la porte ce que peut estre le dedans: elle n'a rien de magnifique, & elle ressemble plutost aux portes de quelques Monasteres anciens, & éloignez des villes, ou à celles de quelque Métairie, qu'à l'entrée d'un Palais aussi fameux que l'est celuy du Serrail ; C'est toutefois de cette porte que la Cour du Grand Seigneur tire son nom. Les Grands de Turquie s'estiment heureux d'y pouvoir avoir l'entrée libre pour aller seulement au Divan, car pour ailleurs elle leur est interdite, excepté à l'*Hakim Bachi*, ou grand Medecin, & au *Katib* ou Curé de Sa Hautesse, encore faut-il qu'on les y appelle.

# DE CONSTANTINOPLE.

## EXPLICATION DES RENVOIS
qui sont au dessein de l'entrée du Serrail.

A *Porte où sont les Capigis ou Portiers du Serrail.*
B *Deux grandes niches faites en façon de portes.*
C *Quatre tourelles qui sont comme autant de petites cheminées rondes, elles ne servent que d'ornement & de marque que cette porte est l'entrée d'une Maison Royalle.*
D *Porte par où le Grand Seigneur entre à sainte Sophie, pour y faire sa priere lors qu'il est à Constantinople.*
E *C'est un des Minarets de sainte Sophie, au haut duquel les Muezins ou Crieurs montent tous les jours pour annoncer la priere. Les portes des galeries de ces Minarets sont toujours tournées au Koblé, ou du costé de la Mecque, pour montrer à ceux qui ne peuvent assister à la priere, de quel costé ils doivent se tourner en la faisant hors de la Mosquée.*
F *C'est un vieux tombeau dont on a fait un réservoir d'eau, pour servir de fontaine à ceux qui ont besoin de se laver ou de boire.*

## DESCRIPTION DE SAINTE SOPHIE.

LE Temple de sainte Sophie est trop prés du Serrail pour n'en pas mettre icy la description, & comme cette Eglise sert maintenant de Mosquée principale, ou de Paroisse à ce Palais, & au Grand Seigneur lors qu'il est à Constantinople, je joindray à ce que j'ay dit du Serrail ce qui suit de sainte Sophie. Ce Temple fameux que les Grecs nous ont tant vanté, & que les voyageurs ont tant de fois décrit, est situé sur le plus haut & sur le plus beau lieu de Constantinople, qui est le sommet du Promontoire Acropolis ou Tertre saint Demitre. Quelques Grecs des plus sçavans de ceux qui sont à Constantinople, dont le nombre n'est pas bien grand, m'ont souvent assuré qu'ils avoient lû dans leurs Histoires que le premier Fondateur de sainte Sophie avoit esté le Grand Constantin qui en commença l'édifice quelques années avant que de mourir. Cet Empereur ayant avec tant de pieté jetté les premiers fondemens de l'Eglise S. Pierre de Rome, voulut sur le modele de ce Temple, en faire un autre semblable à Constantinople, qu'il destina pour estre dedié à la Sagesse eternelle & incréée du Fils de Dieu, mais que la mort l'ayant prévenu avant la consommation de cet ouvrage, son fils Constance qui luy succeda poursuivit l'édifice suivant la forme & le dessein surquoy son Pere l'avoit commencé.

Le plan de cette ancienne sainte Sophie n'estoit pas semblable à celuy d'aujourd'huy que vous avez icy, il estoit égal au plan de l'ancienne Eglise de saint Pierre que l'on sçait assez avoir esté à peu prés, comme celuy de l'Eglise de S. Paul de Rome, c'est à dire une Eglise fort longue avec un travers au bout qui faisoit la figure d'une croix, & le tout accompagné de grandes galleries appuyées sur quantité de colonnes pour servir de Genitixion, ou lieu pour

pour les femmes qui eſtoient autrefois dans les Temples ſeparées d'avec les hommes : Mais quoy-qu'il en ſoit de l'ancienne figure de Sainte Sophie, cette Egliſe eſtoit placée dans le meſme endroit qu'elle ſe voit aujourd'huy, ou bien elle en eſtoit fort peu éloignée, puiſque ce lieu eſtant le plus beau & le plus propre de toute la ville pour y conſtruire un édifice de cette importance, il n'y a pas d'apparence qu'on l'eût miſe ailleurs, ſi ce n'eſt que l'on voulût dire que Conſtantin & ſes ſucceſſeurs n'ayant point bâti leurs Palais où l'on a depuis placé le Serrail, ny prés de là ; puiſque les ruines du Palais de Conſtantin en ſont éloignées de plus d'une lieuë ; l'Egliſe Metropolitaine en devoit eſtre plus proche. On peut répondre à cela, que les Princes ayant dans leurs Palais, ou fort prés, leurs Chapelles & leurs Paroiſſes, ils ne vont jamais gueres à l'Egliſe principale de la ville où ils demeurent, que pour y celebrer quelque action publique, & que la neceſſité qu'ils ont de faire cela avec pompe & magnificence, demande abſolument un eſpace conſiderable pour y mettre en ordre tout ce qui compoſe leur Cour, dont la marche réguliere, & la magnificence ſert de beaucoup à relever l'éclat de leur Grandeur. Or de toutes les Nations, il n'y en a point qui ayent tant affecté l'éclat extraordinaire & la vanité, que la Grecque ; puiſque meſme encor aujourd'huy, nonobſtant l'eſclavage & les diſgraces extrêmes où les Grecs ſont réduits, il n'eſt rien reſté à cette Nation de ſon ancienneté qu'une ſuperbe inſupportable. Outre cela, on peut dire que la famille du Patriarche qui n'eſtoit compoſée que de Religieux, de Preſtres & d'autres gens d'Egliſe, ne s'accordant guere pour l'ordinaire avec les Courtiſans d'un Empereur, il y auroit continuellement eu quelque démelé entr'eux; tellement que ſoit pour la neceſſité de la Pompe ou de la Paix, il falloit que l'Egliſe Patriarchale, & le Palais des Empereurs, fuſſent éloignez l'un de l'autre.

Quoy-qu'il en ſoit de l'ancienne ſituation de Sainte Sophie, (puiſque les Autheurs n'en diſent rien d'aſſeuré) parce que ce Temple n'eſtoit couvert que de bois, comme les anciennes Egliſes de S. Pierre & de S. Paul de Rome, il a eſté ſujet, auſſi-bien que la ville, a pluſieurs incendies qui luy ſont arrivez ſous Theodoſe le Grand, ſous Theodoſe le jeune, & ſous Juſtinian. Le dernier de ces Empereurs ſe réſolut de le rebâtir entierement, ſoit qu'il en voulût faire un monument eternel à ſa gloire, ſoit pour obvier aux embraſemens qui pourroient arriver dans l'avenir à la Ville de Conſtantinople, ou à Sainte Sophie. Il ſçavoit que cette Egliſe avoit pluſieurs fois eſté brûlée, ſoit que ſes embraſemens euſſent eſté excitez par la malice des Ariens, comme il arriva ſur le commencement de l'Empire de Theodoſe le Grand, ſoit par la rage des ennemis de S. Jean Chryſoſtome qui y mirent le feu, ayant enfermé dedans ceux qui ne voulurent point ſouſcrire à ſon baniſſement que l'on propoſa dans cette Egliſe, & qui fut executé ſous Theodoſe le jeune; ſoit enfin par le hazard, comme il arriva les premieres années de son Empire. Ce mesme Justinian la rebâtit donc de fond en comble, & luy changea tout-à-fait sa forme, aussi-bien que sa matiere, la mit en l'estat qu'on la voit encore aujourd'huy ; il n'employa dans toute la construction de ce Temple pas un morceau de bois, sinon pour soutenir les cloches, ou bien les lieux où il en estoit absolument necessaire : Mais comme les grandes portes qu'il y avoit mises n'estoient que de cette matiere, quoy-que d'ailleurs elles fussent précieuses & travaillées avec soin ; ces portes qui avoient duré autant que le bâtiment, parce qu'elles estoient de bois dur & incorruptible, ne pûrent résister à cet autre grand incendie qui arriva sous l'Empire de Michel Curopalate, elles y furent brûlées ; & cet Empereur, quoy-que de tres-mauvaise vie, ne laissa pas de fermer ce Temple de nouvelles portes, qui pour estre toutes d'airain & de bronze pourroient se conserver desormais malgré les incendies, & serviroient en mesme tems à rendre son nom fameux à la posterité. Aussi le fit-il tailler dessus en gros caracteres élevez, & l'on y lit encore fort-bien aujourd'huy ces paroles, ΜΙΧΑΗΛ ΝΙΚΙΤΩΝ, avec les chiffres Grecs lacez autour d'un *labarum* ou marque du Christianisme, qui montrent l'année qu'il fit cette magnifique réparation des portes de Sainte Sophie.

Lorsque cette Eglise fut parachevée par Justinian, cet Empereur la trouva si belle, que croyant que ce Temple surpassoit celuy de Salomon en magnificence, il disoit souvent en le regardant, ἐγὼ τὸν

Σαλόμονα ἐνίκα, j'ay surpassé Salomon. Ce bon Empereur s'imaginoit assurément que le Temple de Salomon n'estoit rien auprés du sien; & cela peut-estre, parce que durant dix-sept ans il avoit employé pour la construction, pour l'élevation & la perfection de cette Eglise, tous les revenus de l'Egypte, qui ne montant pour lors qu'à deux millions d'or par an, ne laissoient pas de faire une somme tres-considerable pour ce temps-là; & de plus, parce qu'il avoit fondé tout proche de cette Eglise un Convent magnifique dotté de tres-grands revenus, puis qu'ils montoient jusques à huit cens mille écus de rente, pour y entretenir neuf cens Prestres qui devoient y faire continuellement des prieres, & un grand nombre d'autres Officiers qui avoient soin d'entretenir toujours ce Temple en bon estat. Mais quelque magnifique qu'ait esté & que soit encore l'Eglise de Sainte Sophie, je ne croy pas qu'elle ait jamais approché de celle du fameux Temple de Salomon, puisque mesme il s'en faut de beaucoup qu'elle ne soit égale, ny en grandeur, ny en richesses, ny en beauté à l'Eglise de S. Pierre de Rome; cependant les Grecs d'aujourd'huy soutiennent fortement le contraire: & qui les en voudroit croire, S. Pierre de Rome ne seroit rien en comparaison de Sainte Sophie de Constantinople; mais ceux qui ont veu l'une & l'autre, & qui n'ont pas le goût pour les belles choses aussi dépravé que l'ont les Grecs, jugeront facilement lequel de ces deux Temples l'emporte; toutefois pour la satisfaction des uns & des autres, aprés avoir expliqué succinctement les principales fondations & restaurations anciennes de ce Temple, j'en décriray maintenant le plan & les figures cy-aprés jointes; elles feront connoistre ce qu'il est aujourd'huy, & ce qu'il a toujours esté (quant au corps du bâtiment) depuis que Justinian l'a rebâty. Aprés-quoy je diray quelque chose des fonctions de la Religion qui se faisoient anciennement dans cette Eglise, & de celles qui s'y font depuis que les Turcs en ont fait une Mosquée.

Tout le corps de l'Eglise de Sainte Sophie est à peu prés de figure quarrée, puisqu'elle n'a de long en dedans que quarante-deux toises sur trente-huit de large. Elle est tournée comme toutes les autres Eglises de Levant vers l'Orient. Tout son plan represente fort bien une croix Grecque, qui est presqu'aussi large que longue, enchâssée dans un quadre ou bordure. Ce fut un certain Anthemius excellent Architecte qui en fut l'Autheur; mais il ne put pas en avancer beaucoup l'édifice, car la mort l'enleva peu aprés en avoir jetté les premiers fondemens. Cela fut cause que l'ouvrage ne fut pas conduit ny finy dans la perfection que l'avoit commencé son premier Architecte. En effet pour peu de connoissance que l'on ait dans l'Architecture, on voit facilement que le plan & l'édifice de Sainte Sophie sont de personnes differentes: car le plan est assez bien entendu, mais le corps du bâtiment ny répond pas, comme l'on verra cy-aprés. Aussi l'Histoire remarque-t'elle combien l'on eut de peine à conduire l'ouvrage à sa fin. Il y avoit toujours quelque défaut confiderable, & mefme cependant que l'on achevoit de bâtir un cofté, l'autre tomboit ou s'entr'ouvroit. Enfin il en eftoit de Sainte Sophie à peu prés comme de l'Eglife de Saint Charles qui eft dans le Cours de Rome, qui devant que d'eftre achevée menace de ruine de toute parts. On remedia pourtant aprés à tous ces défauts, & un certain Ifidore le jeune avec quelques autres Architectes travaillerent fi bien à relever ce dofme, & le fortifier davantage en l'abaiffant & l'appuyant beaucoup plus qu'il n'eftoit auparavant, qu'il le mit en un eftat de confiftance où il eft demeuré jufques à prefent, nonobftant les frequens tremblemens de terre qui font arrivez depuis à Conftantinople, & qui ont mefme fait tomber d'autres parties de ce Temple, comme fut celuy qui fe fit du vivant de ce mefme Juftinian I. du nom, à qui cette Eglife doit fa perfection, auffi-bien que les Loix & le Code. Ce tremblement fit tomber toute la partie Orientale de fainte Sophie que vous verrez marquée dans le plan par les lettres A. B. C. H. & le demy dofme, où la coquille qui eftoit deffus écrafa en tombant l'Autel, les portes faintes ou clofture du *Sancta Sanctorum* marquée par A. A. avec l'*ambon* ou chaire du Predicateur qui eftoit apparemment au mefme endroit, ou vis-à-vis de celle du *Mouphti* que l'on voit dans le plan ponctuée & marquée du renvoy C. Juftinian fit relever ce debris, & le fit appuyer de quatre arboutans, fçavoir de deux gros & deux petits, ils fe voyent fort bien dans la place du Serrail; & dans le plan ils font marquez par ce renvoy ∩. Les deux plus gros de ces arboutans appuyent deux petits pilliers marquez *d.* qui servent, aussi-bien que ceux qui leur sont opposez du costé d'Occident proche des portes, à soutenir un grand demy dosme ou cul de four qui s'appuye d'une part sur eux, & de l'autre sur les quatre gros pilliers marquez D. & sur le ceintre ou l'arc qu'ils soutiennent.

Ces quatre gros pilliers avec les grandes arcades qui les joignent ensemble, supportent le grand dosme de l'Eglise. Tout le monde le trouve extrémement hardy & bien fait, parce qu'il est fort large & comme écrasé fait en ance de panier, il a dix-huit toises de diametre, & n'en a pas plus de trois de profondeur, il est éclairé de vingt-quatre fenestres qui sont fort petites & basses. Dans l'entre-deux de ces fenestres sont des soutiens ou portions de cercle larges, qui vont toujours en diminuant se terminer proche le milieu du dosme où ils forment une roze, qui estoit apparemment autrefois garnie de quelque figure en Mosaïque, comme le sont encore les vingt-quatre portions de cercle qui la composent; mais les Turcs l'ont maintenant effacée, puisqu'il n'y paroist que du blanc. C'estoit de ce sommet de l'Eglise que l'exageration ordinaire des Grecs nous veut faire croire que l'on n'osoit regarder en bas, puisqu'il estoit à leur dire, si élevé, que la veuë mesme de ceux qui estoient dans l'Eglise n'y pouvoit atteindre. Il est vray que l'Histoire dit que c'estoit un autre dosme qui surpassoit de beaucoup celuy d'apresent, lequel pour épargner la peine aux curieux de le regarder sans le pouvoir découvrir, se laissa tomber en bas pour se faire voir de plus prés. Il écrasa par sa chûte bien des choses, entr'autres les sieges de l'Empereur & du Patriarche qui estoient aux deux endroits marquez du renvoy d. Justinian le fit donc relever comme j'ay dit, & pour le rendre plus leger, plusieurs assurent peut-estre sur la foy de quelque Grec qui leur aura dit que l'on n'employa dans ce dernier dosme que de la pierre de ponce, avec quelque leger ciment pour en faire le corps. Si j'avois pû aller jusques au haut pour en rapporter la verité, je l'aurois fait de tout mon cœur : mais dans l'estat où sont les choses aujourd'huy, il n'est pas permis à un Chrétien d'y monter s'il ne veut laisser son prépuce en bas, pour ne point surcharger l'édifice, qui ne manqueroit pas de tomber suivant la sotte pensée des Turcs, si un incirconcis avoit esté dessus. Je laisse donc à d'autres à satisfaire la curiosité du Lecteur : tout ce que je puis assurer d'avoir veu, c'est que le dessous de ce dosme est tout revestu de Mosaïque avec diverses croix tresfées & fleurdelisées, & que le dessus est tout couvert de plomb avec un croissant doré que l'on a mis au sommet de ce Temple, pour servir de colophon en la place de la croix qui y estoit.

Ce dosme, dont la grandeur & la place sont marquez dans le plan cy-devant par un cercle de points, couvre la meilleure partie de ce que l'on peut appeller la nef de l'Eglise ; car le cœur estoit renfermé depuis l'extremité Orientale de ce cercle,

jusques

jusques à cette séparation marquée par une double ligne ponctuée avec ces renvois A. A. A. qui montrent le lieu où estoient ἅγιαι πύλαι ou les portes saintes, & il s'étendoit à droit & à gauche dans les deux demy-cercles marquez H. L'entrée de l'Eglise estoit depuis l'extremité Occidentale de ce mesme cercle, jusques aux trois portes du milieu au renvoy I. s'étendant comme le chœur entre les deux renvois H. qui montrent les deux demy-cercles Occidentaux opposez aux deux susdits du chœur. Cet espace couvert du dosme est justement le milieu de la croix Grecque, qui compose la figure de cette Eglise. Cette croix a pour la teste ou bout d'enhaut, qui est vers l'Orient, le chœur & le *Sancta Sanctorum*; pour le pied ou bout d'en bas tourné vers l'Occident, les portes & l'entrée de l'Eglise; pour le travers elle a deux grandes espaces paralellogrames qui luy servent de bras, l'un desquels est au Septentrion & l'autre au Midy, ils sont marquez dans le plan par ces renvois F G; Mais parce que cette croix estant comme enchâssée dans un quadre que representent assez bien les murs de ce Temple, elle laisse encore quatre autres espaces vuides aux quatre coins de cette bordure marquez du renvoy H. J'expliqueray maintenant le tout plus succintement & le plus clairement qu'il me sera possible.

On sçait assez que la figure de la croix ayant cessé à la mort de Jesus-Christ, d'estre une figure d'ignominie & de scandale, elle a toujours esté depuis que ce Divin Sauveur en a fait l'instrument de noſtre redemption, un ſigne d'honneur, une marque de gloire, & un Taliſman ſacré parmy les Chrétiens. C'eſt pour ce ſujet que tous ceux qui portent ce nom dans tout le monde, quelques differents qu'ils ſoient d'opinions & de ſectes, conviennent tous à faire tres-ſouvent le ſigne de la croix. Tous les Chrétiens Orientaux le regardent comme la ſeule marque du Chriſtianiſme, & ceux meſme d'entr'eux qui ſont les plus groſſiers & les moins inſtruits dans les myſteres de la Religion Chrétienne, comme ſont les Circaſſiens ou Mingreliens, & beaucoup d'autres peuples voiſins de la Mer Caſpienne, ou qui ſont ſemez dans la Tartarie & dans les autres Provinces de l'Aſie & de l'Afrique ; Ils ont generalement tous conſervé au moins le ſigne de la croix, pour montrer que nonobſtant l'eſclavage & l'ignorance extrême où ils ſont preſque tous réduits, ils gardent encore comme une marque de ce qu'ils ont eſté autrefois, & de ce qu'ils eſperent encore eſtre quelque jour, ce ſigne d'une redemption eternelle. Ils le font tous également, excepté que les uns, comme les Armeniens, le commencent par enhaut en mettant la main à la teſte, & le pourſuivent comme les Catholiques ; les autres, comme pluſieurs Afriquains & Grecs, le commencent tellement par en bas, qu'ils mettent la main droite en terre, ou tout au moins à leurs genoux, puis la portent à la teſte & pourſuivent comme nous ; d'autres enfin comme les Grecs & les Chrétiens de Saint Jean que l'on nomme de la Ceinture, parce qu'ils ſont baptiſez & circoncis, le font à la gauche; c'est à dire qu'aprés avoir porté la main de la teste à la ceinture, ou plus bas, ils le poursuivent de l'épaule gauche à la droite. Tous ces signes de croix sont bons, & mesme approuvez ou tolerez par l'Eglise Catholique, parce qu'ils ne se font jamais qu'au dessein qu'ils ont esté instituez, sçavoir pour montrer aux autres que l'on est Chrétien, ou pour s'en souvenir soy-mesme. Ils ajoûtent la grandeur à la bonté de ce signe; car tous ces peuples ne le font jamais à demy, comme la pluspart des Européens qui le font si petit qu'on a peine à connoistre si c'est un signe de croix ou d'autre chose.

Quoy-qu'il en soit de ce signe sacré de la croix, soit qu'on le fasse de haut en bas, ou au contraire, de droite à gauche ou à rebours, grand ou petit ; Il est certain que la marque de la croix a toujours esté en tres-grande recommendation parmy tous ceux qui pretendent estre bons Chrétiens. Il s'est mesme trouvé dans le Christianisme plusieurs sçavans Docteurs, qui ont creu que lors qu'il y a seulement cinq personnes assemblées en un lieu pour y faire leurs prieres, elles doivent s'agenoüiller en croix, c'est à dire un devant, l'autre derrierre, deux à costé, & un au milieu pour obtenir plus facilement de Dieu en cette situation de croix les graces qu'ils luy demandent. C'est suivant ce principe qui est fort ancien & fort approuvé dans l'Eglise Chrétienne que la pluspart de nos Temples sont construits en croix, comme on le voit dans toute la Chrétienté qui affecte plus cette figure que pas une autre. Les Synagogues des Juifs, les Mosquées des

O ij

108 *RELATION D'UN VOYAGE*

Turcs, les Pagodes des Brachmanes, & mesme les Préches ou Temples nouveaux des Heretiques, n'ont point cette figure de croix, non pas tant parce que peut-estre elle ne s'accommode pas aux fonctions de leur religion, que parce que toutes ces differentes sectes n'ayant pas la veritable croyance, & n'étant pas dans le sein de l'Eglise, Dieu ne permet pas qu'ils en gardent la situation, à laquelle il se rend propice en faveur de celuy qui lavant l'Eglise de son sang, expira en cette figure. Or parce que l'Eglise de sainte Sophie est une des plus anciennes qui soit au monde, ceux qui l'ont bâtie ont gardé dans sa structure pour les raisons que j'ay dites la forme d'une croix Grecque, comme on verra beaucoup mieux par la figure du plan que voicy, que par tout ce que j'en pourrois dire.

# DE CONSTANTINOPLE.

## EXPLICATION DES RENVOIS
qui sont au plan de Sainte Sophie.

✠ *Le milieu de l'Eglise de Sainte Sophie couvert d'un grand dosme, qui est à ce que l'on dit de pierre ponce. Ce dosme a dix-huit toises de diametre.*

A *C'est l'endroit où estoit autrefois le seul Autel de cette Eglise.*

B *Le Mehrabe des Turcs, c'est comme leur Autel, vers lequel tous les Mahometans se tournent pour faire leur priere, il est fait de mesme qu'une niche dans laquelle on met l'Alcoran. Il regarde la Mecque où est le Tombeau de Mahomet, vers qui toutes les Mosquées sont tournées.*

C *Le Member du Moufti, c'est le lieu où ce Prelat Turc se met lors qu'il fait la priere publique; sçavoir pendant le Ramazan ou Caresme, au Bairam & autres Festes solemnelles des Mahometans.*

◐ *Est l'entrée par où le Grand Seigneur va au Temple.*

◑ *C'est le lieu où se met le Grand Seigneur pour faire sa priere toutes les fois qu'il va à sainte Sophie. Ce lieu estoit autrefois un passage pour aller à l'Autel; mais depuis on y a pratiqué une chambrette boisée & grillée de tous costez, afin que le Grand Seigneur y puisse faire sa priere avec commodité, & y voir sans estre veu.*

◯ *Ces quatre renvois marquent les arboutans que Justinian fit mettre pour appuyer cette partie Orientale qui estoit tombée, & qu'il avoit déja fait relever une autre fois.* ✦

D *Sont les quatre gros pilliers qui soutiennent le dosme.*

d  Sont quatre petits pilliers qui soutiennent avec les quatre gros six demy-dosmes, trois desquels sont vers l'Orient & trois vers l'Occident.

D  C'est le lieu où estoient les sieges de l'Empereur & du Patriarche.

E  Toutes ces lettres marquent autant d'escaliers doux, par où les femmes montoient anciennement dans les galleries du Temple où elles estoient séparées d'avec les hommes, comme elles le sont encore dans toutes les Eglises d'Orient.

F  Toutes ces petites ouvertures demy-rondes, sont autant de fenestres qui donnent du jour dans l'Eglise.

f  Portes par où les Prestres & Diacres montoient au Ginaitikion pour y encenser.

G  Ce sont quatre grandes colonnes de marbre granite d'Egypte d'une seule piece, elles ont chacune quatre pieds de diamettre. Ces quatre colonnes en soutiennent six autres moindres qu'elles, qui forment les galeries d'enhaut de chaque costé de l'Eglise.

H  Ce sont quatre demy-cercles qui se forment des quatres gros piliers, & de deux autres petits, entre lesquels il y a deux colonnes de porphire soutenuës chacune de son pied d'estal quarré de marbre blanc: Ces deux colonnes en supportent six autres moindres des galeries superieures qui appuyent les coquilles ou demy-dosmes du dessus.

h  Il y a icy une petite ouverture ronde comme celle d'un puits. C'est par là que l'on tire de l'eau de la cisterne qui est sous l'Eglise, pour s'en servir aux usages du Temple.

# DE CONSTANTINOPLE.

I  La grande porte de sainte Sophie qui en a quatre autres de chaque costé un peu plus basses qu'elle.

K  On a esté obligé depuis peu pour affermir les quatre gros pilliers, d'ajouter de la massonnerie entre eux & ces quatre colonnes qui en estoient autrefois separées, & qui y sont maintenant contiguës par le moyen de cette massonnerie representée par ces petits points.

L  C'est le grand vestibule dans lequel on entre par seize portes, il en a neuf à son Orient, cinq au Couchant, une au Septentrion, & l'autre au Midy.

M  Sont les quatre Minarets ou clochers.

N  Le portique ou premier vestibule, c'est ce que l'on appelloit anciennement le Nartex.

O  C'est une grande tour quarrée qui servoit autrefois de clocher à sainte Sophie.

P  Ces degrez sont pour descendre aux robinets par où sort l'eau de la grande cisterne de cette Eglise. Tout le dessus de ce Temple est quarré & remply des eaux qui découlent du dessus de son toict. C'est ce qui a fait croire à quelques gens que l'on pouvoit aller en basteau depuis sainte Sophie jusques à la Mer par des canaux souterrains.

Q  Ce sont toutes les portes exterieures de ce Temple.

R  Fontaines où les Turcs se lavent avant que d'entrer à faire la priere.

S  C'est le prostile, la cour, ou le cloistre de quelques Officiers de la Mosquée.

T  Leurs cellules ou chambres.

V  C'est un grand bassin dans lequel lesdits Officiers lavent leurs linges & habits.

X C'est un petit Temple qui servoit autrefois de Sacristie à sainte Sophie, il est assez semblable à la Sacristie de saint Pierre ou à saint Estienne le Rond de Rome. Il sert maintenant de grenier où l'on garde la paille & le foin des chevaux du grand Serrail qui en est tout proche.

APRES avoir suffisamment expliqué le dôme qui couvre le milieu de la croix que forme l'Eglise de sainte Sophie, je diray ce qui se trouve autour. La partie Orientale de cette croix est un grand demy-cercle couvert de son demy-dôme fait en cul de four. Autour de ce grand demy-cercle qui est pris de la largeur du grand dôme, il y en a trois autres petits qui sont pareillement couverts de leurs coquilles ou demy coupoles, deux desquels sont à droit & à gauche, & au milieu le plus reculé de tous. C'est dans ce troisiéme demy-cercle qu'estoit autrefois le *Sancta Sanctorum* que j'expliqueray cy-aprés. La partie Occidentale de cette croix est de mesme que l'Orientale, formée d'un grand demy-cercle, couvert de son demy-dôme, & costoyé de trois autres petits avec seulement cette exception que celuy du milieu, où sont les trois plus grandes portes de ce Temple, n'est pas finy en demy-cercle comme celuy de l'Orient, mais couppé à angles droits, & couvert d'une arcade ou voûte, & non pas d'une coquille ou cul de four. Les quatre petits demy-cercles qui sont aux costez de ces deux grands, sont formez dans leurs deux extremitez, d'une part des quatre gros pilliers qui
soûtiennent

soûtiennent le grand dôme marquez dans le plan par le renvoy D; & de l'autre part des quatre petits piliers, deux desquels supportent vers l'Orient le demy-dôme qui couvroit le *Sancta Sanctorum*, & deux autres vers l'Occident soutiennent l'arcade qui couvre les trois portes du milieu de l'Eglise. Ces quatre petits pilliers sont marquez dans le plan par le renvoy d. Entre ces huit pilliers qui forment les quatre petits demy-cercles susdits, il y a huit colonnes de porphyre, deux à chaque demy-cercle. Ces huit colonnes sont élevées chacune sur un pied d'estal de marbre blanc quarré. Elles en soutiennent six autres sur elles du *Gynaitikion* dont quelques-unes portent à faux, comme on verra dans le dessein du dedans de cette Eglise qui est cy-après.

Derriere chacun de ces quatre demy-cercles tant vers l'Orient que vers l'Occident, il y a une espace quarré que l'on pouroit appeller chapelle, si la coutume d'en avoir plusieurs dans une mesme Eglise avoit jamais esté chez les Grecs, mais qu'on peut nommer Tetragone, parce que la figure de ces quatre places est quarrée. Ils ne sont éclairez chacun que de trois petites fenestres qui n'en dissipent pas beaucoup l'obscurité. Les quatre coins de ce Tetragone sont soutenus par quatre colonnes de marbre granite, entre lesquelles celles qui sont proches des quatre gros pilliers qui soutiennent le dôme, y sont maintenant contiguës & unies par du massonnage que l'on y a mis pour rendre encore les gros pilliers plus capables de résister aux frequens tremblemens de terre qui arrivent à Constantinople. Cette mas-

P

sonnerie paroiſt toutefois aſſez ancienne pour faire croire que ce ſoit plutoſt un ouvrage des Grecs que des Turcs. Elle eſt marquée dans le plan par des points au renvoy K.

Entre ces quatre Tetragones ou places quarrées, il y en a deux autres de figure un peu plus longue, l'une deſquelles eſt au Septentrion & l'autre au Midy; Ils ſont auſſi-bien ſoutenus que les precedens par quatre colonnes de marbre granite; mais il y a de là difference dans la ſituation de ces colonnes, car au lieu que les autres ſont placées aux quatre coins, celles-cy le ſont au milieu, & faiſant une voute particuliere & fort étroite qu'elles ſoutiennent, elles partagent cet eſpace en deux. Ces quatre colonnes & le quarré long, dans lequel elles ſont ſituées forment le travers & les deux bras de la croix Grecque ſur le deſſein de laquelle eſt bâtie Sᵗᵉ Sophie, & les quatre Tetragones que j'ay expliquez cy-devant, ſont comme les places vuides qui ſe trouveroient autour d'une croix que l'on auroit placée dans un quadre ou bordure de tableau.

Les vingt-quatre colonnes qui ſupportent les voutes de ces ſix places que je viens de décrire ſont toutes de la meſme groſſeur, de la meſme grandeur & du meſme marbre granite; mais les quatre autres qui ſe voyent de chaque coſté de l'Egliſe entre les deux gros pilliers du grand dôme ſont de beaucoup plus hautes & plus groſſes, quoy qu'elles ſoient de la même matiere & tout d'une piece. Ces quatre colonnes en ſupportent ſix autres qui ſont au premier *Gynaiиikion* ou galleries des femmes, & qui ſoutiennent le second, tant à l'aisle droite qu'à l'aisle gauche de l'Eglise, comme on verra dans la planche du dedans de ce Temple. De cette maniere toutes les colonnes qui sont dans le bas de S.te Sophie, ne montent qu'au nombre de quarante, vingt de chaque costé. Ces quarante colonnes inferieures en soutiennent soixante autres qui sont dans le *Gynaisikion* ou galleries d'enhaut ; tellement que toutes les colonnes de sainte Sophie tant en haut qu'en bas, ne sont que cent dans tout le corps de l'Eglise, avec quatre moyennes & trois petites qui sont au dessus des portes, qui font cent & sept colonnes en toute sainte Sophie. Toutes ces colonnes sont assez bien tournées, mais leurs chapiteaux ne correspondent pas à la beauté de leur tour. Il est difficile de dire de quel ordre ils sont, si ce n'est qu'on leur veüille donner le nom d'ordre Grec gothisé.

Il ne reste plus maintenant pour l'explication de l'interieur de ce plan qu'à dire quelque chose du lieu où estoit autrefois le *Sancta Sanctorum*, qui estoit renfermé dans l'espace marqué des renvois a a a & B. Les Grecs qui ne disent jamais qu'une Messe par jour dans une Eglise, n'avoient dans celle de sainte Sophie, aussi-bien que dans les autres, qu'un seul Autel, qui estoit à l'endroit que vous verrez marqué dans le plan du renvoy A. Cette coûtume s'est observée long-tems dans l'Eglise Latine, aussi-bien que dans la Grecque : mais depuis que le nombre des Chrétiens s'est extrêmement augmenté, la necessité d'avoir beaucoup de

Prestres a fait venir celle d'avoir beaucoup d'Autels & beaucoup de Sacrifices, pour pouvoir satisfaire à la devotion d'un grand nombre de personnes qui ne pouvoient pas assister à la seule Liturgie qui se faisoit dans l'Eglise. Cet Autel s'appelle des Grecs d'aujourd'huy ἅγιον βῆμα, il est renfermé dans un espace qu'ils nomment τέμπλος & que les Latins appellent *Sancta Sanctorum*. Ce lieu est toujours le plus Oriental de l'Eglise, terminé d'un costé en demy-cercle couvert d'un demy-dôme ou cul de four, & de l'autre d'une closture que les Grecs appellent Εἰκονοστάσιον. Cette closture est faite de bois, travaillé & enrichi de quantité de figures, elle est ouverte de trois portes, l'une desquelles est au milieu qui est la plus grande & deux autres à costé. La porte du milieu sert seulement au Prestre pour entrer & sortir durant le sacrifice, celle de la main droite sert au Diacre seul, car les Grecs n'ont point de Soudiacre comme les Latins, & l'autre qui est à main gauche sert aux autres Officiers. Entre la porte du milieu & les deux autres, il y a les Images de Παναγία, ou de Nostre-Dame & du Πρόδρομος, ou de Saint Jean Baptiste, & au dessus de ces trois portes, il y a les figures des douze Apostres. Les Images de cet Εἰκονοστάσιον ont toujours esté sur toutes les autres en grande veneration parmy les Grecs, ils allument devant elles quantité de cierges & de lampes, & leur font souvent des *Metaniai* ou genuflexions.

Voila en abbregé ce qu'il y avoit au *Sancta Sanctorum* de sainte Sophie avant que les Turcs en euſſent fait une Moſquée, mais à preſent il n'y a plus rien de tout cela. L'Autel en fut abbattu aprés que Mahomet eut monté deſſus pour y faire ſa priere, lors qu'enſuite de la priſe de Conſtantinople, il entra à cheval dans ſainte Sophie, & s'agenoüillant ſur cet Autel, il oſta ce Temple à la Religion Chrétienne, & le dédia aux ſuperſtitions Mahometanes. Comme les Turcs n'offrent à Dieu dans leurs Moſquées qu'un ſacrifice de loüanges, ils n'ont rien dans leurs Temples qui ſoit ſelon leur Loy, particulierement ſanctifié que le *Mirabe* ou le *Maharab* qui eſt comme une eſpece de grande niche dans laquelle on met l'Alcoran, celuy de ſainte Sophie eſt de marbre, & eſt orné de quantité de moreſque & de dorure. Il ſe trouve marqué dans le plan par la lettre B, & n'eſt pas placé droit au milieu de la partie ſuperieure comme il eſt dans les autres Moſquées, parce que ce Temple ayant eſté conſtruit pour des Chrétiens qui ſe tournent toujours vers l'Orient pour faire leur priere, il n'eſtoit pas dans une ſituation convenable aux Turcs qui voulant faire leurs oraiſons, ſont obligez quelque part où ils ſoient de ſe tourner toujours au *Keblé*, c'eſt à dire vers la ville de la Mecque où eſt le tombeau de Mahomet leur Prophete, & ainſi ne pouvant pas tourner l'Egliſe de ſainte Sophie au Sud-Eſt ou Orient d'Hyver qui eſt le poinct vers lequel les Turcs de Conſtantinople s'agenoüillent pour prier Dieu, on y a tourné ce *Maharab* pour avertir les Muſulmans qui viennent dans ce Temple, que c'eſt de ce coſté là qu'ils doivent s'incliner en parlant à Dieu. Cette niche est enclavée dans un petit contre-mur de marbre qui ne va que jusques aux premieres fenestres, & qui à hauteur de ceinture se redouble pour servir à tenir sur son rebord les livres dont les Imans se servent à faire la priere. Ce contre-mur est marqué dans le plan par deux lignes demi-circulaires qui sont au fond de l'Eglise où est maintenant ce Maharab, & où estoit autrefois le *Synthronos* du Patriarche de Constantinople.

Vis-à-vis de ce lieu au renvoy O. aussi-bien qu'à son opposite, il y avoit autrefois un passage par lequel les Prestres alloient de la Sacristie à l'Autel, mais ces deux passages sont maintenant fermez ; & dans celuy qui est marqué dudit renvoy on a pratiqué une petite chambre toute boisée & dorée qui est garnie de riches tapis, & qui a une fenestre qui occupe toute sa largeur fournie de sa jalousie ou fenestre grillée. C'est dans ce lieu que le Grand Seigneur se met pour faire sa priere lors qu'il est à Constantinople & qu'il va à sainte Sophie. Il y entre par une porte qui est fort proche du Serrail, & qui ne s'ouvre que pour luy, elle est marquée du renvoy Ↄ. d'où estant entré au Temple il monte par une petite gallerie grillée à ladite chambrette, d'où il voit commodément ceux qui sont dans la Mosquée sans en pouvoir estre apperçeu ; cette gallerie est marquée dans le plan par des points ensuite de ce renvoy Ↄ. Il y a encore d'autres choses dans le plan qui sont marquées par des points, comme sont trois petites tribunes aux renvois D.

## DE CONSTANTINOPLE.

le *Member* du Moufti au C. La chaire des Predicateurs au G. deux grandes Urnes vers les portes à l'H. & autres choses qui s'expliqueront cy-aprés avec la planche du dedans de l'Eglise.

Aprés avoir suffisamment décrit la croix & tout l'interieur du plan de Sainte Sophie, j'expliqueray maintenant le contour de ses murailles qui sert comme de quadre ou bordure à cette croix que j'ay dit qu'elle forme. La partie Orientale de ce Temple est toute contenuë dans la place qui est devant le Serrail. Elle estoit autrefois ouverte de quatre portes, deux desquelles sont maintenant condamnées, une autre qui ne sert que pour le Grand Seigneur, & la derniere qui est publique marquée du renvoy Q. Il faut descendre par cette porte environ douze degrez pour entrer à sainte Sophie, parce que la place du Serrail est de beaucoup plus haute que le plan de l'Eglise ; entre ces deux dernieres portes sont les quatre arboutans que l'Empereur Justinian y fit élever pour appuyer le demy-dôme Oriental qu'il fit rebâtir, parce qu'il estoit tombé par un tremblement de terre, & qu'il avoit écrasé par sa chute le *Sancta Sanctorum* qui estoit sous luy. Ces arboutans sont continus au mur, & marquez des quatre renvois O. Aux deux extremitez de cette partie Orientale sont placez aux lettres M. deux Minarets ou Tourelles, desquelles celle qui est au Midy est la plus grossiere & la plus basse des quatre qui sont aux quatre coins de sainte Sophie, parce qu'elle fut faite à la haste si-tost que Mahomet II. eust changé cette Eglise en une Mosquée seulement en y faisant, comme j'ay dit, sa priere qui luy servit de dédicace; tellement que ce Minaret ou clocher Turc est le premier qui ait esté bâti à Constantinople.

La partie Septentrionale & la Meridionale de sainte Sophie ne sont pas beaucoup differentes, elles ont l'une & l'autre cinq escaliers, douze fenestres & deux portes. Des cinq escaliers, il y en a deux grands qui montent jusques au haut de l'Eglise, & qui servoient non seulement aux femmes pour aller dans le *Gynaitikion* superieur, mais qui avoient encor esté faits pour appuyer le dôme de l'Eglise, ils sont marquez dans le plan par la lettre E. Les trois autres escaliers plus petits ne vont que jusques aux premieres galleries ou *Gynaitikions* inferieurs: De ces trois derniers escaliers, deux sont placez aux deux angles que forme le quarré de l'Eglise, & ont leur entrée par dehors pour servir aux femmes à monter au Temple & pour en sortir sans estre veuës des hommes; mais celuy du milieu n'avoit sa porte qu'en dedans de l'Eglise, parce qu'il ne servoit qu'aux Prestres & aux Diacres pour monter dans le *Gynaitikion* & y encenser pendant l'Office. Cette derniere entrée est au milieu des deux faces Septentrionale & Meridionale proche des deux colonnes du renvoy f. Les portes des autres escaliers qui paroissent au-dedans de l'Eglise ne sont ouvertes qu'aux galleries d'en haut. Les douze fenestres qui sont dans chacune de ces deux faces sont fort petites, elles sont contenuës sous quatre grandes arcades, & des quatre portes qui estoient

autrefois

autrefois ouvertes dans ces deux faces Septentrionale & Meridionale, il n'y en a plus qu'une qui est du costé du Midy marquée de ce renvoy Q. car les trois autres sont maintenant bouchées.

Toute la partie Occidentale de sainte Sophie est occupée par ces deux vestibules, & par une petite cour ou prostile qui est devant eux. Le plus grand de ces deux vestibules qui touche l'Eglise, est double, c'est à dire qu'il y en a autant dessus que dessous. Celuy d'en bas est le vray vestibule de l'Eglise, car celuy d'en haut n'est qu'une gallerie du Gynaitikion. Ce vestibule inferieur est ouvert de seize portes, neuf desquelles sont à son Orient, cinq autres à son Couchant, & les deux dernieres luy sont, l'une au Septentrion, & l'autre au Midy. Toutes ces portes sont de marbre, & les valves ou battans qui les ferment sont de cuivre ou de bronze, ornez de plusieurs croix pattées, treflées ou fleurdelisées, ausquelles les Turcs ont osté les travers, parce qu'ils ne peuvent croire que Jesus-Christ, qu'ils reconnoissent pour un grand Prophete, ait esté luy-mesme crucifié, s'imaginant que c'estoit un phantosme qui le fut en sa place : ils ne veulent pas souffrir devant leurs yeux, & à l'entrée d'un Temple qu'ils ont dédié aux exercices de leur religion, l'image de la cruauté des Juifs, & de l'ignorance qu'ils croyent estre parmy les Chrétiens sur l'article du crucifiement de Nôtre Seigneur. L'espace qui est entre ces portes est tout revêtu de fort beau marbre ondé de diverses couleurs, & orlé d'albâtre taillé fort adroitement en guirlandes de

Q

plusieurs manieres. Au-dessus de tout cet encroûtement de marbre qui va jusques au haut des portes, on voit plusieurs figures & croix en Mosaïque, que les Turcs n'ont pas si fort effacées, que l'on n'y remarque bien encore au-dessus des trois portes du milieu une image du Sauveur assis qui donne sa benediction à un Empereur prosterné à ses pieds, & d'une Παναχα ou Nôtre-Dame qui est à sa droite, avec le Προδρομος ou S. Jean Baptiste qui est à sa gauche. Le haut de l'espace qui se trouve entre les portes Occidentales de ce vestibule est éclairé de trois petites fenestres chacun, qui sont contenuës sous une arcade, & le bas est remply de petites tribunes que je n'ay pas marquées dans le plan, parce qu'elles ne sont que de bois. Aux deux extremitez de ce vestibule il y a deux grandes entrées ou portails où l'on remarque encore plusieurs images en Mosaïque, & d'autres qui sont mesme en bas-relief ciselées sur les valves de bronze, avec les paroles que j'ay déja rapportées ΜΙΧΑΗΛ ΝΙΧΙΤΩΝ, & autres chiffres qui marquent le tems qu'elles ont esté faites. Il y a sous chacun de ces deux grands portons deux autres petites portes qui conduisent au Gynaitixion par un escalier doux, comme sont tous les autres de ce Temple, elles sont marquées du renvoy E.

En sortant de ce vestibule du costé de l'Occident, on entre dans un autre vestibule ou portique qui n'est pas ni si long ni si large que le premier. Il s'appelloit autrefois Nartex, & se voit marqué dans le plan par la lettre N. Or comme ce Nartex ne servoit anciennement qu'aux Penitens & aux Catechumenes qui n'estoient point admis dans l'Eglise que leur penitence ne fût finie, ou qu'ils ne fussent baptisez; on ne remarque point dedans aucun vestige qu'il y ait jamais eu d'ornemens ni d'images, comme il y en a dans tous les autres endroits de l'Eglise. Il est fort simple, & ressent tout-à-fait le lieu de Penitent ou de Cathecumene. Sa voûte est faite en areste de poisson, & son pavé est de grandes pieces de marbre sans aucun ordre ni dessein. Cela fait croire à quelques-uns que ce premier vestibule n'est pas de mesme tems que le reste de l'Eglise, parce qu'il empéche d'en voir le frontispice. Mais comme il n'y a aucune marque qu'il y ait jamais eu d'autre façade ni entrée à sainte Sophie que celle que l'on y voit encore aujourd'huy, & qu'il n'y a pas d'apparence que l'on eût mis seulement à vingt pieds hors de l'édifice une tour pour servir de clocher, & une demy-douzaine d'arcs-boutans tout à jour & à mesme distance, sans lier tout cela de quelque pan de muraille avec un couvert pour en former un portique à peu de frais; on peut dire que ce premier vestibule est aussi ancien que le reste de l'édifice, puisqu'il est bâty de mesme matiere & de mesme forme que les autres parties de l'Eglise.

On trouve aux deux extremitez de ce portique deux petites portes marquées dans le plan du renvoy M. Ce sont les portes des deux Minarets qui sont au couchant de cette Eglise par où les Muezins y montent qui seroient les sonneurs des Mosquées si elles avoient des cloches, parce que ces Officiers ne servent qu'à appeller les Mussulmans à la priere. Autour du Minaret qui est au Midy, il y a plusieurs fontaines avec une galerie soutenuë de huit petites colonnes qui les couvre, elles sont marquées du renvoy R. La partie Occidentale de ce Nartex ou portique est éclairée de treize petites fenestres & ouverte de trois portes, deux desquelles sont fort grandes, & sont placées à ses deux extremitez pour servir au peuple, & l'autre est une petite qui est proche de la tour marquée de la lettre O. Cette tour estoit autrefois le clocher de sainte Sophie, mais maintenant elle est toute vuide depuis que les Turcs ont fondu les cloches, qui estoient dedans pour en faire des canons. La petite porte qui est proche de cette tour ne sert qu'à quelques Muezins & autres Officiers de cette Mosquée, qui ont leurs petites chambres autour d'une cour que l'on voit marquée dans le plan des renvois S & T. Il y a dans cette mesme cour tout attenant de l'ancien clocher un lieu où l'on descend environ trente degrez pour aller prendre de l'eau de la grande cisterne qui occupe tout le dessous de sainte Sophie, elle en sort par plusieurs robinets qui sont marquez dans le plan au renvoy P. Fort proche de ce degré & vers le milieu de la cour, on voit un grand bassin dans lequel les Officiers de ce Temple lavent leurs linges & habits. Je l'ay aussi marqué à la lettre V. non pas tant que ce soit quelque chose de considerable, qu'afin que le Lecteur puisse mieux connoistre la fidelité & l'exactitude de ce plan, s'il alloit jamais à Constantinople, ou bien s'il en estoit revenu. Il remarquera pareillement au renvoy X. un petit Temple octogone qui ne sert plus maintenant que de grenier au Serrail : on y tient du foin, de la paille, & autres choses semblables ; on dit qu'il servoit autrefois de Sacristie à l'Eglise de sainte Sophie, & il y a quelque apparence de cela, puisqu'il y avoit une porte qui passoit de ce petit Temple dans celuy de sainte Sophie : je l'ay remplie de points pour montrer qu'elle est maintenant bouchée, & que l'on n'y passe plus. On peut voir dans le plan tout ce que j'ay dit cy-dessus ; je ne l'expliqueray pas davantage, craignant de m'arrester trop à une matiere aussi seiche qu'est la description topographique d'un bâtiment ; c'est pourquoy je prie le Lecteur d'excuser si à chacune des parties cy-dessus mentionnées, je n'y ay pas ajouté les mesures. Je me suis contenté de les mettre sur le toisé du petit-pied où j'ay reduit ce plan ; chacun pourra les y voir & les y examiner comme bon luy semblera, sans crainte de se tromper, ny de prendre sur luy de fausses idées. Je l'ay tiré sur les lieux dans la derniere exactitude, & autant bien qu'on le puisse faire dans un endroit où des Chrétiens n'entrent pas facilement, & n'y font pas ce qu'ils voudroient bien.

Aprés le plan de sainte Sophie, il faut en montrer l'élevation : Tous ceux qui ont jusques à present entendu parler de sainte Sophie, se sont facilement imaginez que les dehors de ce Temple & le dedans estoient un chefd'œuvre d'architecture,

& que ses ornemens qui sont tant à l'exterieur qu'à l'interieur, ne cedoient en rien à tout ce que nous avons de grands & superbes bâtimens en Europe, & le tout sur la foy des Grecs, qui de tout tems ont passé pour extrémement vains & pour peu sinceres, & mesme sur celle de plusieurs voyageurs qui leur en avoient fait des descriptions trop avantageuses & trop éloignées de la verité. Si l'on consulte non pas les Poëtes à qui l'exageration doit estre familiere & naturelle, mais les Historiens fideles qui ont traité des choses de l'Orient, on sera facilement persuadé que ce qui reste entier de cet édifice renommé doit estre quelque chose de surprenant: mais comme ils se sont tous contentez de laisser seulement des paroles, ( qui souvent ne remplissent l'esprit que de fausses idées ) sans avoir donné jamais un seul crayon de ce qu'ils nous ont tant de fois décrit; je feray icy le contraire sçachant avec tout le monde, que

*Segnius irritant animos demissa per aurem,*
*Quam quae sunt oculis commissa fidelibus.*

Je vous donneray donc icy les images fideles de cette Eglise, & n'y mesleray de paroles qu'autant qu'il en faudra pour les expliquer, & pour ne point ennuyer le Lecteur de la seicheresse d'une description.

VEVË DE S.TE SOPHIE AU NORDOVEST

TEMPLVM SANCTÆ SOPHIÆ

# DE CONSTANTINOPLE.

## EXPLICATION DES RENVOIS
qui se trouvent dans le dessein de la veuë Septentrionale de sainte Sophie.

A  C'est le dôme de sainte Sophie; il est fort écrasé, fait à anse de panier, éclairé de vingt-quatre fenestres, & supporté de quatre gros pilliers, sur lesquels il ne semble presque pas s'appuyer.

B  Ce sont quatre grands arboutans appliquez aux quatre principaux pilliers qui soutiennent le dôme. On a pratiqué en chacun d'iceux de grands escalliers doux par où les femmes montoient autrefois au Temple séparément des hommes.

C  Sont les secondes galleries qui servoient encore aux femmes, & dont on a esté obligé de boucher les six arcades qui donnoient en dedans de l'Eglise pour rendre le ceintre qu'elles soutiennent plus solide, à cause des tremblemens de terre qui arrivent assez souvent à Constantinople.

D  Sont les premieres galleries plus longues & plus larges de beaucoup que les secondes, leurs murailles sont, aussi-bien que celles de l'Eglise, toutes encroûtées de marbre, & leurs voûtes faites en areste de poisson sont aussi enrichies de belles Mosaïques. Elles sont ornées de soixante colonnes de marbre granite d'Egypte, & s'appuyent sur quarante autres colonnes bien plus grosses & de mesme grain, lesquelles soutiennent avec les pillastres tout le bâtiment de cette Eglise.

d  Escalier par où les Prestres & Diacres montoient aux Gynaïtikions ou apartement des femmes pour y encenser.

E C'est le vestibule superieur, au bout duquel ( à une fenestre qui regarde le Couchant ) est cette belle pierre transparente que plusieurs voyageurs ont pris pour une Onyce pierre précieuse, mais ce n'est autre chose qu'un marbre fort clair qui se trouve assez communément en Perse.

F C'est l'entrée Septentrionale du grand vestibule inferieur, elle ne s'ouvre qu'aux grandes Festes, & durant le Ramazan. Les murailles de ce vestibule sont comme celles de l'Eglise toutes encroûtées de marbre de plusieurs couleurs, au-dessus de-quoy se voyent encore quelques figures en Mosaïque qui representent le Sauveur du Monde, Nôtre-Dame, S. Jean-Baptiste, & autres, avec plusieurs croix & fleurs diversement lacées. Sa voûte est faite comme toutes celles du Temple en areste de poisson, & revêtuë de Mosaïque.

G Le premier vestibule ou Nartex où se tenoient autrefois les Cathecumenes & Penitens, il n'a aucun ornement. Aux deux bouts de ce vestibule sont deux portes pour monter à deux Minarets. Il n'a que deux entrées principales pour le peuple, & une petite au milieu par où passent les Officiers de la Mosquée.

H Cette tour estoit autrefois le clocher, mais à present elle est inutile.

I C'est l'entrée par où on descend à la cisterne qui est dessous l'Eglise.

K Porte Occidentale par où l'on entre dans le premier vestibule.

L Chaîne que les Turcs mettent à toutes les portes des lieux

# DE CONSTANTINOPLE.

lieux qui demandent quelque respect, tels que sont les enclos, jardins & autres endroits qui sont autour des Mosquées, & ce afin que les chevaux, mulets, & autres semblables animaux n'en approchent point, ou ne les salissent point par leur ordure, & que les hommes estant obligez de se baisser pour passer ces chaînes, se souviennent de la reverence & du respect qu'ils doivent aux Temples du Seigneur.

M  Ces quatre tourelles sont les Minarets où les Muezins montent tous les jours cinq ou six fois les Vendredis qui sont les Dimanches des Turcs, & sept fois par jour durant leur Ramazan ou Caresme, afin d'appeller de là les Musulmans à la Mosquée pour y assister à la priere publique.

N  La porte d'un enclos où sont les sepultures de quatre Sultans ou Grands Seigneurs.

O  Prostile ou cloistre autour duquel sont les chambres des Officiers de la Mosquée.

P  Partie du Serrail.

## EXPLICATION DV BASTIMENT
### & de l'élévation de sainte Sophie.

DE quelque costé que l'on regarde les dehors de l'Eglise de sainte Sophie, dont vous avez icy la partie Septentrionale & Occidentale, elle paroist toujours quarrée, parce que comme j'ay dit dans l'explication du plan, le corps de ce Temple auroit parfaitement cette forme si sa largeur estoit augmentée de quatre toises seulement. Aux quatre coins du quarré que couvre le dôme, & qui s'éleve fur les quatre gros pilliers interieurs, il y a quatre grands arboutans fort groffiers & fort maffifs éclairez de trois fenestres. On a pratiqué dans chacun d'eux un grand escalier doux qui monte jusqu'au haut de l'Eglife, ils font marquez dans cette planche par le renvoy B. entre ces arboutans font les deux *Gynaitikions* où ils conduifent. J'ay déja dit que ces *Gynaikions* ou *Gynaitikions* font les galleries des femmes, l'un eft fuperieur marqué C, qui eft le moins long & le plus étroit, puis qu'il eft terminé entre les deux gros arboutans, & l'autre inferieur marqué D, qui eft le plus large & le plus long, puis qu'il a les mefmes dimenfions que les deux ailes de l'Eglife. Le *Gynaikion* fuperieur eft éclairé de fept petites fenestres en dehors, qui répondoient à autant d'arcades qui eftoient autrefois ouvertes en dedans de l'Eglife, les Turcs les ont bouchées depuis, n'ayant pas affaire de tant d'ouvertures pour leurs femmes, puis qu'ils ne les laiffent pas mefme entrer dans leurs Temples pour y faire leurs prieres. Au deffus du toict de ce *Gynaikion* fuperieur, il y a un mur fimple couvert d'une grande arcade ou ceintre, & ouvert de douze fenestres affez mal conftruites, fept defquelles font fort petites & toutes fur une ligne droite au défaut du toict du *Gynaitikion* fuperieur, & cinq autres plus grandes au milieu des fept du deffous. Tout cela eft couvert du grand dôme, au fommet duquel marqué A eft un colophon de bronze doré furmonté d'un croiffant de mefme matiere. L'extremité de tous les edifices publics des Mahometans sont terminez de cette maniere.

Au deſſous de ce grand dôme dans la partie Occidentale de ce Temple eſt un demy-dôme ou cul de four éclairé de cinq feneſtres, dont il y en a une de bouchée : Il eſt a coſté de deux petites coupoles, ou lanternes qui ont entr'elles une grande feneſtre demy-ronde partagée en ſix, eſtant coupée d'un grand travers qui s'appuye ſur deux petites colonnes & qui en ſoutient deux autres. Ces deux petites lanternes ont eſté miſes en cet endroit pour ſervir d'ornement ; car elles n'ont aucune ouverture en dedans le Temple ny en dedans d'elles-mêmes, puis qu'elles ne ſont pas creuſes. Entre ces petites coupoles & les grands arboutans, il y a deux autre demy-dômes, un de chaque coſté. Ils étoient autrefois ouverts de ſix feneſtres chacun ; mais on a eſté obligé d'en boucher quelques-unes à cauſe des tremblemens qui ébranlent quelquefois ce Temple, auſſi-bien que toute la ville. Ces deux demy-dômes qui ſont à la partie Occidentale, avec les deux autres ſemblables qui ſont vers l'Orient, couvrent les quatre demy-cercles du chœur & de l'entrée de ſainte Sophie, qui ſont marquez dans le plan des renvois H.

On voit plus bas que ces trois demy-dômes un grand coridor ou galerie éclairé en dehors de neuf grandes feneſtres, chacune deſquelles eſt coupée d'un travers & partie de deux petits pilliers quarrez le tout de marbre, c'eſt le veſtibule ſuperieur qui en a autant ſous luy. Il eſt marqué par la lettre E, &

est appuyé de six arboutans, dans le milieu desquels se voit une tour quarrée marquée H, elle n'a pas cinquante toises de hauteur, & servoit pourtant de clocher à l'Eglise de sainte Sophie ; de cette façon il ne pouvoit pas y avoir dedans beaucoup de cloches ny de bien grosses. Au dessous de ces arboutans & derriere ce clocher est le petit vestibule ou *Nartex* marqué G, & tout proche au renvoy I, est une grande porte par où l'on descend aux robinets de la citerne, qui est sous l'Eglise de sainte Sophie. Les arbres voisins qui paroissent, sont du prostile ou de la petite cour des Officiers de ce Temple, dont on voit les petites chambres aux renvois O.

Aux quatre coins de tout cet edifice, sont placez quatre Minarets ou tourelles d'une architecture assez délicate, excepté celuy qui est derriere la Mosquée, dont on ne voit dans ce dessein que la pointe proche du renvoy A. Ils sont marquez des lettres M, & n'ont qu'une gallerie qui est aussi élevée que les fenestres du grand dôme, mais ils portent leurs pointes plus haut que la sienne. Autour des deux Minarets qui sont vers l'Occident de ce Temple, il y a ses trois entrées principales qui sont marquées dans le plan par les lettres Q, & dans la derniere planche que j'explique, par le seul renvoy K, parce que dans ce dessein il ne s'en voit qu'une ; elle est couverte d'un petit dôme à costé duquel il y a une petite pierre taillée en degrez ; cette pierre sert pour aider à descendre & monter à ceux qui viennent à cheval à la Mosquée. A l'Orient de ce Minaret il y a une entrée du grand vestibule marquée E, c'est la Septentrionale par laquelle on descend au Temple, parce que le pavé de la rüe qui est de ce costé-là est plus élevé que celuy du dedans de sainte Sophie. Il y a dans cette entrée à main gauche, aussi-bien qu'à celle de l'autre bout du vestibule, deux petites portes pour monter par un escalier doux aux *Gynaitikions* ou galleries superieures de cette Eglise. Depuis cette entrée Septentrionale du grand vestibule, il y a une petite muraille qui enferme les trois demi-arboutans Septentrionaux, & l'espace qui est entr'eux en forme d'une petite cour longue où l'on a planté quelques jeunes arbres. Cette muraille se va terminer à un petit Temple octogone qui servoit autrefois de Sacristie à l'Eglise, il est marqué dans le plan au renvoy X, & dans cette élevation Septentrionale que j'explique par la lettre Q. Entre ce petit Temple & le Minaret qui est derriere luy, il y a une des entrées des galleries superieures, elle est marquée dans le plan par le renvoy E, mais on ne la peut voir dans ce dernier dessein, parce que ce Temple qui est derriere, la couvre tellement, qu'on ne peut l'appercevoir que lors qu'on y entre ou que l'on est vis-à-vis. Comme c'estoit par cette porte secrete & peu frequentée aujourd'huy, que j'entrois toujours lors que je voulois prendre le plan, dessiner ou observer quelque chose dans sainte Sophie ; je joindray à cette description qui me paroist extrémement ennuyeuse, l'histoire de ce qui m'arriva en dessinant dans cette Mosquée, elle divertira peut-estre le Lecteur fatigué de la trop grande application qu'il s'est donnée dans l'explication de tant de renvois.

Le desir de voir & d'avoir ce que l'on aime, nous expose à bien des hazards. On sacrifie bien souvent pour cela tout ce qui nous doit estre le plus cher au monde. Je me rencontray à Constantinople avec deux personnes qui avoient ordre de Sa Majesté Tres-Chrétienne d'aller voyager dans tout l'Orient, pour luy rapporter les plans, desseins & relations fideles de tout ce qu'ils y trouveroient de plus remarquable; & m'estant un jour attaché à lire leurs memoires sur les observations qu'on leur avoit ordonné de faire dans leurs voyages, je trouvay qu'il leur estoit entre autres choses expressément recommandé de tirer s'il se pouvoit sans un trop grand risque, un plan & une veuë du dedans & du dehors de sainte Sophie. Or ayant sceu depuis que ny l'un ny l'autre de ces deux voyageurs n'avoient ozé s'exposer au peril qu'il y a d'aller dessiner dans sainte Sophie & d'en lever le plan; je creus les ayant veu partir de Constantinople, sans avoir satisfait à cet ordre que je pourrois peut-estre avoir plus de bonheur, si pour la satisfaction de mon Prince j'avois aussi plus de hardiesse qu'eux qui étoient à ses gages & honnorez de ses commandemens. On doit aussi tout hazarder pour ce Grand Monarque, si l'on veut que tout réüssisse à souhait.

Voyant donc le danger qu'il y avoit d'aller dessiner & mesurer dans sainte Sophie, & que l'habit long aussi bien que la barbe & la qualité de Medecin que j'avois en ce pays-là, ne me servoient de rien dans ce rencontre, j'eus recours à l'intrigue. On trouve par tout de certaines gens qui moyennant quelque reconnoissance viennent à bout de tout ce qu'on leur propose. Je m'adressay à un Grec qui avoit toute l'encolure d'un homme, qui ne cherche qu'à faire plaisir lors que l'occasion se rencontre. Il estoit Orfévre de sa vacation qui l'occupoit moins, que le zele ardent qu'il faisoit paroistre avec excés pour rendre service à ses amis. Il demeuroit assez prés de l'Eglise de sainte Sophie, & partant il devoit assez bien connoistre les Officiers de ce Temple, puis qu'ils en sont tous logez assez proche. Luy ayant donc en particulier communiqué mon dessein, il me dit qu'il en parleroit à un de ses voisins, & qu'en luy reportant quelques bijous qu'il avoit fait pour une de ses femmes, & beuvant avec luy quelques flingeans ou tassées de caffé, il ne desesperoit pas de mon affaire, quoy que bien difficile, puis qu'il en avoit bien fait reüssir d'autres qui n'estoient guere moins dangereuses : mais que pour cela, il falloit luy faire quelque petit present. Je luy laissay pour boire un sequin de Venise qui vaut environ sept livres dix sols, & luy en promis d'autres, si par son moyen je pouvois entrer dans sainte Sophie, y dessiner & mesurer tout ce que je voudrois.

Le jour donné ce Grec me vint prendre à Galata où je demeurois, & me mena à Constantinople proche de sa maison chez un homme, dont j'aurois assurément eu meilleure composition, s'il eût beu autant de vin qu'il versoit d'huile. Il estoit le

*Muḱtar Agaſi* ou *Candilaſti* de ſainte Sophie, c'eſt à dire le premier de ceux qui ſont gagez pour avoir ſoin des lampes de cette Moſquée. Le *Muḱtariat* de ce Temple n'eſt pas un petit Office. Quand il s'agit d'entretenir plus de deux mille lampes allumées, & ſur tout durant toutes les nuits du Ramazan, il faut avoir les mains plus nettes que celles d'un Mahometan, qui ſe les lave à tout moment pour ne ſe les pas engraiſſer quelquefois de l'huile de tant de lampes. Ce bon homme qu'il n'y avoit pas moyen de gagner par quelques lampées de vin, puiſque c'eſtoit un vieillard qui n'en avoit jamais beu, me dit en l'abordant que ſon Orfévre l'avoit fort ſurpris, en luy diſant que je deſirois avoir les meſures & les deſſeins de tout ce qu'il y avoit dans ſainte Sophie, que je ne ſçavois peut-eſtre pas que l'entrée de ce Temple n'eſtoit ouverte qu'aux Muſulmans, bien loin qu'un *Giaour* ou Infidele y puſt eſtre admis pour le deſſiner & meſurer comme je demandois; pour ſon particulier, qu'ayant le ſoin des lampes & des galleries de cette Moſquée, il pourroit bien me faire entrer dans le haut, & ſortir ſans riſque, hors les heures de la priere; mais que pour y demeurer des journées toutes entieres, comme je le deſirois, qu'il n'en eſtoit aucunement le maiſtre, & qu'il n'y alloit pas moins que de ſa teſte, auſſi-bien que de la mienne, s'il falloit que je fuſſe apperceu de quelqu'un pendant la priere, ou ſurpris par d'autres Officiers, qui avoient auſſi-bien que luy, les clefs de ces galleries.

Je connus aiſément par ſa réponſe, qu'il luy
falloit

falloit quelqu'autre clef que l'ordinaire pour m'ouvrir les galleries de sainte Sophie ; je me servis de celle d'une montre assez jolie que j'avois achetée par rencontre trois sequins de Venise, quoy-qu'elle en valût plus de six ; je l'avois portée avec moy à dessein de luy en faire present s'il m'accordoit ma demande. Je tiray donc cette montre, & faisant comme ceux qui veulent montrer qu'ils en ont une, je regarday quelle heure il estoit, & la remontay devant luy. Ce Muctar ne manqua pas de me demander à la voir, & l'ayant trouvée à son goust, & demandé si je la voulois vendre, je luy dis que c'estoit une montre de dix sequins ; mais puisqu'elle luy plaisoit, que je la luy donnerois *jaba* gratis, si par son moyen je pouvois voir le dedans de S.te Sophie, & demeurer trois ou quatre jours à diverses fois dans ses galleries ; que j'y entrerois avant le *Salem-namasi*, ou avant la priere du poinct du jour, & que je n'en sortirois point qu'aprés l'*Accham namazi*, ou la priere du soir, & que luy seul ayant les clefs il n'y avoit aucun risque ni pour lui ni pour moy, pourveu qu'il n'y laissât entrer personne pendant que j'y serois.

Ce vieillart interessé à qui ma montre avoit donné dans la veuë, me dit aprés y avoir pensé, *bré Guidi kiafer choc isterfen bir sahat ichun*, ah peste d'Infidele, tu demandes beaucoup pour une montre ; toutefois il ajoûta, que voyant l'empressement que je marquois, il m'accordoit volontiers de sa part ce que je souhaittois, mais que n'estant pas le seul gardien des clefs de ces galleries, il falloit encore pour joüer à barre assourée, en parler à deux autres

S

Officiers de cette Mosquée, qui en avoient aussi-bien que luy, toutes les clefs ; mais qu'il esperoit que leur faisant pareillement quelque petit present, je pourrois par son moyen obtenir ce que je demandois ; qu'au surplus il me feroit avertir par son Orfévre de ce qu'il auroit pû faire en ma faveur.

Ce Grec qui par affection ou par interest se montroit passionné pour cette entreprise, ne s'endormit pas à solliciter le *Candilasti* ou *Lampier*, ( si je puis me servir de ce terme ) d'executer au plutost la promesse, il s'en vint quelques jours aprés me dire, tout joyeux, que mon affaire estoit faite, que je n'avois qu'à venir le lendemain, qui estoit un Lundy, à Constantinople, & que me trouvant durant la priere du matin à cette porte détournée de la Mosquée, elle ne manqueroit pas de s'ouvrir par la vertu de ma montre, & de quatre autres sequins qu'il falloit encore donner pour ces deux autres Officiers dont on m'avoit parlé ; mais que moyennant cela j'aurois la liberté de mesurer, dessiner & faire tout ce que je voudrois dans les galleries de sainte Sophie.

Moy qui n'ay jamais payé à Constantinople vingt-cinq pour cent des lettres de change, puisque l'on ne m'y en a jamais fait tenir, & croyant que ma montre suffiroit pour satisfaire à ma curiosité, j'eus bien de la peine à tirer encore quatre sequins, qui sont dix écus, de ma bourse qui n'en estoit guere bien garnie. Toutefois aprés plusieurs offres, voyant que ces *Argyrophiles* ou amateurs d'argent ne vouloient rien diminuer, m'alleguant toujours le risque où ils mettoient leur teste en ma consideration, je fûs obligé d'en passer les picques pour avoir de Constantinople quelque chose de singulier, & que je sçavois assurément que personne n'avoit eu avant moy. J'allay donc au rendez-vous ordonné, & prévoyant que je passerois tout le jour que j'avois dessein d'y demeurer à travailler sans aucun rafraichissement, j'y portay moy-mesme ma provision qui fut d'un saucisson de Boulogne, & d'une bouteille de vin avec du pain, pour les besoins de ma journée. Il n'en falloit pas davantage pour m'entretenir la vie ce jour-là, & c'en estoit trop aussi pour me la faire perdre, si par malheur l'on m'eust trouvé dans une Mosquée mangeant du saucisson, composé (comme l'on sçait) de lard & de chair de pourceau, & y beuvant du vin, choses extrémement deffenduës dans la Loy des Turcs. Je passay donc ainsi la premiere journée dans les galleries de sainte Sophie sans y estre interrompu de qui que ce fût ; j'en levay le plan & en tiray toutes les mesures ; mais le lendemain, que j'y retournay pour commencer à dessiner, ne se passa pas si tranquillement. Je ne songeois qu'à mes desseins, lors qu'immediatement aprés midy que je cessois de manger un morceau, aussi bien que les Turcs de faire leur priere, j'apperceus à travers des colonnes de l'autre bout de l'Eglise dans les galleries, un grand homme qui s'approchoit de l'endroit où j'estois, il estoit entré par une autre porte que par celle de mon introducteur, & il estoit aussi plus haut que luy.

Je creus d'abord, voyant un tulban blanc & une personne que je ne connoiſſois point, que c'eſtoit fait de moy, s'il falloit que ce fût quelqu'autre que ceux dont le *Muſtar* m'avoit parlé ; & parce que j'avois beu & mangé il n'y avoit pas longtems durant que l'on avoit fait la priere, je me perſuaday facilement que quelqu'un avoit obſervé d'en bas, ou d'ailleurs, que pendant que le monde baiſſoit la teſte dans la Moſquée pour crier en baiſant la terre, *Alla-hecber*, je la hauſſois dans les galleries pour boire à la ſanté des Muſulmans, & entonner de mon coſté pendant que les Turcs chantoient du leur. Je ne ſçavois que faire dans la peine extréme où je me trouvois pour lors. Et comme j'avois trop de papiers & autre attirail à deſſiner autour de moy pour les pouvoir cacher tous dans le peu de tems qui me reſtoit, je ne ſçavois quel party prendre, ny que dire à ce Turc qui s'avançoit toujours vers moy. C'eſtoit me trouver en un crime que le pal & le feu n'auroient pû expier, que de me rencontrer dans une Moſquée, y faiſant des figures, beuvant du vin, & mangeant du porc, qui ſont les trois pechez capitaux contre la Loy Mahometane. L'embarras où je me trouvay pour lors fut extréme, & il faut que je l'avoüe, que de ma vie je n'ay eu de peur ſemblable, & que l'idée d'une mort prochaine ne ſçauroit jamais s'offrir de plus prés à moy que je l'eûs preſente ce jour-là.

Croyant donc aſſurément devoir bien-toſt paſſer le pas, pour n'eſtre point pris entre la bouteille & le ſauciſſon que j'avois auprés de moy, je les cachay viftement fous un tapis dans un coin avec tous mes papiers, & ayant tiré mon chapelet & un livre que j'avois fur moy de *Petrus Gilius*, je me remis au plus vifte en ma place, en pofture d'un homme qui acheve fa priere. J'attendis venir ce Turc que je ne connoiffois point, & qui ne m'avoit pas encore apperceu, parce que j'eftois affis à la mode du pays, les jambes croifées en tailleur, & qu'il regardoit vers le haut des galleries & du dôme. A chaque pas qu'il faifoit vers le veftibule fupe-rieur où je m'eftois mis pour deffiner le fond de l'Eglife, m'a crainte s'augmentoit toujours : mais comme il venoit affez lentement, j'eus le loifir de rappeller mes efprits, & de reïterer pour lors les frequentes refolutions que j'avois toujours faites de-puis que je partis de Rome pour venir en Turquie, de perdre plutoft mille fois la vie que le prepuce, puis qu'il eft la marque du Chriftianifme. Je crûs donc qu'il n'y avoit point pour moy de meilleur party à prendre dans ce rencontre qu'à fuivre le premier mouvement qui m'eftoit venu de feindre une perfonne qui acheve fa priere, & de me fervir de mon chapelet pour m'accommoder mieux à la façon des Turcs les plus devots qui le difent tou-jours aprés le Namas ou priere publique.

Je tenois de la main gauche mon livre ouvert, dans lequel je n'avois guere envie de lire, & de la droite mon chapelet que je roulois quand ce Turc s'approcha de moy, & me vint dire pour *Salama-lek* ou falut, *bré Guidi giaour ne uhlerfen bonda*. Pefte d'Infidele, que fais-tu icy ? je luy répondis aprés avoir regardé dans mon livre, & tourné deux ou trois grains de mon chapelet à la mode Musulmane: Monsieur j'acheve ma priere, attendez un moment je vous prie, aprés quoy je fis une genuflexion avec un signe de croix, & me levay pour luy parler. Je luy dis aprés un *Salamalekum Aga*, ou bon jour Monsieur, qu'il ne devoit pas s'étonner s'il trouvoit un Chrétien seul dans les galleries de S$^{te}$ Sophie, qu'il sçavoit que ce Temple avoit esté bâty par des Chrétiens qui y ont toujours eu grande devotion, & qu'estant du nombre de ceux qui conservoient plus de veneration pour cette Eglise, j'avois avec bien de la peine obtenu permission d'y venir faire mes prieres, & d'y demeurer quelques heures en oraison, mais que celuy qui m'y avoit introduit, devoit bien-tost venir m'ouvrir la porte pour m'en aller.

Ce Turc qui estoit un des deux autres Officiers pour qui on m'avoit demandé deux sequins, quitta son air serieux, & ne peut s'empécher de rire voyant la peur qu'il m'avoit causée, qui estoit encore peinte sur mon visage, & la promte excuse que je luy avois trouvée. Il me r'assura, & me dit *couremas Adam*, n'aye point de peur, je sçavois bien que tu estois icy, & luy ayant montré mes desseins qu'il voulut voir, il acheva la ronde, & s'en retournant d'où il estoit venu, il me laissa en repos vuider le reste de ma bouteille, pour me remetre de la terreur passée & restaurer les esprits qu'elle avoit extromément troublez au dedans de moy-mesme.

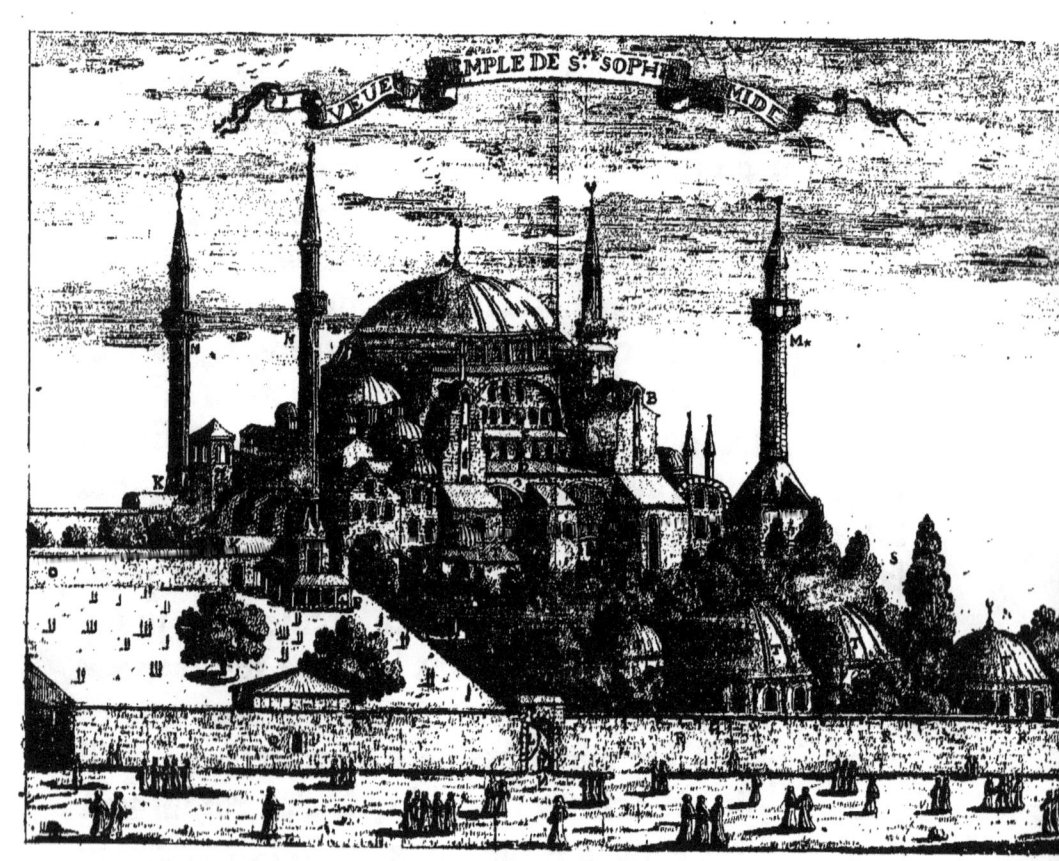

# DE CONSTANTINOPLE. 143
## EXPLICATION DES RENVOIS
de la veuë Meridionale de sainte Sophie.

A   *Les Turcs pour colophon au dessus de leurs Mosquées mettent un croissant de bronze ou de plomb doré.*

B   *Les quatre grands arboutans qui appuyent le dôme de sainte Sophie.*

C   *Seconde gallerie ou Gynaitikion superieur.*

D   *Premiere gallerie ou Gynaitikion inferieur.*

d   *Escalier des Prestres & Diacres pour aller encenser dans les Gynaitikions.*

E   *Vestibule superieur.*

F   *Entrée Meridionale du vestibule inferieur.*

G   *Arboutans qui appuyent les vestibules superieur & inferieur, ils ont sous eux le Nartex lieu des Cathecumenes & Penitens.*

H   *C'estoit dans cette tour qu'étoient autrefois les cloches de sainte Sophie.*

I   *Entrée des cisternes qui sont sous ce Temple.*

K   *Deux portes Occidentales par où l'on entre dans le premier vestibule, & de là dans l'Eglise.*

L   *On ne peut avoir plus de respect pour les lieux destinez à la priere que les Turcs en ont, ils mettent à toutes les portes des cours qui sont autour de leurs Mosquées des chaînes, comme l'on voit à cette porte marquée du renvoy N.*

M   *Ce sont les quatre Minarets que les Turcs ont mis autour de ce Temple au lieu de clochers, desquels celuy qui est le plus grossier & le plus bas marqué du renvoy M * est le premier qui fut élevé dans Constantinople.*

O *Proſtile ou petit cloiſtre où ſont les chambres de quel-* 
 *ques Officiers de la Moſquée.*
P *Fontaines où les Turcs ſe vont laver avant que d'en-*
 *trer au Temple.*
Q *Feneſtre du lieu où ſe met le Sibil de ſainte Sophie,*
 *ou Officier de ce Temple, gagé pour donner de*
 *l'eau à tous ceux qui ſouhaittent boire.*
R S *Enclos Meridional où ſont les ſepultures de quel-*
 *ques grands Seigneurs.*
T *Mauſolées ou Tombeaux de pluſieurs Grands Sei-*
 *gneurs, de leurs femmes & de leurs enfans.*
T * *La Sepulture de Sultan Mourat, & de ſes ſix vingt*
 *enfans.*
* T *Tombeau de Sultan Muſtapha.*

IL ne ſeroit pas neceſſaire aprés avoir expliqué la veuë Septentrionale de ſainte Sophie, d'ajoûter icy la Meridionale, l'une & l'autre face de cette Egliſe ſont aſſez ſemblables. On voit auſſi-bien au Midy qu'au Septentrion de ce Temple un gros dôme fort écraſé ſurmonté d'un colophon Turc marqué A, ouvert de vingt-quatre feneſtres, poſé ſur un quarré, appuyé de quatre grands arboutans marquez B, entouré de galleries qui ſont en C & en D, accompagné de demy-dômes, garny de veſtibule & portiques aux renvois E G, cantoné de quatre Minarets marquez M, & fourny de ſes jardins auſſi-bien que les autres Moſquées. Mais cependant pour la ſatisfaction du Lecteur curieux, je ne laiſſeray pas de la mettre icy pour luy faire voir ce qu'il y a de different dans cette partie Meridionale,

## DE CONSTANTINOPLE. 145

nale, & luy expliquer ce qui ne se voit pas dans la Septentrionale.

Laissant donc tous les autres renvois qui sont suffisamment éclaircis dans l'explication de la planche Septentrionale de sainte Sophie, je commenceray par le renvoy P, qui est au pied du Minaret Meridional des vestibules. Ce renvoy marque plusieurs fontaines qui sont à l'abry d'une petite gallerie. Les Turcs n'entrent jamais au Temple pour y faire oraison qu'ils ne se lavent premierement tous les endroits du corps, par lesquels ils croyent avoir peché: & comme ils sont persuadez que la moindre goutte d'urine ou de quelqu'autre excrément peut les soüiller, aussi-bien que les mauvaises paroles entenduës, & que tout ce que les sens peuvent recevoir avec plaisir, ils ont souvent besoin d'en laver les portes principales. A ce dessein ils n'élevent jamais de Mosquée qu'ils ne l'accompagnent de quelques fontaines, ou qu'ils n'y conduisent quelque ruisseau si elles sont à la campagne, pour la commodité des bons Musulmans qui se trouvent en voyage. Il y a proche des Mosquées deux sortes de fontaines, les unes sont pour se laver, & les autres pour boire. Les premieres sont des robinets que chacun peut ouvrir, ainsi que bon luy semble pour se laver ou pour boire, puisque l'eau en est toujours fort nette & tres-bonne : mais les secondes sont des petits pots & tasses fort propres, de cuivre étamé, qu'un homme gagé pour cela entretient & distribuë pleins d'eau fraîche à ceux qui veulent éteindre leur soif. Si l'inclination des Turcs répondoit à celle des

T

Allemans, & que l'usage du vin fût permis par leur Loy, ils auroient plutost fondé proche de leurs Tombeaux des Hostelleries où l'on se pust gratuitement desalterer, que des *sebilkanas* ou cabarets d'eau douce, comme on en voit en Turquie proche des Sepultures de la pluspart des Grands Seigneurs, & entr'autres proche de sainte Sophie au renvoy Q de la partie Meridionale. Ce sebilkana ou cabaret d'eau est un des plus anciens fondez de Constantinople & par consequent un des plus mal entretenus. Il fut étably par Sultan Mourat surnommé le paillard, parce qu'il eut luy seul de plusieurs femmes six-vingt enfans qui sont tous autour de luy dans de petits cercueïls, dans le Turbé ou Sepulture marquée du renvoy T*. Les autres dômes qui sont marquez T. sont autant de Sepultures de Grands Seigneurs toutes renfermées dans une cour, où il y a quantité d'arbres.

# DE CONSTANTINOPLE.

## EXPLICATION DES RENVOIS DU dedans de Sainte Sophie.

✠ *Le dôme de sainte Sophie : il est encore revestu de mosaïques figurées comme le dessein le marque.*

A *Lieu où estoit autrefois l'Autel de ce Temple.*

a a *Ces deux degrez qui vont maintenant en biaisant, alloient autrefois droit d'un des gros pillers Orientaux à l'autre, & à leurs deux extremitez étoient les sieges de l'Empereur & du Patriarche : ils renfermoient avec une balustrade l'enceinte du chœur : mais à present les Turcs les ont taillez autrement pour les tourner du costé du Koblé, où est le Mirabe ou Autel des Mahometans.*

B *Mirabe ou Maharab, c'est comme une niche dans laquelle on met l'Alcoran. Il a à droit & à gauche deux gros chandeliers fort bas garnis chacun d'un gros cierge.*

C *Le member ou chaire du Moufti, dans laquelle il monte pour faire la Priere du Bairam & des autres grandes Festes.*

O *Chambrette où le Grand Seigneur se met pour faire sa priere.*

Ↄ *Gallerie par où le Grand Seigneur vient au Temple.*

D *Trois petites tribunes où se mettent les Chantres & Moderateurs de la priere qu'ils appellent Belligler.*

E *C'est la chaire des Predicateurs de cette Mosquée, dans laquelle ils préchent ordinairement les Mercredis & les Vendredis.*

F *Sont toutes les fenestres de ce Temple.*

T ij

f  Les fenestres du dôme qui sont assez basses & obscures.

G  Gynaitikion ou gallerie inferieure où se tenoient les femmes.

g  Gynaitikion superieur, dont les arcades sont maintenant bouchées.

H  Balustrades qui regnent haut & bas tout autour de l'Eglise.

I  Quatre Images de Saints au dessus desquelles en est une de Nostre-Dame, & au dessous des Moresques toutes en Mosaïque, & sous un mesme ceintre.

K  Deux grands Seraphins à six aisles chacun.

L  L'Image de la face sacrée du Sauveur sur un voile de sainte Veronique.

M  Deux grands Anges dont les deux aisles cachent tout le corps depuis la teste jusques aux pieds.

N  Une grande Image de Nostre-Dame assise, tenant entre ses bras le Sauveur.

O  Les trois grandes fenestres du chœur & Sancta Sanctorum de sainte Sophie. Il y a dans les ronds qui sont entre ces fenestres, les noms des huict grands Prophetes de la Loy Turque.

P  Cette ouverture est celle de la grande cisterne qui est sous cette Eglise, d'où l'on tire de l'eau pour donner à boire aux bons Musulmans qui s'échauffent souvent pendant leur priere.

Le pavé de ce Temple est tout de marbre, travaillé en divers compartimens, & couvert d'une petite natte & de plusieurs grands tapis de Turquie qui sont par dessus.

## DESCRIPTION DU DEDANS
### de sainte Sophie.

APRE's avoir donné le plan, l'élevation & les dehors de l'Eglise de sainte Sophie, je feray maintenant voir sans crainte à mes Lecteurs le dedans de ce fameux Temple. On le découvre presque tout entier dés l'entrée des trois portes du milieu ; au moins en voit-on la principale partie que je represente icy, & que je décriray en peu de mots, en ayant déja dit quelque chose dans l'explication du plan.

Il n'y avoit autrefois qu'un Autel dans cette Eglise, & maintenant il n'y en a plus : il estoit placé au lieu du renvoy A, & il y avoit un peu plus bas une separation de bois doré & enrichi de figures qui estoit ouverte de trois portes, que les Grecs appellent *agiai tirai* ou portes saintes, parce qu'elles estoient du *Sancta Sanctorum*. Le chœur des Chantres & des autres Officiers renfermoit tout l'espace contenu entre les deux petits pilliers du fonds de l'Eglise (ausquels cette separation nommée *iconostation* aboutissoit) & les deux gros pilliers Orientaux qui soustenoient le dôme, & contre lesquels les deux chaires du Patriarche & de l'Empereur estoient appuyées, celle-cy contre le Septentrional, & celle-là contre celui qui regardoit le Midy. C'étoit à raison de ces deux sieges & de tous les autres, dont cette place estoit environnée que l'on l'appelloit *ambon*, comme qui diroit sceance ou les formes : elle étoit toute contenuë sous le demi-dôme ou cul de four

Oriental, qui est éclairé de cinq fenestres assez basses & obscures, faites en façon de soupiraux. Tous les sieges de cet ambon furent ostez, aprés que Mahomet II. eut fait de cette Eglise une Mosquée en montant comme j'ay dit sur l'Autel qui y estoit & y faisant sa priere : le Mirabe, que l'on peut dire tenir aux Turcs lieu d'Autel, est placé où l'on voit la lettre B, & au lieu des chaires dont les Turcs ne se servent jamais dans les Temples, on ne trouve plus que le *Member* du *Moufti*, ou *Katib* de la Mosquée qui est marqué C, & un *Tebligh* ou tribune pour les Chantres de la priere marqué D.

Tous les sieges de cet ambon estoient pour les officians au chœur ; mais la chaire du Predicateur pouvoit estre au mesme endroit où les Turcs ont mis la leur. Elle est au milieu de la partie Septentrionale du Temple, elle n'est point faite comme celles de nos Eglises, elle est ouverte pardevant & faite comme un grand fauteüil fort haut. Celuy qui préche, y monte par un petit degré qui est en devant, ayant auparavant laissé ses souliers en bas, puis il s'assit les jambes croisées en tailleur, & entretient ses auditeurs sans beaucoup s'émouvoir : Cette chaire est au renvoy E. elle est de marbre blanc toute travaillée à jour de rosettes, lacées de differentes Moresques.

Derriere cette chaire, aussi-bien que vis-à-vis, sont quatre grandes colonnes de marbre granite d'Egypte hautes de quarante pieds tout d'une piece, si peu renflées par le milieu & fuselées par le haut, qu'il est bien difficile de connoistre leur di-

LE DEDANS DE LEGLISE DE SANCTE SOPHIE

minution : elles paroissent presque toutes d'une venuë. Leurs chapiteaux sont d'un ordre particulier qu'on peut nommer Grec barbare ; on les a voulu couvrir de feüilles d'Acantes, mais on y a tres-mal réussi ; il est vray que la délicatesse du ciseau qui les a faits est admirable, ils sont presque tout à jour, & il semble qu'au milieu du feüillage qui les compose on y ait voulu entrelacer le chiffre de quelqu'un. Le dessus de ces chapiteaux qui forme l'entre-deux des arcades, est tout de marbre de diverses couleurs ciselé à jour en plusieurs lacis de feüillages de fleurs, avec des festons de porphyre.

Ces quatre grosses colonnes en supportent six autres des premieres galleries, quelques-unes desquelles portent à faux ; ces six colonnes superieures du renvoy G, sont de beaucoup plus petites que les quatre inferieures, les façons de leurs chapiteaux sont aussi differentes. Le dessus de ces colonnes du Gynaitikion inferieur est tout-à-fait riche & bien travaillé, c'est un lacis de fleurs & feüillages faits de jaspe, de porphyre, de nacre de perles, & d'autres semblables pierres de prix : mais il a esté impossible de distinguer tous ces ornemens dans la planche du dedans de l'Eglise. Au-dessus de ces ornemens regne tout au-tour de l'Eglise une petite gallerie avec son balustre, en chaque ouverture duquel il y a des lampes que l'on allume pendant toutes les nuits du Ramazan ou Caresme des Turcs. Cette balustrade termine toute l'encrustade de marbre qu'il y a dans sainte Sophie.

Le deſſus eſtoit autrefois tout revétu de figures en Moſaïque, comme on en voit encore des reſtes en pluſieurs endroits; mais à preſent il n'y en a plus, les Turcs l'ayant enlevée, comme ils font encore tous les jours, avec des grandes perches, ou bien jetté par-deſſus pluſieurs couches de chaux & de blanc pour en cacher les figures qui y paroiſſent; ils n'ont cependant pû ſi bien faire, qu'il ne ſoit reſté quantité de ces figures, tant dans les premieres galleries, que dans l'Egliſe. On y voit encore deux grands Seraphins au-deſſous de la partie Orientale du dôme, quatre Saints & une Vierge au milieu qui ſont ſous l'arcade ou le ceintre Oriental marquez du renvoy I. Deux grands Anges & une Veronique en M & L au-deſſus du *Sancta Sanctorum*; & enfin une autre grande image de la Mere du Sauveur aſſiſe dans un thrône, & tenant ſur ſes genoux l'enfant JESUS qui donne la benediction, elle eſt dans le fond de l'Egliſe au renvoy N, au milieu d'un demi-dôme tout encroûté de Moſaique doré & éclairé de cinq petites feneſtres. Ce peut eſtre un bon augure pour les Chrétiens, de ce que par un effet de la Providence divine les images qui couvroient le *Sancta Sanctorum* de cette Egliſe ſont demeurées juſques aujourd'huy dans leur entier, quoy-qu'elles ſoient dans un lieu aſſez frequenté, & que l'on peut atteindre facilement. Dieu veüille que ces ſaintes images ſoient reſtées pour exciter encore quelque jour la pieté des Chrétiens dans leurs ſacrifices. Au-deſſous de cette image regne le balcon ou la baluſtrade ſuperieure marquée O,

mais

# DE CONSTANTINOPLE.

mais l'inferieure se termine au-dessous des deux grands Anges à une ouverture qui luy sert de porte.

Au-dessus de cette balustrade superieure sous le grand dôme au renvoy g, il y avoit autrefois sept arcades ouvertes qui servoient de second Gynaikion ou de galleries superieures pour les femmes; mais à present ces sept arcades sont bouchées, on en voit seulement la figure & le lieu qu'elles occupoient; les Turcs qui n'admettent point leurs femmes dans les Mosquées à prier avec eux, n'ayant pas affaire de tant de Gynaikions pour elles, ont bouché ces ouvertures, & ont mesme changé l'usage des premieres galleries, puisqu'au lieu des Gynaikions qu'elles servoient aux femmes, on peut dire qu'elles sont devenuës des *Andrikions* pour les hommes, puisqu'il n'y a plus qu'eux qui y entrent. Au-dessus de ces arcades bouchées au renvoy F sont les fenestres des deux faces de la nef de ce Temple, elles sont assez mal ordonnées, les sept inferieures sont petites, & les cinq qui sont au-dessus d'elles sont grandes; mais tout le vitrage de ces fenestres, aussi-bien que de toute l'Eglise, à l'exception des six du *Sancta Sanctorum*, sont de petits verres ronds enchassez simplement dans du plastre, c'est ce qui est cause que tout le jour de S<sup>te</sup> Sophie est assez sombre, quoy-qu'il y ait quantité de fenestres, parce qu'elles sont toutes basses & obscures, comme on peut voir à celles du grand dôme, & des autres demy-dômes qui ressemblent mieux à des soupiraux de cave, qu'à des fenestres d'Eglise.

V

Les entre-deux de ces feneſtres ſont autant de portions de cercles ou de ceintres qui vont ſe terminer en diminuant vers le milieu du dôme, où ils forment une roſe revétuë auſſi-bien qu'eux de Moſaïque. Du milieu & des environs de cette roſe marquée du renvoy ✠ deſcendent pluſieurs chaînes & verges de fer qui ſoutiennent un fort grand cercle qui ſe voit dans le bas de l'Egliſe à huit ou dix pieds de hauteur, où ſont attachez une prodigieuſe quantité de lampes, d'œufs d'Auſtruche, & d'autres ſemblables colifichets que les Turcs y ont mis. Mais comme cela n'eſt pas du bâtiment, & qu'il auroit empeſché d'en voir le corps, je ne les ay point deſſinez dans cette planche du dedans de ſainte Sophie, où je renvoye le Lecteur pour s'inſtruire d'un coup d'œil de tout ce qui ſeroit trop ennuyeux de luy expliquer.

## EXPLICATION DES RENVOIS
qui se trouvent au dessein des portes
de sainte Sophie.

A *La grande porte du milieu de l'Eglise accompagnée de deux autres plus petites, au-dessus de cette porte en dedans le vestibule il y a les images du Sauveur, de la sainte Vierge & de saint Jean-Baptiste, avec un Empereur prosterné à leurs pieds. On voit à travers cette porte celle qui donne dans le Nartex, portique ou premier vestibule.*

B *Proche de ces deux portes à droit & à gauche il y a deux ouvertures ou passages pour aller aux autres portes, marquées aussi B.*

C *Sont deux grosses urnes que l'on entretient toujours pleines d'eau pour servir à rafraichir la chaleur des Mahometans dans leur priere.*

D *Quatre colonnes de porphyre cerclées de bronze en plusieurs endroits, pour empescher qu'elles n'achevent de se rompre, comme elles avoient commencé.*

E *Deux petites tribunes dans lesquelles se mettent les chantres pour regler les autres Musulmans dans la priere publique.*

F *Ouverture par où l'on tire de l'eau de la cisterne qui est dessous l'Eglise.*

G *Balustrades hautes & basses qui regnent tout autour de ce Temple, ausquelles il y a quantité de lampes que l'on allume aux grandes festes & durant toutes les nuits du Ramazan ou Caresme des Turcs.*

H *Gynaitixions ou galleries dans lesquelles les femmes*

V ij

*Chrétiennes estoient separées des hommes duran*
*les Offices qui se faisoient à sainte Sophie.*

IL est tems de sortir de ce Temple, où je suis fâché d'entretenir si long-tems mon Lecteur mais en voicy les portes ouvertes, il n'a qu'à chercher par laquelle il veut passer. Il aura cet avantage sur moy qu'il peut les considerer sans crainte & qu'il n'y courcra point le risque d'y estre mal-traité ni d'y essuyer une partie du zele des Musulmans comme j'ay fait : le recit en pourra divertir le Lecteur ennuyé peut-estre de la longueur de cette description. J'avois déja les desseins de tout le haut & des faces de sainte Sophie ; il ne me restoit plus que de tirer celui du bas, des portes & du vestibule inferieur, l'intrigue ni l'argent ne pouvoient me le faire avoir, il falloit absolument du risque & de l'adresse. La barbe & l'habit long que je portois m'y servirent beaucoup avec un Turban rouge que j'avois en teste, (car le blanc & le vert n'est que pour les Mahometans) en cet équipage j'entrois assez facilement dans sainte Sophie, sans que les Turcs qui ont toujours la veuë baissée dans leurs Temples durant la priere, fissent réflexion quand je passois proche d'eux, si mon turban estoit de Chrétien ou de Musulman. Cependant un jour m'assurant trop à mon habit & aux excuses que j'avois toutes prestes, je ne me contentay pas d'y aller seul, comme j'avois toujours fait jusques alors, j'y menay encore avec moy un Venitien de mes amis, qui n'avoit pas osé depuis prés d'un an qu'il estoit à Constantinople, venir voir cette Mosquée; il estoit aussi-bien que moy vétu de long, mais il avoit de grands cheveux & un *calpac* ou bonnet grec en teste à la façon des Européens qui demeurent en Turquie. N'ayant ce jour-là rien à crayonner, je le menay dans le vestibule dans le dessein de passer avec luy à travers de ce Temple: Mais quand il eût veu de cette Mosquée tout ce qu'on en découvre de la grande porte, il ne voulut point par la prudence ordinaire d'un Venitien s'exposer au risque de quelque démêlé avec les Turcs. Il me laissa entrer seul, & se tint à la porte pour estre le témoin de ma temerité, ne croyant point estre la cause de la disgrace qui m'arriva.

Pendant que j'estois dans le milieu de l'Eglise, & que j'avançois pour sortir du costé du Serrail, deux Turcs qui venoient faire leurs prieres trouverent le Venitien à la porte de ce Temple sous le vestibule où je l'avois laissé: ils luy demanderent s'il estoit venu là pour se faire Musulman, à quoy le Venitien ayant reparty que non, mais qu'il attendoit son camarade qui estoit entré dans la Mosquée; aussi-tost un zele aussi soudain que violent enflâmant ces deux Turcs, l'un chassa le Venitien à coups de poings hors des vestibules, & l'autre s'en vint à moy ses papouches à la main, dont il me fit d'abord un compliment sur les épaules, à quoy je répondis des pieds le plus viste qu'il me fut possible. Il n'estoit pas seur pour moy de m'informer ni mesme de raisonner sur l'emportement du zele de ce devot Musulman, je crûs qu'il estoit plus avantageux de fuir, que de m'arrester à luy remontrer que s'il ostoit ses souliers en entrant dans le Temple, ce ne devoit pas estre pour frapper un étranger en presence de celuy qu'il y adoroit. Je courus donc au plutost hors de sainte Sophie, & craignant moins de gâter mes *mestes* ou chausses neuves, que d'estre soüillé par l'attouchement d'un Mahometan, j'allay toujours fuyant jusques au bout de la premiere ruë sans avoir le loisir de mettre à mes pieds mes papouches ou souliers que je tenois à mes mains. Si ces Turcs eussent sceu que j'avois quelques jours auparavant dans ce Temple, dessiné, beu du vin, & mangé du porc, je n'en aurois pas esté quitte à si bon marché.

La partie Occidentale de sainte Sophie où sont les portes du vestibule par où je sortis, est une des plus belles faces de ce Temple, comme on peut facilement voir par le dessein que j'en viens de donner. Au-dessus du ceintre Occidental qui s'appuye de son costé sur les deux gros pilliers qui forment le grand dôme de cette Eglise, on voit d'abord un grand demi-dôme qui en couvre à droit & à gauche deux autres petits qui servent comme d'épaule à l'entrée de l'Eglise. Il estoit percé de cinq fenestres, mais il y en a une de bouchée; entre ces deux coudes couverts de leur demi-dôme ou cul de four se voyent les trois portes principales du vestibule; elles sont placées au milieu de cette partie Occidentale, & entre six autres portes qu'elles ont à droit & à gauche, trois de chaque costé. Celle du milieu qui est la plus grande de toutes, est marquée dans ce deſſein du renvoy A. Les deux autres plus baſſes le ſont par B, proche deſquelles il y a deux ouvertures ou paſſages qui traverſent par-deſſous les deux pilliers qui les flanquent ou qui les coſtoyent pour aller aux trois autres portes qui ſont de coſté & d'autre. A travers de cette grande porte, on en voit une autre ouverte qui luy répond & qui donne entrée du veſtibule dans le Nartex ou portique.

Au-deſſus de ces trois portes ſont trois grandes ouvertures appuyées aux deux coſtez des pilliers qui flanquent cette face, & dans le milieu ſur deux doubles colonnes. Par ces trois arcades on voit une partie du veſtibule ſuperieur qui ſervoit de *Gynaikion* pour les femmes Chrétiennes. Et au milieu d'elles il y a quatre petites colonnes de ſerpentine qui n'appuyent rien, & ne peuvent ce ſemble avoir ſervy que d'entre-deux à quelque jalouſie ou grille pour empeſcher de voir les femmes qui eſtoient dans cette gallerie. Tout le deſſus de cette face des trois portes du milieu eſt occupé d'une grande feneſtre partagée de deux colonnes, & coupée par le milieu d'un travers, le vitrage en eſt comme des autres de verres ronds enchaſſez dans du plaſtre. Tout l'ornement de cette entrée, auſſi-bien que le reſte de la nef ou du milieu de ce Temple, eſt tout de beau marbre, d'albâtre, de ſerpentine, de porphyre, de nacre de perles, de cornalines, & de pluſieurs autres pierres de grand prix. J'ay obſervé le mieux qu'il m'a eſté poſſible dans ce deſſein, l'ordre & la façon de tous les ornemens que forme la diversité des ces riches materiaux ; mais parce que la petitesse d'un livre in-4° où j'ay esté obligé d'accommoder mes planches, ne m'a pas permis d'y pouvoir distinguer en grand toutes les parties, je pourray bien-tost donner en deux grandes planches un dessein où les moindres particularitez de sainte Sophie seront clairement distinguées. Cependant le Lecteur peut s'assurer, que dans celle-cy tout y est dans la derniere exactitude ; j'ay marqué la differente couleur des marbres par la diversité des hachures ou traits du dessein.

A costé de ces trois portes du milieu, les deux petits pilliers qui les flanquent forment un coude ou demi-cercle avec les deux gros pilliers qui soutiennent le dôme ; au milieu de ce demi-cercle sont deux colonnes de porphyre posées chacune sur un pied destal qui a la hauteur du tiers de leur fust. Mais parce que ces deux colonnes qui forment trois arcades avec leurs pilliers, en supportent cinq autres qui donnent lieu à six ouvertures sur lesquelles sont appuyez les demi-domes & leurs galleries, & qu'ainsi elles estoient beaucoup chargées, on a esté obligé après quelques tremblemens de terre qui les avoient beaucoup ébranlées, de les entourer de plusieurs cercles de fer & de bronze pour les empescher de se briser tout-à-fait, comme elles avoient déja commencé ; le nombre de ces cercles n'est pas égal à toutes, on peut dans les desseins le conter & voir leur situation, ils sont marquez sur ces colonnes au renvoy D.

Entre ces deux colonnes cerclées, il y a de part
&

& d'autre deux grosses *jarres*, urnes ou pots de marbre armez de leurs petites canelles ou robinets. On les emplit tous les matins de l'eau de la cisterne qui est sous l'Eglise, d'où on la tire par une petite ouverture marquée F, garnie de son couvercle de bronze. Si ces deux grosses urnes ne sont pas anciennes, on peut dire au moins qu'elles sont en la place de celles qui y estoient du tems des Empereurs Grecs, elles servoient d'*agiasma* ou de sanctification aux Chrétiens qui venoient dans cette Eglise. L'Histoire observe qu'il y avoit quelque grand vase plein d'eau où les fideles se lavoient ordinairement le visage, ou tout au moins les yeux, pour leur montrer qu'ils devoient estre extrémement purifiez pour se presenter devant la Majesté d'un Dieu que les Anges n'osent envisager. Ces vases estoient comme les Eau-benistiers des Eglises Catholiques; & l'on remarque mesme qu'il y avoit écrit au-dessus en lettres d'or ce beau vers Grec rétrograde :

ΝΙΨΟΝ ΑΝΟΜΗΜΑΤΑ ΜΗ ΜΟΝΑΝ ΟΨΙΝ.

*Netoye tes pechez, & non ta seule veuë.*
Mais aujourd'huy ils ne servent plus qu'à boire. Les Turcs les plus devots demeurent fort long-tems & s'échauffent souvent dans leurs prieres, soit par les génuflexions & inclinations frequentes qu'ils font, soit par les répetitions & exclamations continuelles du nom de Dieu, ou de quelqu'un de ses divins attributs ; tellement que s'alterant beaucoup les poulmons, ils ont besoin de quelques rafraichissemens. Ils le vont prendre à l'eau de ces vases, ou bien quelque Derviche ou autre Officier de la Mos-

quée en porte dans un *toulouk* qui est un outre fort propre, avec plusieurs tasses fort nettes, & en donne dans tout le Temple à ceux qui en ont besoin ; mais cela ne se fait qu'aux grandes festes, lorsque les Mosquées sont si pleines que chacun ne peut pas en aller prendre soy-mesme.

Proche l'ouverture de la cisterne d'où l'on tire l'eau pour emplir ces grosses urnes, il y a au renvoy E, comme à la partie qui luy est opposite, une petite tribune de marbre appuyée sur quatre colonnes de mesme. C'est un ouvrage des Turcs assez semblable aux balcons des Musiciens d'Italie, excepté que les balustrades en sont beaucoup plus basses, afin que l'on découvre mieux les diverses génuflexions de ceux qui sont dedans. Ces tribunes s'appellent en Turc *Tebligh*, elles ne servent qu'aux chantres de la Mosquée que l'on nomme *Bellighler*, qui sont comme les Moderateurs de la priere. Il n'y a de ces tribunes & de ces Officiers que dans les grandes Mosquées, les petites n'en ont pas de besoin. Le *Khatib* qui en est le Curé, ou l'*Imam* son Vicaire suffisent pour cela, & mesme dans celles de la campagne, aussi-bien que dans nos petites Paroisses de village, il n'y a pour tous Officiers qu'un Imam, qui est encore obligé d'en estre le *Muezin* ou sonneur, le *Muctar* ou lampier, & le *Kahigim* ou balayeur. Ainsi ces tribunes n'ont esté mises dans sainte Sophie, que parce qu'estant un grand vaisseau les Musulmans qui auroient esté les plus éloignez du Maharab ou Mirabe n'auroient pû voir ny entendre l'Imam qui y fait la priere, pour regler leurs exclamations & leurs génuflexions aux siennes ; & l'on auroit souvent veu sans cela quelques Bostangis ou autres en se relevant de leur prosternation ou baiser de terre, donner de la pointe du bonnet conique qu'ils portent sur leur teste, & embarasser leur coëffure dans les habits de quelqu'autre qui auroit esté debout devant eux. Les Chantres se mettent donc dans ces tribunes, & suivant à voix basse les paroles de la priere que le Khatib ou l'Imam fait à voix haute, ils s'écrient avec eux à la fin de chaque *rekiés* ou couplet de la priere *Alla ekber*, puis se prosternant en terre, tous ceux qui sont dans la Mosquée en disent & en font autant qu'eux.

Voila à peu prés tout ce que l'on peut dire des dehors & du dedans de l'Eglise de sainte Sophie. L'inspection des desseins que j'en ay tirez suppléera à ce que je n'explique pas davantage, & fera connoistre en mesme tems que le corps de cette Eglise n'est en rien diminué de ce qu'il estoit autrefois, malgré tout ce qu'en disent les Grecs, & que si l'on en a retranché quelque chose, ce ne peut estre que le Palais du Patriarche & de ses Religieux, avec les maisons de quelques autres Officiers. Quant au frontispice de ce Temple, il n'y a aucune apparence qu'il y en ait jamais eu d'autre que ce que l'on y voit à present, qui n'a rien d'approchant de la grandeur & de la beauté que devoit avoir le portail d'une Eglise si celebre. Il est vray que l'architecture, & les deux sœurs la sculpture & la peinture estoient extrémement negligées au tems qu'elle a esté bâtie, & que c'est mesme un prodige que l'on ait si bien réussi dans l'édifice de ce Temple, pour un siecle que l'on pourroit nommer barbare, à l'égard toutefois & seulement de ces beaux Arts.

## DES FONCTIONS DE LA RELIGION Chrétienne qui se faisoient anciennement dans sainte Sophie.

IL est extrémement difficile de dire au juste quelle estoit la veritable *Liturgie* des Grecs du temps des premiers Empereurs Chrétiens, ny mesme ce qu'elle a esté long-tems depuis. Les Anciens sur cette matiere, aussi-bien que sur la pluspart des autres, ne nous ont laissé aucun éclaircissement : mais si l'on en peut juger quelque chose, suivant ce qui se fait aujourd'huy dans toute l'Eglise Grecque, qui n'a pas tant changé sa police que sa doctrine, on peut dire que tous les Officiers de cette Eglise estoient, comme ils le sont encore, compris en trois ordres ; sçavoir, l'Episcopal, le Sacerdotal & le Clerical. L'ordre Episcopal contenoit sous soy le Patriarche, les Archevesques, les Metropoles & les Evesques. L'ordre Sacerdotal renfermoit les Abbez ou Prieurs avec leurs Religieux, les Prestres Reguliers, & les *Cosmiques* ou Seculiers. Et l'Ordre Clerical comprenoit, comme il fait encore aujourd'huy, les Diacres, les Chantres & les Enfans de Chœur, les Sacristains, les Lampiers, les Balayeurs, les Sonneurs & les Portiers. J'expliqueray sommairement les noms & les Charges de tous ces Officiers.

## DU PATRIARCHE.

LE Patriarche de Constantinople n'a pas toujours eu ce beau titre. Metrophanes fut le premier à qui on le donna, il n'estoit simplement qu'Evesque avant que Constantin eût obligé la ville de Bysance de se rendre à luy par composition, & de chasser Licinius qui s'y estoit réfugié, & dont elle avoit imprudemment embrassé le party. L'Evesché de cette Ville n'estoit pas mesme bien considerable, puisque le Prelat Bysantin n'estoit que simple Suffragant du Metropole ou Primat d'Heraclée. Il avoit en cela suivy la fortune de Bysance, qui comme j'ay dit avoit esté soumise autrefois par l'Empereur Severe, à subir les loix de la Republique d'Heraclée sa Rivale; parce qu'elle avoit trop opiniâtrément soûtenu le party de Pescennius Niger son ennemy.

Aprés donc que Constantin eût choisi la ville de Bysance pour en faire la Capitale de son Empire, ses Evêques obtinrent premierement du Saint Siege le seul titre de Patriarches; mais suivant la vanité ordinaire aux hommes & si naturelle aux Grecs, bien qu'ils n'eussent receu ce titre qu'en consideration des Empereurs, ils voulurent encore avoir les droits qu'ils croyoient estre estre deûs à leur nouvelle qualité. Ils les solliciterent si puissamment auprés de l'Empereur, que le Pape fût obligé contre sa volonté, de leur accorder non seulement les demandes qui sembloient avoir quelque fondement, mais mesme la Primatie des trois autres Patriarcats d'Alexandrie, d'Antioche & de Jerusalem, & comme celuy de Constantinople estoit dans la Thrace, on luy attribua d'abord cette belle Province avec plusieurs autres en deça de l'Archipel, qui relevoient auparavant de Rome; elles y avoient esté unies par la faveur des Empereurs longtems avant le quatriéme Concile general, qui fut celui de Calcedoine celebré l'an 451. Mais en suitte ces Patriarches ayant encore usurpé les grandes Provinces d'Asie & de Pont qui appartenoient au Patriarchat d'Antioche, on fut obligé de leur en abandonner la dépendance Ecclesiastique, & d'en rendre l'accord authentique & inviolable par un canon du cinquiéme Concile, qui fut le second des Generaux tenus à Constantinople l'an 553. On leur confirma de plus dans ce mesme Concile (à la sollicitation de l'Empereur Justinian) la Primatie des autres Patriarcats, qu'ils s'étoient déja attribuée long-tems auparavant.

Il ne faut pas s'imaginer que saint Alexandre, qui fut le second Patriarche de Constantinople aussibien que saint Paul, non plus que saint Gregoire de Nazianze, ou bien le Grand saint Jean Chrysostome, ayent esté du nombre de ces Patriarches affamez de biens & d'honneurs. La veritable pieté ne se met guere en peine de la gloire du siecle. Aussi voit-on dans l'Histoire que ceux qui ont avec tant d'empressement recherché la Primatie, & les droits prétendus de ce Patriarcat ont esté tous gens contraires au saint Siege, & à l'union de l'Eglise Catholique. Ils ont esté la pluspart Heretiques & Schismatiques, qui ont plutost violemment extorquez les titres & les droits de Patriarche & de Primat, qu'ils ne les ont justement obtenus. Le superbe Anatolius en fournit un exemple assez connu : il estoit imbu de la méchante Doctrine de l'Heresiarque Nestorius l'un de ses predecesseurs, & dont il avoit esté le disciple, & pour ouvrir à ses successeurs le chemin d'un Schisme qui les a perdus dans la suitte, il voulut insolemment & sans droit avoir la premiere place au dessus des autres Patriarches dans le quatriéme Concile general, qui fut celuy de Calcedoine, celebré en l'année 451. Mais enfin quoyqu'il en soit de ces Patriarches de Constantinople, il est certain que leur jurisdiction estoit de tres-grande estenduë : on contoit sous eux vingt Archevêques, quatre-vingt Metropoles, & un tres-grand nombre d'Evesques. Ceux qui le sont aujourd'huy n'en ont guere moins, mais le revenu de tant de Prelatures est de beaucoup diminué, quoique les peuples qui leur sont soumis, leur donnent beaucoup plus qu'ils ne faisoient auparavant.

Depuis que ces Patriarches se sont retirez de l'union de l'Eglise Catholique, & que la vanité aidée de la simonie s'est emparée de ce Patriarcat, tous ces Prelats sont obligez de rembourser tres-souvent celuy qui pour s'y introduire & envahir la place de son predecesseur aura donné au Grand Seigneur des sommes tres-considerables. Cela est cause qu'au lieu que les Sultans faisoient autrefois quelques presens à ces Patriarches, pour gagner par ce moyen tous les peuples qui leur estoient soumis, ils en reçoivent maintenant de tres-grands d'eux, qui s'augmentant tous les jours par l'enchere nouvelle des amateurs du Patriarcat, monteront bien-toſt à un ſi haut prix qu'il ſera extrémement difficile à toute la Grece d'y pouvoir ſatisfaire. Durant deux ans que j'ay demeuré à Conſtantinople, deux Patriarches differens donnerent pour avoir le Patriarcat, l'un cinquante, & l'autre ſoixante mille écus de preſent au Grand Seigneur. Ces ſommes ſont conſiderables pour des Caloyers qui font profeſſion de pauvreté, & qui ne devroient avoir rien de propre; mais cependant quand quelqu'un de ces Moines peut trouver quelques riches Marchands qui luy en avancent une partie, ils font propoſer leur deſſein au Grand Viſir, qui ne manque pas d'accorder le titre de Patriarche à celuy qui en donne le plus; & recevant d'abord ce qu'on luy preſente, il donne le *Barat* ou les Bulles du Grand Seigneur qui deſtituent l'ancien Patriarche & établiſſent le nouveau en ſa place, avec ordre aux Grecs de luy obeïr & de ſatisfaire au plutoſt aux debtes qu'il a contractées en ſa promotion, & le tout ſous peine de baſtonades, de confiſcations de biens, ou de cloſture des Egliſes. On envoye d'abord cet ordre à tous les Archevêques & Metropolitains, qui le ſignifient auſſi-toſt à leurs Suffragans. Et ceux-cy ſe ſervant de l'occaſion, exigent de leurs Papas ou Curez, & des peuples qui leur ſont ſoumis, la ſomme à quoy le nouveau Patriarche les a taxez, & quelque choſe de plus, ſous prétexte des frais & des preſens qu'il faut faire à cette nouvelle Prelature.

Une promotion auſſi-peu canonique que celle là n'empeſche

n'empefche pas que l'on ne traitte ce Patriarche de *Panagiotita fou* quand on luy parle, c'eſt à dire, Vôtre toute-ſainteté ou tres-grande ſainteté. Mais on ne luy donne point cette epithete qu'aprés qu'il a pris poſſeſſion de cette dignité, ce qui ſe fait en cette ſorte. Aprés que les Lettres du Caloïer aſpirant au Patriarcat luy ſont expediées, il ſe tranſporte au Serrail ou chez le Caïmacan, avec deux ou trois Evêques de ſa cabale. Si-toſt qu'il y eſt arrivé, & qu'il y a bien-humblement baiſé le bas de la veſte de ce Gouverneur, on luy lit ſes proviſions que le Grand Seigneur luy envoye, puis luy ayant mis ſur ſon habit noir de Caloïer, qui eſt à peu prés comme celuy des Benedictins, deux veſtes de brocatelle de diverſes couleurs dont le Sultan luy fait preſent, il monte à cheval avec les Evêques de ſa ſuite qui ſont auſſi revêtus & ornez d'une meſme maniere, & s'en va dans cet équipage depuis le Serrail juſques à l'Egliſe Patriarcale qui en eſt éloignée de plus d'une demi-lieuë. La cavalcade qui le conduit pour prendre poſſeſſion de ſon Egliſe, n'eſt compoſée que d'environ une douzaine de perſonnes; ſçavoir, d'un Capigi, de deux Chiaoux, du *Kiaïa* ou Secretaire du Caïmacan, & de quelques Janiſſaires qui le precedent : Les trois ou quatre Evêques de ſa faction, & quelqu'autres Caloïers de ſa ſuite vont aprés luy, portant comme j'ay dit ſur leurs habits noirs, des veſtes qui ſont plus propres à ſervir pour une maſcarade, qu'à devenir l'ornement d'une cavalcade bien ordonnée.

Aprés que le Patriarche eſt arrivé à la porte de

son Eglife qu'il trouve fermée, il defcend de cheval, & le Secretaire du Vifir ou du Caïmacan luy lit tout haut, & devant tous ceux qui fe trouvent à cette ceremonie, le *barat* ou les lettres du Grand Seigneur, puis les portes de l'Eglife eftant ouvertes, il le conduit au dedans, & l'ayant placé dans le thrône Patriarcal, il s'en retourne avec fa compagnie au Serrail d'où ils eftoient fortis. Il le laiffe ainfi paifible poffeffeur de fon Benefice, jufqu'à ce qu'il prenne fantaifie à quelqu'autre Caloïer ou Moine d'offrir quelque vingtaine de bourfes, qui font dix mille écus, par-deffus ce qu'il en aura donné.

Toutes ces fonctions eftant finies, tous les Officiers de l'Eglife vont baifer les mains à ce nouveau Patriarche, & luy dire *Polychronos ti Panagiotita fou*, ce que l'on appelle à Rome *ad multos annos*, à Sa Sainteté. Aprés-quoy on fait fçavoir à tous les Prelats Grecs de l'Empire Ottoman, de fatisfaire au plutoft à la taxe à quoy ce nouveau Patriarche les a cottifez, s'ils ne veulent qu'il en fubftituë d'autres en leur place, comme il arrive affez fouvent. Voilà les defordres & le pitoyable eftat où le fchifme, la vanité, & la fimonie ont réduit la pauvre Eglife Grecque, qui n'eft plus que l'ombre de ce qu'elle eftoit autrefois.

Les premiers Officiers de cette Eglife, aprés le Patriarche, font les Archevêques qui ont fous eux plufieurs Evefques fuffragans ; mais les uns & les autres doivent tous, auffi-bien que le Patriarche, eftre Caloïers ou Religieux, & garder toujours la Regle qu'ils ont professée dans le Convent. Ces Prelats vivent donc tous de la mesme maniere, c'est à dire qu'ils ne mangent jamais de viande, ils officient de mesme dans l'Eglise, & ont les mesmes Officiers sous eux, sçavoir des Prestres Reguliers & Seculiers.

Les Prestres Reguliers ou *Papas iereus* sont des Religieux qui ne sont point mariez, & qui ne peuvent l'estre ; les Prestres Seculiers ou *Cosmicos iereus* le sont, mais n'ont la liberté de l'estre qu'une seule fois, non plus que leur femme qui ne peut se remarier aprés la mort de son mary : mais les uns & les autres ont le mesme Office à dire. Cet Office est si grand, qu'il leur faut plus de six heures durant la journée pour le pouvoir seulement lire. Cela est cause que plusieurs s'en dispensent facilement, soit parce qu'ils n'ont pas le tems ou la volonté d'y satisfaire, soit parce qu'ils n'ont pas de-quoy acheter les livres qui sont necessaires pour rendre leur Breviaire complet.

Ces livres sont au nombre de six presque tous grands in-folio, imprimez la pluspart à Venise ; le premier est le *Tridion* que l'on dit en Caresme ; le second *Eucologion* où sont toutes les Oraisons ; le troisiéme se nomme *Paraclitiki* où sont toutes les Hymnes, Cantiques & Antiennes qu'ils disent en l'honneur de la Sainte Vierge, dont ils ont un tres-grand nombre ; le quatriéme est le *Penticostarion*, ce livre contient seulement l'Office qui se dit depuis Pasques jusques à la Pentecoste ; le cinquiéme est le *Mineon* qui est l'Office de chaque mois ; & le sixiéme est l'*Horologion* qui se doit dire tous les jours, parce que c'est dans ce livre que sont contenuës les heures Canoniales.

La longueur de cet Office, & le prix de ces livres, font que presque tous les Evêques, Prestres, & mesme les Caloyers ne le disent jamais. Il n'y a guere qu'à *Monte Santo*, qui est le Mont Athos, ou *Agion oros*, ou bien à *Neamogni* dans l'Isle de Chio, & à quelqu'autres Convents bien reglez, que l'on dit régulierement ce grand Office: car tout le reste du Clergé Grec prend de luy-mesme la dispense de ne le point dire, sans l'attendre du Patriarche à qui on ne s'avise pas seulement de la demander, parce que n'ayant pas luy-mesme le loisir de réciter un si long Office, il montre aux autres l'exemple d'en retrancher une bonne partie, ou de n'en rien dire du tout.

Je devois mettre l'Ordre des Caloïers ou Religieux devant celuy des Evesques, & mesme devant le Patriarche, plutost qu'icy, puisqu'il n'y a que des Caloïers qui puissent posseder ces Charges, & qu'il faut absolument avoir esté Religieux si l'on y veut prétendre quelque chose ; mais parce qu'il n'en va pas de mesme parmy les Catholiques, ces bons Caloïers me permettront, s'il leur plaist, de traitter de leur Ordre dans le lieu où l'humilité devroit les contenir. Hors l'ambition & la vanité, qui est le vice des Moines, aussi-bien que celuy des Anges, les Caloïers menent une vie fort exemplaire & fort austere. Ils font de mesme que nos Religieux, les trois Vœux de pauvreté, de chasteté & d'obeïssance, & ils les gardent assez exactement, sur tout dans les grands Convents qui sont pour l'ordinaire les mieux reglez, tels que sont ceux de *Agion oros*, *Neamogni*, *Monte Sina*, *S. Saba*, S. Michel de Jerusalem, & autres semblables. Aussi pour leur faciliter cette observance, ils ne mangent jamais de viande, ils ne vivent que de legumes, d'herbes & de fruits qu'ils cultivent eux-mesmes dans les terres voisines de leurs maisons. Ceux qui sont proche de la Mer, peuvent manger du poisson quand ce n'est pas le tems d'observer quelque Caresme ; car autrement ils n'osent pas seulement le flairer, sur tout celuy qui a du sang; & mesme leur abstinence est si grande, que durant le Caresme s'ils sont obligez en parlant de nommer seulement le laict, le beurre ou le fromage, ils ajoûtent toujours la parenthese de *timi tis agias saracostis*, sauf le respect du saint Caresme. Le peuple à leur exemple en dit & en fait autant quand il est le tems de jeusne.

Tous ces Religieux qui sont compris en trois Ordres, sçavoir de S. Basile, de S. Elie & de S. Marcel, portent tous le mesme habit, & gardent presque tous la mesme Regle. Ils ont dans leurs Convents trois sortes de Religieux, sçavoir les Superieurs & Anciens, les Profés & autres Peres, & les Novices avec les Freres Laics. Le Superieur s'appelle *Igoumenos*, c'est à dire Conducteur, le titre d'*Archimandritis* ou d'Abbé n'est pas beaucoup en usage parmy eux. Cet Igoumenos ou Superieur est fort estimé & respecté des Religieux, principalement dans les grands Monasteres ou Convents bien reglez; car dans les petits où il y a quelques autres

Religieux anciens, ils ne sont pas si absolus; ils ont quelquefois mesme assez de peine à se faire obeïr, sur tout lors qu'ils enjoignent quelques penitences qui ne consistent qu'à faire plusieurs genuflexions & à jeusner quelquefois, car pour d'autres peines inflictives les Superieurs n'osent pas seulement en parler; ils craindroient qu'en menaçant un Religieux de quelqu'un de ces châtimens, ils ne luy donnassent lieu de s'en exempter pour toujours en proferant quelques paroles, ou bien en levant seulement la main vers le Ciel pour se faire Turc; les exemples n'en sont que trop frequens, & il n'y a guere de lieux dans tout l'Empire Ottoman où l'on ne trouve toujours quelqu'un de ces *Kachis Muhammed*, *Papas Mustapha*, *Murat Carabache*, c'est à dire qu'il y a quantité de Religieux & de Prestres Grecs, Syriens, Armeniens & autres qui jettent le froc & la calotte pour prendre le turban. Ce qu'il y a de fâcheux en cela, c'est que si ces gens sont mariez, & qu'ils ayent de petits enfans Chrétiens, les garçons qui sont au-dessous de quinze ans doivent malheureusement suivre la Religion de leur pere; mais s'ils sont plus âgez, il leur est permis de demeurer dans leur Loy s'ils veulent, & de vivre conjointement avec leur mere & leurs sœurs dans le Christianisme. Ainsi la crainte que les Superieurs des Eglises Orientales ont de perdre tout-à-fait les gens en voulant les châtier un peu rudement, fait que toutes les penitences que l'on ordonne tant dans les Convents qu'aux Eglises, sont ou legeres, ou volontaires, à moins que l'on ne

# DE CONSTANTINOPLE. 175

trouve un sujet tout-à-fait soumis qui se porte luy-mesme à recevoir de bon cœur tout ce que l'on voudra luy imposer de plus rude à faire. A ce propos on me permettra d'inserer icy une petite Histoire qui arriva dans la Syrie lorsque j'y estois.

Il y a proche de Damas un fort-beau Convent de Religieuses & de Religieux, ( je nomme les filles les premieres, parce que ce lieu leur appartient) ce Monastere, dont je donneray quelque jour la relation, est à cinq ou six lieuës de Damas vers le Nord-Oüest ou Couchant d'Esté, il est dédié à la sainte Vierge sous le nom de *Esseïdé Saidnaïa*, c'est à dire Nostre-Dame de Saidnaïa. Il est situé sur une Montagne, au sommet de laquelle est le Convent des Religieuses, & au bas celuy des Religieux. Les uns & les autres sont habillez de noir & suivent la Regle de S. Antoine. Or comme ces bonnes Dames vivent à peu-prés comme les Religieuses de l'Ave-Maria de Paris, un jeune frere lassé de la solitude de ce lieu, s'avisa ( sous le pretexte de la queste ordinaire que font ses bonnes filles dans tout le ressort du Patriarcat d'Antioche ) d'aller se promener dans toute la Syrie ; mais parce qu'il ne sçavoit pas que la queste du Convent de Saidnaïa ne pouvoit se faire seulement que dans le Patriarcat d'Antioche, sous l'obeïssance duquel il est aussi-bien que la ville de Damas, il alla pour se desenuïer davantage en continuant toujours la queste jusques proche de Jerusalem. Il avoit à ce dessein contrefait les Lettres de l'Abbesse de Saidnaïa, & sous ces fausses Patentes avoit amassé déja une somme assez considerable pour le pays qui n'est pas des plus opulens, il esperoit continuer ainsi sa route jusques à Tripoly de Syrie, où trouvant quelque embarquement il avoit résolu de passer en Europe, ou bien de faire voile, ou prendre la route de Constantinople : Mais quand il fut arrivé à *Dgebel Ageloun*, qui est une grande montagne toute entourée de petits villages Chrétiens, il s'y trouva en mesme tems deux Collecteurs des deniers du Patriarche de Jerusalem que ce Prelat y envoye tous les ans ; lesquels l'ayant arresté, luy demanderent pour qui il faisoit la queste en ce lieu, il leur répondit que c'estoit pour les Religieuses de Saidnaïa ; ces envoyez de Jerusalem s'en saisirent comme d'un homme qui entreprenoit sur leurs droits sans permission, & l'envoyerent à leur Patriarche, qui aprés en avoir écrit à l'Abbesse de Saidnaïa, luy osta l'habit de Caloïer & le sécularisa, comme estant indigne de la vie qu'il professoit, & de l'habit qu'il portoit. Ainsi les Superieurs des Convents, pour se conserver une partie de l'authorité qu'ils avoient autrefois, ostent avec ignominie l'habit religieux à ceux qui ne veulent point obeïr à leurs ordres, ou dont ils craignent quelque fâcheux accident. On n'a point égard aux Vœux qu'ils ont faits de vivre & mourir dans tel habit & sous telle Regle, puisque ces Vœux ne se font que sous le bon plaisir du Patriarche & des Superieurs de l'Ordre & du Convent.

Les Profés & autres Peres en font de mesme, ils quittent quand bon leur semble l'habit qu'ils ont pris : & bien qu'ils ayent fait tout au moins deux ans

ans de Noviciat avant leur Profession, ils ne laissent pas quelquefois de sortir du Convent pour demeurer en leur particulier, ou bien de quitter tout-à-fait l'habit & la Regle. Il est vray que leurs Vœux se font plutost par maniere de cedule & d'engagement réciproque qu'ils font avec la Religion qu'ils embrassent, moyennant quelque somme d'argent qu'ils y donnent en entrant, que par une obligation étroite & solemnelle d'y passer le reste de leurs jours. Ces Profés & autres Religieux anciens ne laissent pas de travailler tous au bien du Monastere durant le tems qu'ils y demeurent. Les uns ont le soin des fruits, les autres des grains, les autres des troupeaux, & generalement de tout ce qui peut appartenir au Convent. Ils se servent en cela de l'aide de leurs Novices qu'ils employent durant leur Novitiat plus souvent à la campagne qu'aux exercices de la méditation & de la retraite spirituelle, à quoy ils ne s'appliquent guere, non-plus qu'à l'étude. C'est ce qui fait que tous ces Caloïers sont extrémement grossiers & ignorans. A peine en trouve-t-on dans les plus grands Convents qui entendent quelque chose du Grec litteral dans lequel est écrit tout leur Office & toutes leurs prieres.

La necessité que ces Caloïers ont de cultiver eux-mesmes leurs terres, leur font recevoir quantité de Freres Laics ou Donnez, il n'y a guere de Convents qui n'en ayent pour le moins autant que de Religieux. Ces Freres Donnez sont presque tout le jour à la campagne, & ne reviennent que le soir à la maison, où nonobstant la fatigue de leur travail ils ne laissent pas d'assister à une longue priere & d'y faire quantité de génuflexions qu'ils appellent *metaniai*, c'est à dire inclinations jusques à terre; aprés-quoy s'estant contentez d'un soupé fort leger, ils vont se reposer de leurs peines sur un lit qui n'est guere moins dur qu'une table de bois, en attendant que la priere du matin finie, le poinct du jour les rappelle à leur travail ordinaire.

Sur tous ces Religieux il y a des Provinciaux ou Visiteurs qui sont bien differens de ceux de nos Religieux d'Europe: car ceux-cy ne doivent visiter les Maisons de leur Province, que pour y entendre les plaintes des Religieux & y réformer quelques abus qui pourroient s'y estre glissez, & ceux-là, que l'on nomme *Exarchi* n'entreprennent la visite des Convents qui leur sont soumis, que pour en tirer la somme d'argent que le Patriarche leur demande; ainsi ces pauvres Caloïers ont beau travailler & faire suer leurs Freres laics, ils ont toujours beaucoup de peine à amasser quelque chose, soit pour la communauté, soit pour leur particulier, dautant que leur Patriarche leur envoye souvent ces sortes de Visiteurs pour les décharger de ce qu'ils ont de meilleur. Nonobstant toutes ces taxes que les Religieux Grecs sont obligez de payer, il ne laisse pas d'y avoir en Turquie des Convents bien rentez & des Religieux assez riches en leur particulier pour oser quelquefois encherir sur le Patriarche mesme, & s'emparer comme j'ay dit, de son Siege, & sur tout s'ils sont aydez de la bourse & du conseil de quelque riche Marchand qui leur offre le surplus de ce qu'il faut pour acheter le Patriarcat.

Aprés l'Ordre des Prestres Religieux ou Caloïers, suit celuy des Seculiers ou Cosmico iereu. J'ay dit que toutes ces sortes de Prestres sont ordinairement mariez, mais je n'ay pas dit de quelle maniere ils se marient. Aprés qu'ils ont receu la Tonsure qui se donne à peu prés comme dans l'Eglise Catholique, & qu'ils ont servy l'Eglise durant quelques mois, on les reçoit au nombre des *Anagnostai* ou Lecteurs, c'est à dire qu'ils peuvent lire les leçons des Matines, les Pseaumes, & autres choses que les Clercs chantent ordinairement. Cet Anagnostime peut passer pour ce que nous appellons les quatre Mineures, puisqu'il en comprend tous les Offices que les *Anagnostai* devroient exercer; mais parce qu'il y a des gens gagez pour estre Portiers, Sonneurs & autres Officiers de l'Eglise, ils n'ont point d'autre employ que de lire. Quand je parle icy des Sonneurs de l'Eglise Grecque, il ne faut pas croire que ce soient des sonneurs de cloches comme autrefois. Depuis que les Turcs ont subjugué la Grece, on n'y entend plus de carillon ny d'autre son des cloches pour appeller les fideles à l'Eglise aux heures de la priere. Le seul *Simandirion*, qui est une planche de bois longue & étroite sur laquelle on frappe pour assembler les Chrétiens, sert à donner le signal de l'Office.

Quand le tems de la clericature est expiré, & que le Tonsuré a servy durant quelques mois à l'Eglise, l'Evêque luy donne le Diaconat ou pouvoir d'assister à l'Autel & de chanter l'Epistre, aprés quoy si le Diacre veut se marier il luy est libre de le faire, & le doit dire à son Evêque en luy nommant la fille qu'il veut épouser, & le lieu où elle demeure, afin de s'enquerir de sa vie, de ses mœurs & de sa beauté; car il faut que la femme d'un Papas ou Prestre Grec quand il l'épouse, soit sage, chaste & belle; tellement que s'il luy manque quelqu'une de ces trois qualitez, elle ne peut prétendre à estre *Papadia* ou femme d'un Papas. On s'étonnera peut-estre icy de ce que je dis, qu'il faut que les femmes des Prestres Grecs soient belles, & que pour celles des Seculiers on ne se met pas en peine si elles le sont ou non: Mais si l'on considere qu'il n'est permis aux Prestres Grecs de se marier qu'une fois, & que les Seculiers le peuvent faire jusques à plusieurs, on ne trouvera pas mauvais qu'un Papas se fournisse pour toujours d'une femme qui ait en elle seule autant de bonnes qualitéz que toutes celles qu'un Seculier pourroit épouser successivement. Aussi réüssissent-ils assez bien dans le choix qu'ils en font, puisque s'il y a quelque jeune beauté dans le quartier d'un aspirant au Sacerdoce matrimonial, chacun s'interesse pour la luy donner; c'est assurément afin que la beauté des femmes Grecques soit toujours consacrée, si ce n'est à Dieu, du moins à ses Ministres, & que les plus charmantes d'entre-elles estant unies aux personnes qui doivent estre les plus pures, on ne puisse rien ajoûter ( lorsque l'on veut loüer quelque personne aimable ) à ce que l'amour ou la flatterie met si souvent dans la bouche de tous les Grecs, en luy

# DE CONSTANTINOPLE.

disant qu'elle surpasse en attraits & en vertu la plus belle Papadie, pour montrer qu'il ne se peut trouver rien au monde de plus parfait. Il est vray qu'avec la beauté qui est ordinaire à ces Papadies, elles ont encore une modestie charmante, le viole blanc qu'elles portent sur leur teste, la propreté de leur habit, & la simplicité de leur conversation ont des engagemens si grands, qu'il est impossible de ne les pas aimer. C'est aussi pour ce sujet que l'on permet aux jeunes Papas de quitter pour quelque tems l'Office ou l'employ qu'ils ont à l'Eglise, pour leur aller faire la cour & donner ordre à leur Mariage, qui se celebre à l'ordinaire, & aprés lequel ils retournent à leurs fonctions précedentes, & reçoivent aprés l'Ierodiaconat, qui leur donne le pouvoir de lire l'Evangile à la Messe, & d'assister à l'Autel avec le Prestre, jusques à ce qu'ils soient en estat de recevoir eux-mesmes le Sacerdoce & de celebrer comme les autres.

Outre tous ces Officiers principaux de l'Eglise Grecque, il y en a encore de moindres, & qui n'ont aucun ordre; les premiers sont les *Skenophilakes* ou Sacristains qui ont soin de garder les Vaisseaux sacrez & les ustenciles de l'Eglise; les seconds sont des *Calonarki* ou Antiphoniers, ce sont pour l'ordinaire de jeunes gens qui annoncent aux Chantres les Antiennes, les Pseaumes, & le ton sur lequel on doit les chanter; les troisiémes sont les *Tyrori* ou Portiers qui ont soin d'ouvrir & de fermer les portes de l'Eglise; & les derniers sont les *Candilapti* qui en entretiennent le luminaire.

Pour ce qui est de l'ordre des Offices, il est different comme chez nous suivant les Convents & les revenus des Eglises. Dans les grands Monasteres les Religieux se levent à minuit pour dire un Office particulier qu'ils appellent *Mesonycticon*. Cet Office dure pour l'ordinaire deux heures, mais quand il arrive quelque grande Feste soit d'obligation ou de devotion, le *Mesonicticon* se change en *Olonyction*, c'est à dire qu'on le fait durer toute la nuit. L'Institution de cet Office a esté saintement establi pour se preparer mieux à celebrer la Feste en passant toute la nuit en prieres: mais les abus qui s'y sont glissez l'auroient déja fait plusieurs fois retrancher, si l'Eglise Grecque avoit des Pasteurs aussi vigilans & aussi éclairez que le sont ceux de l'Eglise latine. J'en rapporteray icy quelques-uns où je me suis trouvé.

Les Festes qui portent cet *Olonyction* s'appellent chez les Grecs *Panigyri* ou *Polyeleon*: le premier est ce que nous nommons Foire, & le second Indulgence pleniere, ou si l'on veut illumination, parce qu'on y allume beaucoup de lampes, & que l'on y consume beaucoup d'huile. Il se fait à ces Festes grande assemblée de peuples, & comme la pluspart y vont plutost par coutume que par devotion, on y porte dequoy y passer agreablement la nuit, & les Chantres mesmes qui sçavent par tout entonner de plus d'une maniere, y trouvent toujours quelque amy qui leur donne souvent dequoy reprendre haleine, faire des pauses & des diaisis, qui ne sont point marquez dans leur tablature.

Un jour de S. Michel à *Nenita* bourg fameux de l'Isle de Chio, on faisoit le *Panagyry Tou Taxiarki*; c'est le nom qu'ils donnent à la Feste de cet Archange. Un de mes amis m'invita d'aller avec luy à cette foire, & d'y faire *l'olonyclicon* : ce bourg est éloigné de la ville de Chio de dix-huit milles qui sont environ huit ou neuf lieuës de France, nous y arrivâmes le septiéme d'Octobre qui estoit la veille de la saint Michel, ( parce que l'on suit dans toute la Grece l'ancien Calendrier qui recule les Festes de dix jours aprés celle de l'Eglise Latine, ) & aprés avoir soupé maigre sans manger de poisson ny d'œufs, d'autant que c'estoit le dernier des huit jours que les Grecs jeûnent devant cette Feste, nous allâmes à l'Eglise sur les dix heures du soir, & nous la trouvâmes déja si pleine de monde que nous eusmes assez de peine à entrer jusqu'auprés des Chantres, où j'avois envie de me placer pour entendre leur symphonie. Il y avoit prés d'une heure que l'Office estoit commencé, & l'on y faisoit déja tant de bruit que les Calonarki, ou Antiphoniers ne pouvant se faire entendre des Officians à qui ils annonçoient les Antiennes ou les Pseaumes, & les Chantres n'ayant pas devant eux des livres nottez pour reprendre leur ton comme en Europe; toute la musique qui étoit bien mal en train cessa, & le *Protopsaltis* ou premier Chantre frappant fortement de son *decaniki* ou bâton chantral sur le ban où il estoit assis, se tourna vers le peuple, & cria tant qu'il pût, *Sopatate Theocatarati*, c'est à dire, Ne vous tairez-vous pas maudits de Dieu?

Le bruit que fit le bâton & la voix irritée de cet *Ephimerios* ou Curé & premier Chantre fit cesser pour un moment celuy que faisoit le peuple, & donna loisir aux Choristes de reprendre le ton de leurs Pseaumes, mais fort peu de tems aprés les *Calonarki* ou petits clercs criant extrémement haut pour se faire entendre des Chantres, à qui ils annoncent continuellement ce qu'ils ont à dire, & ceux-cy pour avoir peut-estre trop beu à leur soupé devant que de venir à l'Eglise, ne prononçant que de travers ce qu'on leur annonçoit ; il s'excita une risée si generale, & un bruit si grand, que le chœur fut obligé de se reposer. Cela dura jusques à minuit, que le *Protopsaltis* ou Curé frapant encore de son bâton sur son banc, dit encore *Sopateda fourkisineni*, taisez vous donc pendarts. Ces *Papas* sont si grossiers & si peu attentifs à leurs fonctions & à l'Office dans leurs Eglises, qu'ils ne font point scrupule de dire des injures assez atroces à ceux qu'ils veulent reprendre de quelque faute commise dans les Temples, pour legere qu'elle puisse estre. Ce n'est pas le zéle de la gloire de Dieu ny de l'honneur & du respect que l'on doit luy rendre dans les lieux qui luy sont consacrez, qui les anime & qui leur fait suivre sans réfléxion les mouvemens d'une colere imprudente & mesme criminelle, c'est seulement une habitude condamnable qui les porte à se répandre contre leurs *enoritis* ou paroissiens en des invectives indignes de la sainteté des Temples & de leurs caracteres, & qui leur met en la bouche des paroles si brutales, que je n'ose mesme les rapporter.

Tout

Tout le reste de la nuit se passa dans cette alternative de cris, de chant, d'entretiens profanes, de bruit, de risées & d'injures, plutost que de prieres; & le matin estant venu l'on chanta la Messe avec un peu plus de tranquillité, soit que ceux qui n'avoient fait que discourir durant toute la nuit gardassent le silence, vaincus par la force du sommeil qui les accabloit, soit que les vapeurs du vin que la pluspart avoient beu à leur souper estant dissipées, les sacrez Mysteres de la Liturgie leur imprimassent plus de respect, la lumiere du Soleil venant à les éclairer, que n'avoit fait tout le *Polyeleon* des lampes de la nuit précedente. La Messe estant finie, chacun s'en alla à son rendez-vous pour y faire sa cuisine ; & le matin s'estant passé à manger & boire ce que chacun y avoit porté, on se divertit l'apresdiner à danser & à joüer de la mesme façon que l'on fait en France aux festes des villages où il y a Foire & concours de peuple.

Cet Olonyction ne se celebre pas par tout avec autant de desordre que je viens de décrire. Quand on le fait dans les Convents bien reglez, il se passe avec bien plus de modestie, parce qu'il n'y va pas un si grand nombre de peuple qui porte toujours la confusion & le desordre où il s'assemble. Aprés le *Mesonycticon* ou l'Office de minuit, qui dure jusques environ les deux heures du matin, les Religieux se retirent chacun dans leurs cellules jusques à cinq qu'ils reviennent à l'Eglise pour y dire Matines & Laudes, avec Prime qui se chante toujours au commencement du jour. Ils disposent tellement leur

Office, que Prime se trouve ordinairement au lever du Soleil, ensuite de-quoy chacun se retire dans sa cellule ou à son travail, jusques à neuf heures que l'on retourne à l'Eglise pour y dire Tierce, Sexte & la Messe, aprés laquelle les Religieux vont au refectoire où on fait la lecture cependant qu'ils disnent, aussi-bien qu'en Europe: Mais au sortir du repas, tant le soir que le matin, le Cuisinier de ces Caloïers se met à genoux à la porte du refectoire, & comme s'il demandoit la récompense de ses peines, ou le pardon de ses fautes, il dit de tems en tems aux Religieux qui sortent *eulogite Pateres*, benissez-moy mes Peres, & chacun d'eux le saluant luy répond *o theos syncoresi*, que Dieu vous benisse. Puis s'estant tous retirez à leurs chambres, ils y demeurent s'ils veulent, ou vont travailler jusques à quatre heures qu'ils s'assemblent à l'Eglise au bruit du *simandron* qui leur sert de cloche pour les appeller à Vespres, aprés-quoy ils font quelque petit exercice & viennent souper à six heures. Le soupé estant finy, ils rentrent à l'Eglise pour y dire un Office qu'ils nomment *Apodipho* l'aprés souper, c'est ce que nous appellons Complies, lequel estant finy environ les huit heures du soir, chacun se retire à sa chambre pour s'aller coucher & se relever à minuit. Ils n'ont pas beaucoup de peine à s'habiller quand il faut aller à Matines, puisque ces Religieux, aussi-bien que la pluspart des Seculiers de l'Orient, couchent tous vêtus, ou s'ils quittent quelques habits, ce sont seulement leurs manteaux & leurs vestes de dessus, puisqu'il n'y a guere que les Européens qui sont en Turquie qui se couchent entre des draps.

Comme les Caloïers sont ceux qui possedent les premieres charges de l'Eglise Grecque, c'est aussi à leur exemple que se conforment les autres Prestres, & les Officiers particuliers de chaque Eglise qui en a plusieurs si elle est bien rentée, ou n'en a qu'un si elle n'en peut nourrir davantage; mais de quelque maniere que ce soit, on ne celebre jamais qu'une Messe par jour dans une Eglise, comme j'ay déja dit, quand mesme il y auroit plusieurs Prestres; bien loin qu'un seul puisse obtenir du Patriarche la permission d'un *bis cantando*. Ainsi le *roga* ou la la paye de vingt ou trente écus que les *Epitropi* ou Marguilliers donnent pour l'ordinaire à un Prestre par an, est seulement pour ses assistances à l'Office, & non point pour les Messes, puisque dans les Eglises où il y a plusieurs Papas il s'y en trouve souvent qui ne peuvent pas la dire quatre fois l'année, car ils la celebrent les uns aprés les autres à differens jours. Cette seule Messe fait que beaucoup de gens ne peuvent l'entendre, qu'un grand nombre vient quand elle est à moitié dite, & encore davantage quand elle est finie. Ces derniers ne font pas grand scrupule de leur paresse, ils croyent qu'en entrant seulement à l'Eglise & y faisant quelques *metaniai* ou inclinations, il leur suffit de dire, καὶ τοὺς πρώτους ἐλέη καὶ τοὺς ὑστέρους περιποίει, *que Dieu fait misericorde aux premiers & conserve les derniers*.

Voilà à peu prés une ombre de ce qui se faisoit autrefois dans l'Eglise de sainte Sophie, s'il est permis d'en juger quelque chose par ce qui s'observe maintenant parmy les Grecs ; il est bien vray que depuis qu'ils se sont retirez de l'union Catholique, ils sont tombez dans une infinité d'erreurs par l'extrême ignorance de leurs Prestres, qui les entretiennent ou les précipitent continuellement en autant d'abus qu'une imagination aussi déreglée que la leur en peut inventer, soit pour satisfaire à la folle devotion d'un peuple mal instruit, soit pour satisfaire à leur interest particulier, & à l'avarice dont ils sont presque tous possedez. Parmy ceux qu'ils ont retenus de leurs ancestres, ou qu'ils ont introduits depuis peu, l'on en peut remarquer de deux sortes qui sont la source de tous les autres; sçavoir le peu de respect dans les Temples, & l'entestement qu'ils ont dans leurs opinions. Le premier leur fait commettre quantité de fautes sous pretexte d'actions de Religion, & le second ne leur permet pas de connoistre les erreurs dans lesquelles ils sont plongez. Je rapporteray quelques exemples de l'un & de l'autre, qui prouveront assez ce que j'avance icy.

Je me trouvay à l'Isle du Zante au tems de la Pasque des Grecs, & poussé plutost par un esprit de curiosité que par un zele de dévotion, ( parce qu'il est presque impossible d'en conserver ces sortes de jours parmy la confusion & le bruit scandaleux qu'ils font dans leurs Temples ) je voulus assister à tout l'Office qu'ils chantent à cette Feste. Je fus obligé d'aller dés les trois heures du matin à l'Eglise principale des Grecs, que l'on appelle *il domo de' Greci*, quoy-qu'elle ne soit pas la Cathedrale de ce lieu, puisque l'Evêque Grec qui commande au Zante fait la résidence à Cephalonie. Le Prestre directeur de cette Eglise, aussi-bien que celuy des autres, s'appelle *Proto papas*, comme qui diroit Curé ou premier Prestre, il commença ce jour-là l'Office avant les quatre heures du matin, qui dura jusques vers les neuf heures. En d'autres endroits où il y a des Turcs on le commence à minuit, & mesme encore plutost, afin qu'il soit finy au poinct du jour. Pendant les quatre ou cinq heures que dura cet Office Pascal, je ne remarquay rien aux actions ny aux prieres des Grecs qui pût inspirer de la devotion. Les Prestres, les Chantres & les *Calonarki* entonnoient assez-bien à la verité tout ce qu'ils avoient à dire ce jour-là; mais le tout se faisoit avec si peu de modestie, que je ne devois pas m'étonner de ce qui arriva en-suite. Le Soleil estant levé, & l'Office parvenu environ à la moitié où l'on chante un Hymne de la Résurrection, je fûs surpris au dernier point d'entendre tirer dans toute l'Eglise des coups de pistolets & d'autres petites armes à feu, & crier en mesme tems *Christos anesti*, le Christ est ressuscité: mais ma surprise se changea bien-tost en risée, dont je ne pûs me deffendre. Un jeune étourdy de l'assemblée qui estoit fort proche d'un Papas, n'ayant pas pris garde en tirant son pistolet que ce bon homme avoit une grande chévelure & une barbe fort longue suivant la coutume de tous les Prestres Grecs, il y mit le feu en déchargeant son arme trop prés de la teste de cet Ecclesiastique, & luy brûla toute la barbe & les cheveux. Ce qui causa bien du trouble à

Aa iij

l'Office, que les mousquetades avoient déja beaucoup interrompu. Cette ceremonie qu'ils ont établie, pour marquer leur réjoüissance plutost de ce que le Caresme est passé, que pour l'esperance de la résurrection que cette Feste donne aux Chrétiens, ne s'observe pas seulement dans l'Isle de Zante, mais encore presque dans toute la Turquie & dans tout l'Archipel; & bien qu'elle ne se passe presque jamais sans quelque desordre, on n'a pas encore parlé de la retrancher comme un abus qui s'est glissé dans l'Eglise Grecque, non-plus que celle de l'eau de vie dont chaque Papas donne un coup à boire à ceux de son quartier qui viennent les jours des Festes à l'Eglise ; au contraire comme toutes ces tolerances leur attirent l'affection & les bien-faits de leurs Paroissiens, bien loin de les abolir, ils en introduisent de tems en tems quelques nouvelles qui puissent satisfaire en partie à l'attachement general que tous les Caloïers, Papas & autres Ecclesiastiques Grecs ont à l'argent. Le *Polykirion* en est une preuve assez evidente : cette ceremonie est à peu prés chez les Grecs ce qu'est chez les Latins la Chandeleur ou la feste de la Purification de N. D. Elle arrive deux fois l'année, sçavoir à l'Epiphanie & à Pasques : Mais parce que ces deux jours sont les plus celebres chez eux, & ausquels tout le monde assiste à l'Eglise, les Prestres ont étably que tout le peuple recevroit d'eux un cierge qui leur revient seulement à trois ou quatre sols l'un, & que chaque personne devroit le payer huit ou dix sols tout au moins. Il est bien vray qu'ils donnent gratis à tous les petits enfans des petites bougies ; mais cela n'empesche pas que l'obligation qu'ils ont imposée à tous les Chrétiens de prendre & de payer plus qu'au double ces sortes de bougies, ne fasse monter bien haut la somme qu'ils en retirent.

Ce que l'on appelle parmy les Grecs *Sfragides* ou pains marquez, est encore une autre adresse des Papas pour attirer l'argent de leurs paroissiens. Les Seculiers portent à l'Eglise chacun un pain par famille, & les Clercs ou les Diacres l'ayant coupé en petits morceaux, le Prestre le benit & le distribuë ensuite ; cela se fait toutes les Festes, & Dimanches pour le peuple ; mais le Clergé luy voulant faire en contr'échange une liberalité de ses benedictions, prend le premier Dimanche de Caresme pour ce sujet. Chaque famille fait cuire & porte à l'Eglise pour y estre beny un petit pain fait en forme de croix, dont les quatre extremitez sont en lozange, & le milieu rond. Les Papas ayant beny ces pains, ils en donnent les parties dont chacune est marquée du saint Nom de JESUS-CHRIST en cette sorte ĨΣ XΣ à cinq personnes differentes ; & parce qu'ils leurs disent que ces *Sfragides* ou pains marquez ont de grandes vertus & ne sont pas comme l'*antidoron* ou *proton* qui est le pain beny ordinaire, ils les obligent encore de leur payer cinq aspres qui sont six blancs pour chaque morceau ; & de cette façon ce petit pain beny qui ne leur coûte rien, puisque chaque famille apporte le sien, leur produit estant partagé à cinq personnes, tout au moins douze ou treize sols chacun.

Nonobstant toutes ces petites impositions & plusieurs autres que les Prestres Grecs mettent sur leurs peuples pour en tirer le plus qu'ils peuvent, ces pauvres Chrétiens ne laissent pas d'estre fort attachez à suivre leurs ordres, & à donner tout ce qu'ils demandent: Ils s'imaginent qu'un Papas ne peut faire de mensonge, & qu'il ne fût jamais d'oracle plus veritable que tout ce que leur dit un Prestre Grec, quelque ignorance qui se trouve en luy, & quelque basse & interessée que son ame puisse estre. Il est presque impossible de faire connoistre à un Levantin que les Evêques, Prêtres & autres Pasteurs de son Eglise ayant l'esprit extrémement grossier & materiel, sont incapables de les conduire dans les choses de la Foy qui sont toutes spirituelles. Ils aiment donc mieux obeïr aveuglément à ce qu'ils leur commandent, que de se faire instruire pour se retirer de l'erreur où ils sont, & c'est là le sujet pourquoy nos Missionnaires font si peu de fruit & de conversions dans tout l'Orient. Tous les Prestres Grecs, Armeniens, Jacobites, Syriens & autres sont dans une ignorance extrême, & leurs Peuples sont dans un entestement qui n'est pas concevable; ainsi on ne doit pas s'étonner si les uns & les autres s'éloignant continuellement de la verité, tombent tous les jours en mille erreurs, tant du costé de la Foy, que du costé de l'administration des Sacremens.

Pour ce qui est de la Foy, ils ne sçavent la plûpart ce qu'ils croyent ny ce qu'ils doivent croire. On ne leur parle jamais de Catechismes, d'Articles de Foy, d'Esperance ou de Charité; & s'il monte

quelquefois

quelquefois un Papas en chaire, ce n'eſt pas tant pour faire quelque pieuſe exhortation ſur la vie ſpirituelle que doivent mener les Chrétiens, ny pour lire tout au moins au peuple quelque profne écrit dans un livre, comme l'a ſagement ordonné la ſainte Egliſe Catholique à ſes Curez, que c'eſt à deſſein de gagner les deux écus qu'on leur donne ordinairement pour un ſermon; à quoy la pluſpart du tems ny eux ny leurs peuples n'entendent rien, ils ne ſçavent ce qu'ils y diſent, & qui plus eſt encore, c'eſt que ce qu'ils racontent eſt ſi traiſné, & les paroles ſi éloignées l'une de l'autre, que ſuivant l'humeur prómte & impatiente des François, il ne m'a jamais eſté poſſible d'avoir aſſez de patience pour entendre toute entiere une de leurs prédications, qu'ils font durer prés d'une heure, quoy-qu'ils n'y diſent pas tout au plus quatre cens paroles. Cela n'empeſche pas que ces Predicateurs ne ſoient fort eſtimez, & que ces pauvres peuples aprés le ſermon ne ſe diſent tous les uns aux autres *pſila emiliſeno Didaſcalos*; ô que le Predicateur a dit de grandes choſes. Et comme je leur demandois quelquefois une partie de ce qu'il avoit dit, & que je n'en trouvois jamais un ſeul qui pût me rapporter un mot de ſa prédication, je leur répondois, *pſila emiliſeno didaſcalos diati den eptaſes*, il eſt vray que vôtre Predicateur a dit des choſes fort élevées, car je vois bien que vous n'y avez pû atteindre non plus que luy.

Quant à l'adminiſtration des Sacremens, ils la font d'une maniere ſi peu convenable aux ſacrez Myſteres, que l'on diroit ou qu'ils ne croyent point ce qu'ils font, ou qu'ils n'y penfent pas. Ils ont comme nous fept Sacremens; mais pour les avoir pluftoft adminiftrez ils les donnent trois à trois: le Baptefme, la Confirmation & l'Euchariftie fe conferent aux enfans nouveaux nez pour l'ordinaire quarante jours aprés leur naiffance, mais quelquefois plus tard ou pluftoft, fuivant la volonté des parens, ou la neceffité de l'enfant. La Penitence, l'Euchariftie & l'Extréme-Onction fe donnent auffi enfemble quatre fois l'année, fçavoir aux quatre Feftes qui portent Carefme, qui font Pafques, faint Pierre faint Paul, l'Affomption de Noftre-Dame, & Noël; & enfin l'Ordre & le Mariage fe donnent encore prefque enfemble & à un mefme fujet. J'expliqueray icy le plus briévement qu'il me fera poffible la maniere des Grecs dans l'adminiftration des fept Sacremens, & premierement du Baptefme.

Lorfque l'enfant eft en eftat d'eftre baptifé, on choifit le Parrain & la Marraine, fi c'eft un garçon; & fi c'eft une fille, on fe contente quelquefois d'une Marraine : on le porte à l'Eglife, puis l'ayant baptifé, comme difent les Theologiens *per immerfionem*, en le plongeant dans la *colymbitra* ou les fonts baptifmaux, le Parrain le porte fur fes bras à la grande porte du Sanctuaire, où le Preftre luy donne, je ne fçay fi je dois dire la Confirmation ou l'Extréme-Onction, car ils prétendent que ce foit la premiere, & cependant ils l'adminiftrent comme la derniere. Ils oignent l'enfant à la tefte, au col, à l'eftomac, aux épaules, fous les aiffelles, aux mains, aux coudes, aux jambes & aux pieds, puis en-fuite ils luy mettent une chemife blanche, une camifolle & le refte de mefme, qu'on luy laiffe durant huit jours; aprés-quoy le Parrain & la Marraine rapportent l'enfant à l'Eglife, fur tout en Syrie, pour y laver tous les langes & autres linges qu'il a falis durant ce temps, cela fe fait dans une petite cuvette de pierre percée par le milieu, afin que ce qui pourroit s'eftre attaché des faintes Huiles aux habits de l'enfant ne foit point profané, fi on jettoit à l'ordinaire fur la terre l'eau qui a fervy à les laver.

Cette Huile eft fort eftimée parmy tous les Chrétiens de l'Orient, & fur tout parmy les Armeniens qui ont eu depuis peu un grand procés à ce fujet. Leur Patriarche qui fait pour l'ordinaire fa réfidence dans la haute Armenie, a un fort grand Convent que les Armeniens appellent en leur langue *Echemiazin* : les Turcs à caufe de fes trois Eglifes le nomment *Ufche Klifia*, & les Européens Trois Eglifes. Il eft dans une grande plaine au pied du fameux Mont Ararat, où l'on tient qu'eft demeurée l'Arche de Noé. Ce Patriarche avoit toujours fait le *Myron* qui eft le nom de cette Huile fainte, & l'envoyoit de tems en tems à tous les Evêques Armeniens, tant à ceux de Perfe & de Turquie, qu'aux autres qui n'avoient point le pouvoir de faire ce Myron, qui n'eftoit refervé qu'à la feule perfonne du Patriarche : Mais il y a environ dix ans que l'Evêque Armenien de Jerufalem defirant de fe faire Patriarche, auffi-bien que *Jacob Vartabier*, nom du *Catholicoës* ou grand Patriarche des Armeniens, à prefent féant, ne voulut plus attendre de luy le Myron, au contraire par un pouvoir qu'il receut immediatement du Grand Visir de Constantinople, il fit assez de cette Huile sainte pour en fournir durant plusieurs années tous les Armeniens de Turquie. Ce nouveau *Myron* de Jerusalem a causé un si grand schisme parmy les Armeniens, que tous ceux qui demeurent dans la Turquie sont maintenant séparez d'avec leurs anciens freres, & ne reçoivent plus ce Myron que de l'Evesque de Jerusalem qui s'est erigé luy-mesme, par l'authorité du Grand Seigneur, en Patriarche des Armeniens, nonobstant toutes les poursuites & grandes dépenses que Jacob a fait contre luy à la Porte, où il est encore revenu l'année passée, pour voir s'il ne pourroit point obliger cet Evêque Hierosolimitain à recevoir de luy, comme il faisoit autrefois, ce Myron tant agité.

Il est inutile de rapporter icy ce qui entre en sa composition, chacun peut facilement s'imaginer que des gens autant attachez à la bagatelle que le sont les Levantins, n'obmettent rien de tout ce qui peut contribuer à rendre cet huile d'olive recommendable, soit pour luy donner une odeur excellente, puisqu'on y fait boüillir quantité d'herbes & drogues odoriferantes, soit pour sa conservation, puisqu'on en fait pour plusieurs années dans une tres-grande chaudiere, soit enfin pour sa cuisson qui ne se fait qu'avec des bois benis, & autres choses qui ont déja servy aux Eglises & que l'on réserve à ce dessein, comme sont les vieilles images, les ornemens usez, les livres déchirez ou effacez, & autres meubles des Temples, que l'on brûle pour faire boüillir ce Myron; & l'on y ajoûte encore la qualité des perſonnes dont le caractere eſt en veneration parmy les peuples, puiſqu'il ne peut eſtre fait & beny que par le Patriarche accompagné tout au moins de trois Evêques Metropoles, qui en habits pontificaux & en prieres continuelles travaillent preſque ſans relâche à ſa compoſition, depuis les Veſpres du Dimanche des Rameaux, juſques à la Meſſe du Jeudy Saint qui ſe celebre ce jour là ſur le grand vaiſſeau où eſt conſervé cette huile précieuſe.

C'eſt donc de cette compoſition que l'on employe aux Onctions baptiſmales & de la Confirmation qui ne ſe reïtere point à une meſme perſonne, non plus chez les Grecs que parmy les Latins. Mais il y a une autre huile que ceux-là nomment *Eukeleon* ou huile benite & de priere, qui ſert à donner ſouvent & meſme à ceux qui ſont en parfaite ſanté une onction que ceux cy ne conferent jamais guere qu'aux agoniſans. C'eſt ce que nous appellons l'Extrème-Onction, & que les Grecs nomment *Eukeleon*. On la donne aux grandes Feſtes à ceux qui ſe ſont confeſſez & communiez, mais on ne l'applique ſeulement qu'au front & aux mains. En faiſant cette onction, le Preſtre dit en la conferant, la fin du ſeptiéme verſet du Pſeaume 122. ἡ παγὶς ςυνετρίβη καὶ ἡμεῖς ἐρρύσθημεν. *Laqueus contritus eſt, & nos liberati ſumus.*

La quatriéme onction de l'Egliſe Grecque, eſt celle qui ſe donne aux Preſtres, ſoit qu'ils ſoient Caloïers, ou vivans dans le Celibat, ſoit qu'ils soient mariez : car le Sacrement de l'Ordre est le mesme pour les uns & pour les autres. Lorsque quelqu'un veut donc se faire Prestre, il doit premierement voir s'il sçait un peu lire & écrire, car c'est maintenant une belle chose en Grece pour un Papas quand il a étudié jusques-là, puisqu'on en reçoit souvent qui ne sçavent presque point ny l'un ny l'autre. Puis ensuite s'estant fait interroger par son *Pneumaticos* ou Confesseur qui n'en sçait quelquefois guere plus que luy, il se presente à l'Evêque, qui suivant le rapport de ce Pere spirituel luy donne les Ordres en trois ou quatre jours differens, & souvent consecutifs, aprés toutefois avoir eu une bonne relation de sa vie, & avoir fait chanter à tout le peuple dans l'Eglise, *axios*, il est digne. On a raison de douter si cette ordination est bonne, ceux qui la conferent n'ayant le plus souvent receu l'Episcopat que d'un Patriarche usurpateur & simoniaque qui n'a obtenu son authorité Patriarcale que du Grand Seigneur ou du Grand Visir qui ne peuvent point la donner : parce qu'ils ne l'ont jamais receuë par aucun successeur des Saints Apôtres, ils ne peuvent pas aussi legitimement en estre les dispensateurs. Mais parce que je laisse à résoudre cette difficulté à de plus sçavans que moy dans la Theologie, je passeray des quatre Sacremens qui s'administrent ordinairement avec de l'huile, aux trois autres qui n'en admettent point ; sçavoir la Penitence, l'Eucharistie & le Mariage.

La Penitence chez les Grecs d'aujourd'huy consiste seulement à raconter ses pechez au *Pneumaticos*

# DE CONSTANTINOPLE.

ou Confesseur, & à faire la penitence qu'il enjoint. Ce récit des fautes passées n'est point précedé d'un examen serieux de ce que l'on a fait depuis la derniere confession, ny mesme d'une attrition parfaite, bien loin de former des actes de contrition. Ils ne sçavent autre chose sinon s'asseoir auprés du Confesseur qui les va trouver chez eux pour ce sujet, & dans cette posture commode luy faire le récit de leurs pechez quand ils les sçavent declarer, ou attendre qu'il les leur demande pour sçavoir ce qu'ils ont commis, & leur en ordonner la penitence qui consiste, comme j'ay dit, à faire quelques genuflexions & aumônes, puis le lendemain matin, ou le mesme jour de la confession, aprés que le Prestre a fait la communion particuliere, le Diacre, s'il y en a, ou luy-mesme, crie en chantant à la grande porte du Sanctuaire, μΤ' φόβυ θυ πίεως καὶ ἀγάπης προσέλθετε, *approchez-vous avec la crainte de Dieu, avec la foy & la charité*; & ensuite tous les communians viennent en foule à cette porte où le Prestre tenant en sa main gauche le Calice remply de vin, & des petits fragmens de pain consacrez, & de sa droite une petite culliere qu'ils nomment *labidi*; il prend un peu de ce pain & de ce vin consacrez & en donne une petite cuillerée à chacun, tant à ceux qui ont passé l'âge de treize ou quatorze ans, qui est le tems où les Grecs commencent à se confesser, qu'à ceux qui n'y sont pas encore parvenus, puisqu'ils donnent mesme la communion aux petits enfans qui sont à la mamellle, & que l'on vient de baptiser.

Le peuple se presente toujours en tres-grand nombre à cette *Metalambasis* ou communion qu'ils reçoivent sans jamais se mettre à genoux. C'est une indécence parmy les Chrétiens Orientaux d'assister à l'Eglise en une autre posture que debout, quelque long que puisse estre leur Office, & c'est pour ce sujet qu'au lieu de bancs & de chaises dont ils ne se servent guere, on ne voit dans leurs Temples que des *decanikiai* qui sont des bâtons longs environ de quatre ou cinq pieds, faits comme les bequilles ou potences de nos boiteux & impotens. Ils se servent de ces bâtons pour s'appuyer lorsque la longueur de l'Office les oblige à demeurer des trois ou quatre heures sans pouvoir s'asseoir. Ils reçoivent donc dans cette posture la communion sous les deux especes de pain & de vin mélez ensemble dans un mesme *Potirion* ou Calice, & avec une mesme cuilliere, sans avoir du dégoût les uns des autres, ne croyant pas qu'une personne qui s'approche de l'Eucharistie puisse gagner le mal d'une autre qui l'aura receuë avant elle dans la mesme *labidi* ou cuilliere. Il est vray que lorsque quelqu'un a quelque maladie à la bouche, ou quelqu'autre infirmité secrete, & qui se puisse gagner en beuvant dans le mesme vaisseau, il ne se presente point par respect avec les autres à la communion, quoy-qu'il ne leur soit point deffendu.

Nonobstant cela il y a si peu d'ordre chez les Grecs dans l'administration de ce Sacrement, qu'il arrive souvent que la foule indiscrete du monde qui se presente à la communion se poussant les uns les autres,

autres, entourent le Prestre & luy font verser une partie du Calice sur leurs habits, & quelquefois mesme à terre; mais lorsque cette disgrace arrive, ceux qui ont commis la faute n'en font pas la penitence, l'Evêque à qui la chose est dénoncée s'en prend au pauvre Papas, le prive de toutes les fonctions sacerdotales, & cela tout au moins pour cinq ou sept ans. Le nom d'*Argos* demeure à celuy qui est interdit, comme s'ils vouloient luy faire entendre, (s'il est permis toutefois de mêler des choses profanes & des mensonges avec la verité du plus saint de tous les Mysteres) comme s'ils vouloient, dis-je, luy faire entendre qu'il devoit avoir autant d'yeux pour conserver ce dépost précieux & sacré, que les Fables en donnoient au malheureux Argus, & qu'il ne merite pas un moindre châtiment que la mort, que la negligence de ce Berger luy procura.

Il reste maintenant à dire quelque chose du Mariage des Grecs, qui est different, quant aux ceremonies, suivant les pays, mais le mesme quant à l'essence du Sacrement. On ne peut le reïterer à une mesme personne que trois fois au plus, encore montre-t-on plus au doigt un *trigame* ou un homme qui est en troisiémes nopces, que l'on ne fait à Paris un coupeur de bourses, parce qu'ils y sont beaucoup plus rares. Quoy-qu'il en soit, quand un jeune homme ou une jeune fille est à marier, c'est à dire quand ils ont passé l'âge de treize ans, car en Perse on les marie dés cinq ou six ans, leurs parens conviennent pour l'ordinaire ensemble, &

les engagent mesme sans leur en rien dire, excepté à l'Isle de Chio, & à quelqu'autres endroits plus libres de l'Archipel, où les jeunes gens à marier rendent le réciproque à leurs parens, car dans ces lieux-là ils s'accordent bien souvent en secret, se lient l'un à l'autre, & consomment mesme leur mariage plusieurs mois avant que leurs parens sçachent seulement qu'ils s'entr'aiment.

Et comme ces sortes d'alliances sont assez ordinaires, on remarque qu'elles réüssissent toujours beaucoup mieux que celles que les parens font à l'insceu des parties : Mais de quelque maniere que cela arrive, le jour des nopces estant venu, & le contract estant signé devant le Papas, le marié va trouver le *Cadi* à qui il donne un écu pour avoir de luy un *koget* ou permission de se marier à celle dont il luy dit le nom & la demeure, puis le matin ou l'aprés-midy ils vont séparément à l'Eglise où le Mariage se fait à peu prés comme chez nous : Ce qu'il y a de different, c'est que dans le Contract qui se fait auparavant, le marié ne peut pas donner pour present à sa fiancée plus de cinquante écus en argent, luy laissant toutefois la liberté d'en augmenter la somme s'il veut, mais sans aucune obligation.

On a fait cette loy pour ne point empescher les filles de se marier au premier qui les recherche, sous l'esperance qu'un autre leur donneroit davantage, & pour leur doüaire elles prennent le quart de tout ce que le mary laisse de bien au logis en mourant, quoy-que bien souvent elle n'ait apporté à son époux que quelques meubles qui consistent seulement en habits pour elle, quelques couffins, tapis & autres garnitures du sofa, ou estrade, dont les Orientaux se servent pour tout emmeublement.

Les ceremonies du Contract & de l'Eglise estant achevées, les mariez, leurs deux Parrains, & les autres parens & conviez s'en retournent au logis de l'Epoux où l'on commence un festin qui dure (pour l'ordinaire à l'égard de ceux qui sont un peu commodes) toute la huitaine de leur Mariage; & dans ces festins les mariez mangent souvent plus de bien qu'ils n'en ont, & s'engagent mesme plutost que de manquer à cette ceremonie. Ils font encore deux autres banquets dans leur vie, sçavoir à la naissance & à la mort de leurs parens, & il y a mesme quelques lieux dans la Turquie où les Chrétiens par une loüable coutume régalent encore tous leurs amis lors que leurs enfans mâles arrivez à l'âge de quatorze ans commencent à payer le *carache* ou le tribut que les Turcs ont mis sur la teste de chaque Chrétien; comme si ces bonnes gens se réjoüissoient avec les Saints Apôtres, de ce que *digni habiti sunt pro nomine Jesu contumeliam pati.* Ces réjoüissances sont assurément les meilleures de toutes celles qu'ils font durant tout le cours de leur vie; & s'ils avoient quelqu'un qui leur enseignât à purifier & rectifier une si loüable coutume par un banquet spirituel, ces festins ne cederoient en rien aux *Agapes* des Chrétiens de la primitive Eglise, puisqu'ils ne les font que pour s'exciter les uns les autres à souffrir genereusement tout ce que la tyrannie peut inventer de plus cruel, & donner avec plaisir toutes les choses ausquelles ils doivent avoir le plus d'attache en consideration de celuy qui a tout souffert & tout donné pour eux.

On peut encore mettre au nombre des réjoüissances & festins Grecs les Festes que l'on celebre durant l'année, elles ne se passent point sans divertissemens, sur tout dans les Isles, où les Chrétiens ont plus de liberté que dans les villes de Terre Ferme. Ces Festes sont pour l'ordinaire quatre principales, S. André, S. Nicolas, les Quarante Martyrs, & S. George. La premiere de ces solemnitez est celebre chez les Grecs, dautant que cet Apostre estant l'aisné de S. Pierre, est le premier que Jesus-Christ appella à la Foy; ils croyent aussi estre les aînez dans la Religion Chrétienne, parce que ce fut luy qui le premier de tous prescha l'Evangile dans la Grece, où les peuples le reconnoissent mesme pour estre le fondateur de l'Eglise de Constantinople, & luy en donnent le titre de *Proto-Patriarchis* ou premier Patriarche; mais la maniere d'honorer la Feste de ce Saint n'est guere convenable à l'estime qu'ils ont pour ses merites. Il est vray qu'ils assistent le matin à l'Office de l'Eglise, mais le reste du jour la Feste est pour la maison, ils s'y traittent les uns les autres, & les femmes ne croiroient point avoir fait la S. André, si elles n'avoient fricassé pour toute leur famille ce qu'elles appellent *tiganites*; ce sont des crespes & baignets qu'elles font frire à l'huile dans une poële. Elles en font autant à la S. Nicolas, excepté qu'elles jettent dans la paste détrempée un *temin*, qui est une de nos pieces de cinq fols, ou bien un *para* qui eſt une autre petite monnoye d'argent valant dix-huit de nos deniers, & la perſonne de la maiſon à qui échet cette monnoye eſt eſtimée la plus heureuſe, pour cette année, qui ſoit dans toute la famille. On luy donne cette petite piece qu'elle doit garder avec ſoin, il ne faudroit plus que la faire boire, & crier cependant *pini o baſileu*, pour eſtre une copie de noſtre feſte des Rois.

*Agii Sarandés* eſt une autre Feſte, qui pour venir toujours en Careſme n'empeſche pas les Grecs de faire de grandes réjoüiſſances, ſur tout dans les Iſles & dans les Bourgades, où l'on voit dans les places publiques des dances en rond à peu prés comme celles qu'en France les villageois font à la campagne, ou dans les fauxbourgs à Paris ; car cecy ne s'obſerve pas dans la ville de Conſtantinople, où les Grecs ſont obligez d'aller à l'*Ocmaidan*, ( c'eſt une grande place qui eſt derriere le Serrail des miroirs, & au-deſſus du *Terſenal* ) lors qu'ils veulent faire de ſemblables dances comme ſont celles qu'ils y font aux Feſtes de Paſques. Je me ſuis pluſieurs fois étonné pourquoy les Grecs ſe réjoüiſſent tant en ce jour de *Agii ſarandés*, veu l'antipathie preſque naturelle qu'ils ont avec les Armeniens, dans le pays deſquels ces bienheureux Saints ont donné leur vie pour la défenſe de la Foy, ce ſont les Quarante Martyrs qui moururent à Sebaſte ville d'Armenie. On en fait tout autant à la S. George. Ainſi les Feſtes des Grecs ſe paſſent plutoſt en feſtins & dances, qu'en dévotions à l'Egliſe, & ils

disent moins souvent leur *Pater* à telles Festes, q‍
ces deux petits vers qu'ils repetent en chantan‍
plusieurs fois pour mettre leur dance en train :

Ascore-psomai kai asinai
*Dançons & passons en plaisirs*
Ton agion Sarandon inai.
*Le jour des Quarante Martyrs.*

Outre ces jours de divertissemens, les Grecs
en ont encore de certains qui peuvent faire rire un‍
voyageur quelque serieux qu'il puisse estre. Je me
trouvay vers la my-Mars à l'Isle de Metelin qui est
l'ancienne Lesbos, patrie du grand Pittacus l'un des
sept Sages de Grece, & me promenant un jour par
la ville, je vis à plusieurs fenestres des femmes qui‍
frappoient d'un baston, qui sur des poëles ou poi-
lons, qui sur des plats de cuivre étamé à la façon
du pays, ou sur des couvercles de marmittes, &
d'autres enfin sur d'autres ustensiles de cuisines propres à faire du bruit. Etonné de ce charivary, j'en-
tray dans la maison de l'amy d'un Grec, qui estoit
de passage avec moy. Je trouvay les enfans du logis qui dançoient dans la chambre au son du carillon que faisoit leur mere à la fenestre, & dans les
retours ou reprises de la chanson que deux de la famille entonnoient, tous les autres répondoient assez
melodieusement pour le pays :

Oxo psili kai cori mela,
*Sortés puces, sortés punaises,*
Martis kai chara,
*Et que Mars nous comble d'aises.*

Ces femmes s'imaginent qu'en faisant cette ceremonie tous les ans le premier jour de Mars, qui est le unziéme du nostre, elles chafferont de chez elles toute cette vermine à qui elles commandent de sortir; cependant on n'experimente point que cette superstition serve à rien, puisqu'il y a tant de puces par tout l'Orient, qu'il faudroit un autre *psilodiogma* ou chasse-puces pour s'exempter de leurs picqueures trop frequentes. Il est bien vray que les jeunes Grecques qui ne veulent point porter les marques de l'attouchement de tels insectes, ont trouvé un autre *psilodiogma*. Tous les soirs avant que de s'aller coucher elles se lavent avec du vinaigre le col & les bras, afin tout au moins que si elles en sont marquées le lendemain matin, ce ne soit pas dans les endroits du corps qui sont exposez à la veuë du monde. Je ne diray rien davantage des ceremonies Grecques, pour passer à celles des Turcs dans leurs Temples.

## EXERCICES DE RELIGION
### que les Turcs pratiquent dans le Temple de sainte Sophie, dont ils ont fait une Mosquée.

DEPUIS que Mahomet second eut pris la ville de Constantinople, & fait son entrée, comme j'ay dit, dans l'Eglise de sainte Sophie; ce Temple sacré, que les Empereurs Chrétiens avoient dédié à la Sagesse eternelle du Fils de Dieu, n'a plus servy à la celebration des divins Mysteres de la Religion Chrétienne; & depuis l'an 1453. le 29$^{me}$ du mois de May qu'arriva cette étrange catastrophe à l'Empire des Grecs, on n'a plus chanté dans cette Eglise d'autre Office que le *Namas* ou la priere ordinaire des Mahometans : Mais comme ce *Namas* peut estre consideré par rapport à celuy qui prie, par rapport à son prochain, & par rapport à Dieu; il faut dire icy ce qu'un bon Musulman doit faire devant l'Oraison publique, pendant qu'elle dure, & aprés qu'elle est faite; pour bien s'acquitter de ce qu'il se doit à luy-mesme, de ses obligations envers son prochain, & des devoirs que sa loy luy prescrit de rendre à Dieu.

Les choses qu'un Turc doit faire devant la priere, se peuvent réduire à cinq. La premiere, c'est de croire les articles de la foy Mahometane. La seconde, d'estre circoncis. La troisiéme, de pardonner à ses ennemis. La quatriéme, de crier aux Minarets, ou d'aller à la Mosquée lorsque l'on y appelle. Et la cinquiéme est de se laver, qui est la préparation immediate à la priere. Je diray quelque chose de chacune en particulier, & premierement de la foy des Turcs.

Tous les articles de foy des Mahometans se réduisent à deux ; sçavoir qu'il n'y a qu'un Dieu, & que Mahomet est son Prophete ou son Envoyé, car le mot de *Resul-alla* signifie plutost Envoyé que Prophete. La croyance d'un Dieu seul est arrivée par hazard aux Turcs, puisque si l'on en doit croire *Jacoub Elkindi*, qui est un Autheur dont on peut trouver les ouvrages en Syrie, car je ne sçay pas s'ils sont en France, ou s'ils ont esté traduits en quelque langue d'Europe, cet Autheur, dis-je, assure

que,

que l'Alcoran eſtant écrit, Sergius envoya Mahomet à quelques Arabes idolâtres qui adoroient une fort grande ſtatuë à qui ils avoient donné le nom de *Hacbar*, qui ſignifie le tres-grand, pour leur dire qu'eſtant l'Envoyé de Dieu, il les avertiſſoit de ſa part de ne plus adorer les idoles, comme ils avoient fait juſques alors, & de ne reconnoiſtre plus que le ſeul & vray Dieu, qui eſtoit celuy qui l'envoyoit; mais ces Arabes idolâtres eſtans depuis long-tems attachez au culte de leur Hacbar, ne voulurent point l'écouter, & luy dirent, Si nous n'adorons qu'un Dieu & que ce ſoit le tien, que ferons-nous d'Hacbar ? Mahomet ne ſçachant que répondre à cette difficulté, s'en retourna conſulter le Moine Sergius, qui par-conſequent n'avoit pas encore eſté accablé de pierre dans ce puits, dont parle l'Hiſtoire, que cet Autheur nie abſolument, puiſqu'il dit qu'il fut tué par des gens qui luy portoient envie, de ce que Mahomet eſtant devenu puiſſant, continüoit toujours à l'aimer beaucoup, & à ne rien faire ſans ſon conſeil. Sergius voyant donc l'importance qu'il y avoit d'attirer à la loy qu'il vouloit établir, ces Arabes idolâtres qui eſtoient en aſſez grand nombre, & voiſins du Mont Sina dont il avoit eſté Moine; il leur renvoya ce nouveau legiſlateur, pour leur dire qu'ayant depuis conſulté la Divinité ſur leur réponſe, le Ciel ſe contentoit qu'ils conſervaſſent encore la meſme eſtime qu'ils avoient pour Hacbar, pourveu qu'ils adoraſſent Dieu, & que pour marque de cela tous les bons Muſulmans ou vrais croyans ſeroient de là en avant incitez &

Dd

appellez à la priere par le nom de Dieu & celuy d'Hacbar. Les Arabes idolâtres consentirent d'adorer Dieu & de suivre la loy de Mahomet à cette condition, & l'on n'entendoit plus parmy ces pauvres aveuglez que l'invocation de Dieu & d'Hacbar, jusques à ce que Mahomet estant devenu puissant il fit oster de leurs Temples l'idole, & y fit mettre en sa place en gros caracteres Arabes ces paroles, *Alla hou Hacbar*, Dieu & Hacbar, que les Muezins ont toujours crié depuis pour appeller les peuples à la priere. Et c'est là le sentiment de cet ancien Autheur *Jacoub ebni Issaac elkindi* qui vivoit environ l'an du Sauveur huit cens, qui n'estoit pas deux cens ans aprés Mahomet.

Si cela est arrivé, comme cet Autheur qui estoit Chrétien le rapporte, il n'y a plus de difficulté à expliquer ce cry des Muezins; il est vray que les plus subtils dans la langue Arabe, & les plus sçavans dans l'Alcoran, assurent qu'il ne faut pas dire *Alla hou oü el Hacbar*, qui signifie Dieu & Hacbar, ou le tres-grand; mais bien *Alla hou Hacbar* tout seul sans l'article *el*, qui ne veut dire autre chose sinon que Dieu est tres-grand, & soutenant ainsi que l'on n'a jamais dit autrement; ils évitent le reproche qu'on leur fait quelquefois d'avoir succedé à des peres idolâtres, & d'avoir esté obligez de changer leur premiere doctrine pour en suivre une nouvelle.

Les Turcs n'adorent donc que Dieu seul createur du Ciel & de la Terre, & maistre absolu de toutes choses. C'est pour cette raison qu'ils ne veulent point souffrir dans leurs Mosquées aucune image representant quelque chose vivante, tant en relief qu'en platte peinture; & s'il en est demeuré quelques unes en Mosaïque que la pieté Chrétienne avoit faites dans l'Eglise de sainte Sophie, c'est qu'estant trop élevées & placées dans des endroits assez obscurs, les Turcs qui ont presque toujours la veuë baissée quand ils sont dans leurs Temples, n'ont pas encore observé s'il y en a, ou bien s'ils les ont apperceuës, c'est qu'ils n'ont pas pû faire des échaffauts assez grands pour y pouvoir atteindre & les effacer. On peut facilement remarquer qu'ils l'ont fait dans tous les autres endroits où il y en avoit de plus apparentes, & sur tout à celles qui n'estoient pas si hautes. Ils les ont toutes défigurées avec quelque perche, ou les ont entierement effacées en passant de la chaux par-dessus.

Le second article de la foy Mahometane comprend en abbregé toutes les réveries & les extravagances de l'Alcoran & de tous ses Commentaires, en croyant que Mahomet est l'Envoyé de Dieu, & qu'il ne sçauroit jamais y avoir de verité plus certaine que tout ce que cet imposteur leur a laissé par écrit ou par tradition. Cet article estant la source de tous les autres, il n'est pas besoin de rapporter icy tout ce qu'ils se sont folement imaginez de la creation du monde, de sa conservation, & de la maniere que Dieu garde pour le sanctifier & le sauver, non plus que de toutes les croyances bizarres & peu conformes à la droite raison dont ils ont remply leurs esprits & farcis leurs livres. Cette matiere a esté plusieurs fois traittée par ceux qui m'ont devancé dans les voyages d'Orient. Ainsi je ne diray rien de leur croyance touchant le Paradis qu'ils font en mesme tems tout spirituel par la vision beatifique de Dieu, & tout brutal par l'assouvissement de toutes les voluptez sensuelles, & par la place qu'ils y donnent à plusieurs bestes, tels que sont le mouton d'Abraham, la Vache de Moïse, la fourmy de Salomon, le perroquet de la Reine de Saba, l'asne d'Esdras, la baleine de Jonas, le chien des Sept dormans, & le chameau de Mahomet. Je ne parleray pas non-plus des personnes qu'ils admettent au nombre des Prophetes, parce qu'il y en a trop, & que tous se peuvent réduire à ces trois, sçavoir Moïse, *Issa Percamber* ou JESUS-CHRIST de qui ils nient la Filiation divine & la mort en croix, & Mahomet qu'ils croyent estre le plus grand de tous. Ainsi passant sous silence toutes les autres absurditez de leur croyance, qu'ils n'ont point arrestée par la composition d'aucun Symbole, comme ont sagement fait les Chrétiens, je décriray maintenant la seconde préparation à leur priere, en disant quelque chose

### *De la Circoncision des Turcs.*

La loy que Mahomet a donné à ses sectateurs, estant une loy aussi grossiere & aussi materielle que l'estoit l'esprit de ce gardeur de chameaux, elle avoit besoin de quelque caractere sensible pour se distinguer des autres. Les Chrétiens qui doivent plus adorer & servir Dieu en esprit & en verité, qu'en grimaces exterieures & actions corporelles, n'ont rien retranché sur leur corps de tout ce que leur a donné la nature, & dans cette pensée les premiers interpretes de la loy Chrétienne n'ont pas crû que les Gentils qui la vouloient suivre fussent obligez, comme les Juifs, à la circoncision materielle d'une partie si sensible que l'est le prépuce; puisque leur divin legislateur n'en ayant rien ordonné, avoit ce semble laissé la chose arbitraire : Mais Mahomet à qui un *Phimosis* empeschoit de satisfaire souvent à ses brutalitez, s'estant fait couper le prépuce, ordonna que tous ses adherans se feroient circoncire, soit afin de pouvoir reconnoistre les corps de ses Musulmans qui seroient morts dans les combats qu'ils devoient entreprendre & soûtenir pour l'établissement de sa loy, & pour les enterrer & les honorer comme des martyrs, soit pour attirer plus facilement les Juifs à suivre ses erreurs par la ressemblance de cette ceremonie, qui ne differe de la leur, qu'en ce qu'ayant taillé le prépuce ils ne déchirent pas comme eux avec l'ongle un peu de la peau qui est au-dessous de ce que les Anatomistes appellent le frein, soit enfin que cet impur legislateur affectant une netteté exterieure pour mieux cacher au peuple les saletez de son ame, commanda à ceux qui avoient déja embrassé ses erreurs, de se faire couper le prépuce, parce qu'il peut s'y arrester quelques ordures qui seroient cause qu'un Mahometan se presentant à la priere sans estre entierement purifié, ne seroit pas exaucé de Dieu qui le regarderoit comme un *Mordar*, c'est à dire infidele, impur & soüillé.

Cette circoncision que les Turcs appellent *Shoun-*

net est seulement une marque de leur obeïssance aux paroles vocales de Mahomet, qui ne l'a point fait écrire dans son Alcoran ; mais l'ordonna seulement aprés, voyant qu'il avoit beaucoup de sectateurs pour les distinguer des Chrétiens qui ont le prépuce, & des Juifs qui l'ont couppé autrement qu'eux, quoy-que leur circoncision soit receuë parmy les Mahometans. Or comme ce seroit une marque de desobeïssance à la loy que d'estre incirconcis, on n'admet point à la priere publique ceux qui ont encore leur prépuce, comme les enfans de cinq ou six ans, & les Chrétiens ou autres à qui l'on n'a jamais rien couppé. Il est bien vray qu'il n'y a pas à l'entrée des Temples des inquisiteurs de la circoncision ; & que j'ay mesme connu dans mes voyages deux Chrétiens qui sçachant en perfection la langue Arabe & la Turque, passoient pour de tres-bons Musulmans, & estoient bien receus par tout où ils alloient avec l'habit de Derviche qu'ils avoient pris, & les prieres Turques qu'ils sçavoient & qu'ils récitoient quelquefois dans les Mosquées quand ils ne pouvoient s'exempter d'y aller : Mais si l'on avoit sceu que ces personnes avoient encore leur prépuce, bien loin de les admettre à l'oraison publique, comme on faisoit, on les auroit brûlez tout vifs, ou du moins empalez.

Ceux que l'on veut circoncire doivent avoir au moins atteint l'âge de sept ou huit ans. On n'en circoncit point ordinairement de plus jeunes, mais bien de plus avancez en âge, comme de douze ou quinze ans & plus, suivant la volonté des parens, si

## DE CONSTANTINOPLE. 213

ce n'est qu'estant pauvres ils sont obligez d'attendre le tems que les riches font la leur, n'ayant pas dequoy fournir aux dépenses ordinaires de la circoncision. Le jour de cette ceremonie estant arresté on prépare un festin à la maison de celuy qu'on doit circoncire, on l'habille le plus proprement que l'on peut, & l'ayant mis sur un cheval ou sur un chameau, on le promene par toute la ville si elle est petite, ou seulement dans son quartier si elle est grande, ainsi qu'à Constantinople. Ses camarades d'école ou ses amis le suivent tous à pied avec des cris d'allegresse & de loüange de leur amy que l'on va mettre au rang des Musulmans ou vrais croyans. La promenade estant finie & les gens de retour au logis, l'Imam de la Mosquée du quartier fait une petite exhortation sur l'operation que l'on doit faire, puis un Barbier ayant placé le jeune homme sur le sofa ou estrade, deux valets tiennent une toilette étenduë devant luy, & le Barbier ayant tiré le prépuce autant qu'il luy est possibe, il le serre avec une petite pincette à l'extremité du balanus, puis avec son razoir le coupe subtilement, & le montre au tour de son doigt qu'il éleve en criant plusieurs fois, *Alla hecber ia alla alla.* Il panse ensuite le circoncis qui montre assez par ses cris combien luy cause de douleur une playe faite dans une partie si chatoüilleuse, & les assistans continuant leurs acclamations viennent congratuler le circoncis de ce qu'il est pour lors au rang des fideles, & vont prendre place au *sofra* ou table Turque où ils sont régalez suivant le pouvoir des parens du circoncis;

Les liberalitez que les personnes riches font à la circoncision de leurs enfans montent souvent à de grandes sommes ; car outre les presens qu'ils donnent à quantité de pauvres petits garçons qui y sont aussi circoncis à leurs dépens comme les leurs propres, & les festins qu'ils y font presqu'à tous ceux qui se presentent, ils distribuent encore de grandes aumônes aux pauvres de leur voisinage, afin qu'ils obtiennent de Dieu des graces pour le nouveau circoncis & pour toute sa famille.

La ceremonie qui se fait à la circoncision des Renegats est presque la mesme, excepté qu'estant pour l'ordinaire des canailles & des miserables, on porte aprés eux deux grands bassins pour y recüeillir les aumônes que la pluspart des spectateurs ne leur refusent pas. Ils portent aussi-bien que les autres une flèche à la main droite qu'ils tiennent élevée ayant le trait ou le fer en en-bas pour faire croire au peuple qu'ils se laisseront plutost percer le corps de mille traits que de renoncer à la foy Mahometane ; mais cela n'empesche pas que la pluspart des Turcs les mieux sensez n'ayent sur ce sujet de grandes défiances touchant la sincerité de la foy de ces nouveaux Musulmans. Ils ont dés il y a long-tems l'experience que ces sortes de gens, ayant si facilement quitté leur Religion, pour qui peut-estre ils n'avoient jamais eu de bons sentimens, abandonnent avec la mesme facilité celle qu'ils embrassent pour lors, & pour qui ils font cette ceremonie. C'est ce qui leur fait dire comme en proverbe, *Er kim fena Giaour elmichidi eche ei Musulman olur*, tout homme qui a esté

esté méchant Chrétien ne fera jamais bon Turc. En effet, on peut dire que tout ce qui se fait de mal dans la Turquie, vient de la part des Renegats, plutost que de celle des Turcs, qui sont pour l'ordinaire d'un naturel assez humain & traitable, sur tout quand ils rencontrent des personnes qui sçavent s'accommoder à leurs façons de faire, & s'abstenir des choses qui les scandalisent ou qui les choquent. Il est vray que le nombre de ces Renegats est plus grand que celuy des Turcs mesme, & que la pluspart des Bachas & de toute leur suite n'est composée que de ces deserteurs de la foy Chrétienne, ou de la Juifve.

Il y a trois sortes de Renegats ; les premiers sont ceux que le sort engage parmy les enfans de tribut que le Grand Seigneur leve dans tout son Empire ; les seconds, ceux qui par une volonté déterminée changent de Religion, dans l'esperance peut-estre de rendre par là leur fortune meilleure ; & les derniers qui ne le deviennent que par la crainte des châtimens qu'ils ont peut-estre meritez pour quelque faute qu'ils auront commise, ou par les mauvais traittemens de celuy qu'ils ont le malheur d'avoir rencontré pour patron. Le nombre de ces derniers est le moindre. Les esclaves des Turcs ne sont pas si mal-traittez que l'on se l'imagine, ils sont bien souvent les seconds maistres du logis, & j'en ay connu mesme qui se trouvoient si bien de leurs Agas, qu'aprés en avoir obtenu la liberté, & s'en estre revenus en Europe, (où ils n'avoient pas trouvé ce qu'ils y esperoient) s'en sont retournez en Turquie pour se remettre volontairement dans des chaînes dont la pesanteur leur avoit semblé insupportable. On peut dire que ces esclaves sont heureux au milieu de leur disgrace, lorsque se rencontrant dans quelque grande ville ils ont un bon Aga & quelque talent particulier ; ils sont pour lors cheris de leur Maistre qui ne leur empesche point d'aller à l'Eglise & y faire leurs dévotions quand ils veulent, & sont encore souvent bien voulus de leurs Maistresses, qui par la compassion ordinaire à leur sexe adoucissent de beaucoup les rigueurs de leur captivité, en leur faisant de tems en tems quelques presens & gratifications. Ainsi ce n'est pas un si fâcheux sort qu'on le croit que d'estre esclave d'un Mahometan, on en voit rarement estre obligez par leur Maistre à renoncer à la Foy : & quoy-que les bons Musulmans se fassent une loy d'exciter au moins trois fois par jour ceux qu'ils ont sous leur domination de suivre l'Alcoran & de se faire Turcs ; on n'en voit pourtant guere qui les y forcent par des mauvais traitemens.

Dans tout ce que j'ay dit de la circoncision des Turcs, je n'ay point fait remarquer que le lieu de cette ceremonie sanglante est indeterminé, aussi-bien que le tems & le choix du Ministre. Elle se peut faire au bain ou à la maison par un Iman, aussi-bien que par un Barbier ou Chirurgien quand il s'y en trouve quelqu'un ; puisque n'estant qu'un signe du Mahometisme, & non point un Sacrement, elle admet toutes sortes de personnes pour l'administrer, & toutes sortes de lieux, aussi-bien que differens âges. On n'attend point cette ceremonie pour donner le nom aux enfans : & bien qu'ils ayent un Parrain, ce n'est pas pour les nommer le premier, cela se fait au logis dés qu'ils sont nez, quand leur pere par une loüable coutume les prend sur ses bras, les éleve vers le Ciel pour les offrir à Dieu, & leur met ensuite quelques grains de sel dans la bouche, & les nomme en disant, Plaise à Dieu ( N ) que son saint nom te soit toujours aussi savoureux que ce sel que je te mets à la bouche, & qu'il t'empesche de goûter les choses de la terre. Pour ceux qui meurent en bas âge avant cette circoncision, ils sont estimez estre sauvez par celle de leurs parens. On leur rompt seulement le petit doigt avant que de les enterrer, pour marque de leur incirconcision.

## DU PARDON DES ENNEMIS.

COMME le pardon des ennemis regarde aussi-bien la tranquillité publique, qu'il est expressément commandé par l'ordre sacré du Sauveur de nos ames ; il ne faut pas s'étonner si les loix Turques qui sont un amas corrompu de ce qu'il y avoit de bon, d'indifferent ou de mauvais parmy les Chrétiens, les Juifs & les idolâtres, ont ordonné à tous les Musulmans de pardonner à leurs ennemis particuliers ; car ils sont obligez d'avoir des sentimens contraires à l'égard des ennemis de la Religion & de l'Etat. Il n'y a donc presque point de haine parmy les Turcs, & lors qu'ils en ont quelque sujet, ils sont obligez de ne pas laisser passer le Vendredy qui leur sert de Dimanche, sans se réconcilier avec leur ennemy, ou tout au moins s'ils ne le peuvent faire, ils doivent commencer la priere à laquelle ils sont obligez ce jour-là, par la protestation qu'ils font à Dieu de pardonner à leurs ennemis ; autrement ils croyent qu'ils ne seroient point exaucez.

Sur ce fondement il est extrémement deffendu à tous les Mahometans dans toute la Turquie, de faire aucun tort à son prochain, soit par la langue en luy disant des injures, soit par les mains en le frappant, ou luy prenant son bien, soit enfin par les sollicitations en excitant quelqu'autre à luy faire du mal ; au contraire il y a des peines afflictives pour ceux que l'on trouve en quelqu'une de ces fautes. Le bâton ( qu'ils croyent estre descendu du Ciel, parce qu'il imprime plus de respect parmy eux & les contient davantage dans leur devoir, que ne peuvent faire chez nous les plus saintes loix ) est la seule plume avec laquelle ils écrivent & font mettre en execution les Arrests qu'ils donnent contre les coupables. Il suffit que le Vaivode ou le Soubachi se promene quelquefois par les ruës pour faire souvenir tous les habitans d'une ville, que le moindre orage que l'on entendra gronder parmy eux, suffira pour faire tomber, non seulement sur les autheurs, mais mesme sur les spectateurs oisifs, une grele de bastonades, nonobstant tous les cris reïterez qu'ils pourroient faire de *toba Sultanum* qui sert à ceux que l'on frappe pour demander le pardon de leurs fautes.

Dans cette crainte chacun se tient sur ses gardes. Ceux qui voudroient bien se quereller l'un l'autre, n'osent décharger leur bile, de peur d'estre obligez de décharger leur bourse de quelques milliers d'aspres, si on vient à les accuser au Divan ; & encore moins de se donner quelques coups, de peur qu'on ne leur en rende d'autres plus sensibles; & ceux qui les apperçoivent commencer à se quereller, estant obligez sous les mesmes peines de les séparer au-plutost, ne les quittent point qu'ils ne leur ayent fait lâcher prise. Il arrive mesme ordinairement qu'ils les obligent aprés leurs querelles & sur le champ à s'embrasser, & à relier une amitié qui se seroit rompuë pour toujours, si l'on avoit laissé agir la passion aveugle de deux emportez sans ozer leur rien dire, comme il ne se rencontre que trop souvent en bien des endroits de la Chrétienté.

Lorsque ceux qui se querellent ou se battent ne veulent point s'arrester pour quelque remontrance qu'on leur fasse, & quelque passage de l'Alcoran qu'on leur dise, ce qui n'arrive pas souvent, on les tire par force & leur criant *Charæ ulla*, qui vaut autant que par la Loy de Dieu, on les meine à la Justice devant le Cady ou autre Juge qui les condamne à essuyer les châtimens deûs à leur obstination. On couche le coupable sur le dos, & luy donnant sur la plante de ses pieds attachez à une falaque, tout au moins deux ou trois cens coups de bâton, on luy fait encore payer par deux ou trois mille aspres la peine de celuy que son emportement a mis en besogne.

La rigueur de ces loix ne contient pas seulement par force les Turcs qui voudroient injurier les autres, ou leur faire quelque tort, elle les a aussi insensiblement accoutumez à ne point jurer & ne point profaner le saint Nom de Dieu par leurs blasphêmes, comme font impunément tant d'autres qui ont des loix bien plus saintes qu'eux. C'est pour ce sujet que le plus grand serment qu'ils ont dans la bouche quand ils veulent assurer quelque chose, est *valla bebilla*, par le Dieu que j'adore, & bien souvent mesme les Turcs qui sont les plus éloignez de Constantinople, & qui ont par-consequent plus de frequentation avec les Chrétiens, se servent des juremens des Grecs & des autres, n'en ayant pas de propres dans leur langue, & ils les employent plutost par maniere de flatterie & par caresse, que par invective. Il faut pourtant avoüer qu'ils ne gardent pas toujours cette moderation, sur tout quand ce sont des gens de la populace, & qu'ils traittent avec des personnes d'une religion differente de la leur ; car au lieu des douces paroles de *janum, iki guſum, cardache*, qui signifient, mon cœur, mes deux yeux, mon frere, & autres qu'ils employent ordinairement, ils se servent pour lors des termes outrageans de *giaour, kupec, dinſis*, infidele, chien, sans foy, & autres semblables execrations qui ne sortent pour l'ordinaire que de la bouche des petites gens. Les personnes au contraire qui sont un peu relevées au-dessus du commun, comme les Marchands & gens de Loy, sont pour la pluspart fort affables & humains, & pour peu qu'ils goûtent un étranger, ils luy font autant de caresses & d'accueils obligeans, que s'il estoit de leur pays ou de leur Religion, & sur tout s'il peut s'entretenir avec eux dans la langue Turque. J'en rapporteray icy quelque exemple.

Je me trouvay un jour dans la ville de Boursa avec Monsieur Vaillant, Monsieur Bellocier de saint Sauveur, & deux autres voyageurs François, où passant par une place l'esclave d'un Marchand Turc nous ayant apperceu & reconnu pour estre Européens, & de plus François aussi-bien que luy, nous fit grand accueil, & nous invita à le venir voir chez son Aga où il vouloit nous régaler. Il nous dit que son Maître luy portant beaucoup d'affection, voyoit avec plaisir chez luy ceux que cet esclave luy disoit estre de son pays, & puisque nous estions arrivez depuis peu en Turquie, qu'il vouloit nous y traitter à la Turque, & nous faire voir par experience qu'un esclave chez les Mahometans, qui sçait une fois gagner l'affection de son Maistre, comme il avoit fait, n'est pas toujours si malheureux que son nom le porte. Il avertit son Aga de nostre arrivée, luy disant que nous estions de son mesme pays, & qu'il le prioit de luy permettre de nous régaler. Ce Marchand y consentit, & luy ayant mesme témoigné qu'il avoit bien de la joye de nous voir, il luy ordonna de nous faire venir le lendemain, & cependant de préparer le disner qu'il vouloit nous donner. L'esclave n'oublia rien de tout ce qu'il pouvoit sçavoir de cuisine Françoise, & son Maistre de son costé fit aprester ce qu'il creût estre de meilleur parmy les ragoûs Turcs, pour nous préparer un dîner qui nous témoignât, autant que son bon visage, le plaisir qu'il avoit de traitter à sa table quatre étrangers que nous étions, & de nous montrer par là qu'il se trouve parmy toutes sortes de nations (quelques barbares que l'on les estime) & dans chaque Religion des personnes qui se distinguent par une honnêteté particuliere, & qui remplissent avec autant de soin que de plaisir tous les devoirs de l'humanité la plus genereuse, au milieu d'un peuple mal instruit, & qui n'en connoist ny les regles ny l'usage.

Je ne sçaurois laisser passer la bonne reception que nous fit cet honnête Marchand, sans rapporter de luy, qu'entre les vertus morales qu'il pratiquoit, il avoit une grande résignation à la volonté de Dieu, qui est plus propre aux Turcs à cause de la croyance qu'ils ont de la predestination, qu'à pas une autre nation; & pour nous en montrer quelque chose, il nous fit le récit d'une partie de son histoire. Aprés donc qu'il nous eût entretenus de quelques disgraces qui luy estoient arrivées depuis peu par de grandes pertes qu'il avoit souffertes dans la marchandise; par quelques banqueroutes que ses correspondans luy avoient faites, & par la maladie & la mort de plusieurs de ses bestiaux, & autres animaux domestiques, il nous dit voyant que nous compatissions beaucoup à ses infortunes, *Alla kerim, beulai alla ister beulai olsun*, Dieu est Tout-puissant, il le veut de cette façon, qu'ainsi soit-il.

Ce Turc n'est pas le seul que j'ay trouvé d'honnête homme parmy les Mahometans; bien souvent dans les Caravannes c'estoit à qui me feroit le present de quelques fruits, de quelques tassées de caffé ou du ſerbet; & je me ſouviens meſme de n'avoir jamais guere mieux paſſé le tems que durant les quinze jours de caravanne que je mis au voyage depuis Alep juſques à *Dierbeker* capitale de la Meſopotamie; comme j'eſtois ſeul d'Européen dans cette route, je fus obligé de m'accommoder avec des gens du pays qui faiſoient le meſme chemin que moy. Je trouvay cinq ou ſix jeunes Marchands Turcs d'une humeur fort enjoüée, avec leſquels je fus obligé de me joindre, parce qu'ils portoient une tante pour camper, & qu'eſtant ſeul de ma compagnie, je n'avois pas pû m'en embaraſſer, dans l'eſperance de m'aſſocier, comme je fis, avec ceux qui en auroient. Or comme durant le chemin tous ceux de noſtre caravanne eſtoient obligez à faire la ſentinelle pendant la nuit chacun à ſon tour, pour n'eſtre pas ſurpris des Arabes ou des *Karakerſis*, qui ſont des voleurs de la route, qui ſe ſervent de l'obſcurité pour venir dérober ceux qui dorment; lorſque c'eſtoit au noſtre nous nous ſervions de la lumiere de la Lune pour éclairer nos divertiſſemens. Un de la bande nous fit faire tout le tour de noſtre caravanne campée & endormie, en joüant à ce qu'ils appellent en ces quartiers-là *leubelboche*, qui eſt ce que nous nommons en France joüer au palet, ou ſi l'on veut ce qu'Homere qualifie de δίσκοισιν τέρπων, *ludere diſcis*, & parce que nous eſtions éloignez de la ville de Sparte & du tems des anciens Spartiates, il prit ſeulement quelques pierres plattes, & ne cherchant point pour ce divertiſſement les diſques polis & bien arrondis de cette Republique; il ne fut pas non-

plus obligé de crier aux spectateurs avec Martial :
*Splendida cum volitant Spartani pondera disci,*
*Este procul pueri, fit semel ille nocens.*

Nous n'avions personne à regarder nostre jeu que ceux de nostre garde qui l'observoient quelquefois de trop prés pour mon profit.

Nous eûmes plutost fait à cet exercice tout le tour de nostre campement, que nostre quart qui duroit deux heures, ne fut finy. Un autre de la bande voyant que nous estions assez pour former une petite dance en rond, commença à entonner une chanson Turque qui avoit esté faite sur un jeune homme de *Diarbeker*, & nous mettre en train par la nouveauté de sa chanson ; mais aprés que chacun eût dit la sienne, qui en Turc, qui en Arabe, ils m'obligerent aussi d'en dire une en François ; à quoy ayant satisfait, ils se prirent tous à rire si fort de ce qu'ils ne pouvoient répeter ma chanson, comme je répetois la leur, qu'ils aimerent mieux quitter la dance, & achever la garde au-tour d'un qui prit son *taboura*, & qui chantoit dessus un air nouveau, que de suivre le mien, & répeter des paroles qu'ils n'entendoient pas.

## DU SIGNAL DE LA PRIERE.

TOUTE la Religion Mahometane n'estant fondée que sur la priere frequente, il ne faut pas s'étonner si les Turcs la reïterent avec tant d'assiduité. Ils croyent que les Juifs & les Chrétiens n'ayans pas obeï au precepte que Dieu leur avoit fait de le prier souvent, il ordonna à Mahomet de

prescrire aux Musulmans qu'ils eussent à luy adresser cinquante fois le jour leurs oraisons & leurs vœux : mais celuy-cy prévoyant que ses sectateurs ne pourroient pas bien s'acquitter de ce commandement, il fit tant auprés de Dieu qu'il se contenta de la dixiéme partie des hommages qu'il avoit voulu que l'on luy rendît, & que ce grand nombre de cinquante prieres par jour fût réduit à cinq. Or comme les cloches & les horloges sonantes leurs sont deffenduës, on fut obligé d'établir des hommes qui a force de voix leurs annonçassent le tems qu'ils doivent aller au Temple, ou de faire au moins la priere chez eux. Ces crieurs s'appellent *Muazzins*, de deux mots Arabes *Muaz zin* qui signifie voix en oreille. Ils montent régulierement cinq fois le jour aux Minarets des Mosquées, ou s'il n'y en a point, ils se mettent à la porte du Temple, & de là, se bouchant les oreilles avec les deux pouces, ils crient à pleine teste, *allah hecber*, & le reste suivant l'heure de leur cry.

Cette priere publique s'annonce au poinct du jour, à midy, environ les trois ou quatre heures du soir, au Soleil couchant, que les Italiens & les Turcs appellent vingt-quatre heures, & à une heure de nuit. La premiere de ces prieres se nomme *Salem* ou *Sabah namasi* ; la seconde *Euylaï namasi* ; la troisiéme *Kindi namasi* ; la quatriéme *Accham namasi* ; & la derniere *Yatisi namasi* ou priere du coucher. Les Turcs ne manquent guere à ces cinq prieres, mais sur tout à la premiere & aux deux dernieres ; car si on observoit qu'ils ne satisfissent pas au moins à ces trois, des cinq qui leur font commandées, on les en châtieroit rigoureusement & exemplairement. Aussi rien ne les en peut exempter, car s'ils ne sont pas en estat d'aller à la Mosquée, ils sont obligez de la faire au lieu où ils se trouvent, & de descendre mesme de cheval lors qu'ils sont à la campagne, & qu'ils font voyage à ces heures. S'ils sont en caravanne, le *Caravanbachi* ou conducteur de la troupe fait alte, & se tournant au *Koblé* ou du costé de la Mecque, il crie luy-mesme ou fait crier par un autre l'heure de la priere, & pour lors tous les Turcs sont obligez de mettre pied à terre, & de faire comme luy. Les Chrétiens qui se trouvent aussi dans la mesme caravanne peuvent demeurer à cheval s'ils veulent, mais ils ne doivent point avancer durant que les autres font oraison, si ce n'est qu'estant en beaucoup plus grand nombre ils soient obligez de suivre le bagage, car alors les Turcs se tirent à l'escart pour vacquer à leur priere.

Outre ces cinq prieres que les Muezins annoncent tous les jours aux Minarets, il y en a encore deux autres, celle du Vendredy qui est comme leur Dimanche, & celle du Ramazan qui est le tems de leur jeûne. La premiere s'appelle *Salah* & se fait à neuf heures du matin tous les *Giuma guni* ou Vendredis; & la seconde se nomme *Taravié namasi*, & se fait à minuit durant toute la Lune du Ramazan, & à la pleine Lune des deux autres mois qui la précedent; sçavoir le quinziéme de la Lune de *Regeb*, & le mesme jour de celle de *Chaban*. Toutes ces prieres ne durent pas plus d'une demi-heure chacune, encore les ordinaires ne vont-elles pas à plus d'un quart-d'heure. Quand le *Salah* du Vendredy eſt finy, les Marchands & les artiſans peuvent ouvrir, s'ils veulent, leurs boutiques. On ne les oblige point à chômer la feſte, & il y en a fort peu qui ne travaillent aprés leurs prieres.

Le cry de ces Muezins n'eſt pas bien long à Conſtantinople, ils ne diſent autre choſe que *Allah heober*, qu'ils répetent pluſieurs fois en ſe promenant au-tour des galleries qui ſont aux Minarets, auſſi-bien que la profeſſion de leur foy, & puis ils diſent, *Ahia elſela, Ahia elſela*, qui ſignifie, or ſus venez donc à la priere, je vous l'annonce clairement. Quoy-que ces paroles ſoient Arabes, les Turcs ne laiſſent pas de s'en ſervir, & d'entendre auſſi que c'eſt le ſignal de la priere ; mais bien qu'il ſoit pour l'ordinaire aſſez ſimple, & ſur tout aux petites Moſquées & aux jours ordinaires, il eſt bien augmenté & compoſé durant le *Ramazan* & autres jours celebres. Les Muezins & ceux qui les accompagnent aux Minarets pour y crier avec eux, font quelquefois un accord de voix qui ne déplaiſt pas aux Turcs, & ſur tout lors que ces crieurs s'aſſemblent aux Minarets de quelque grande Moſquée, comme eſt celle du Sultan Achmed bâtie dans l'Hippodrome de Conſtantinople. Cette Moſquée a ſix de ces Minarets, à chacun deſquels il y a trois galleries ; tellement qu'aux grandes feſtes toutes ces galleries ſont remplies de gens, qui criant tous fort haut & ſur des tons differens, font une ſymphonie qui chatoüille l'oreille des Mahometans ;

mais qui ne plaiſt guere à celle des Chrétiens.

Lorſque j'eſtois à Conſtantinople un jour de *Bairam* ou de la Paſque des Ottomans, pendant que les Muezins faiſoient un pareil concert, un jeune Chrétien Grec âgé de 10. à 12. ans paſſant proche de la Moſquée, & ne goûtant point ces crieries des Turcs, ſe mit à les contrefaire; & ſoit qu'il voulut ſe mocquer d'eux, ou bien qu'il ignorât le danger qu'il courroit, il ſe prit à chanter auſſi de ſon coſté: Ce qu'ayant eſté entendu par quelques Mahometans qui paſſoient pour aller à la Moſquée, ils le prirent & voulurent d'abord l'engager ( comme un enfant par preſens & par carreſſes ) à ſe faire Turc; mais aprés l'avoir mis en priſon, ils n'en purent tirer d'autres réponſes que des paroles toutes contraires à celles que l'on vouloit de luy pour le faire renoncer à la Foy Chrétienne. Ce jeune enfant par une generoſité toute ſainte, aima mieux ſouffrir les baſtonades, & la mort meſme que l'on luy fit endurer en-ſuite en luy trenchant la teſte, que de faire aucun ſigne aux Turcs pour embraſſer leur Religion, ny dire aucunes paroles de leur profeſſion de Foy. Au-contraire il employa les derniers ſoupirs de ſa vie à répeter ſouvent ces belles paroles que l'Egliſe Grecque reïtere tant de fois dans ſes prieres, ἐλέησον ἡμας κύριε, & mourant ainſi dans la confeſſion de la Foy Chrétienne, il emporta ſans doute la couronne du martyre.

Quoy-que ces crieurs ne faſſent pas tant de bruit par leur voix que les cloches en font par leur ſon, ils ne laiſſent pas que de ſe faire entendre bien loin, & comme il n'y a pas de carroſſes dans les ruës de

Constantinople, & qu'il y a fort peu de ces métiers qui étourdissent les oreilles, leur voix qui est claire & perçante se porte facilement dans tous les quartiers de la ville les plus éloignez ; & mesme je les ay entendus à la campagne d'une distance considerable. Il est vray que le nombre de ces Muezins est fort grand, & qu'il y a encore beaucoup de personnes qui n'ayant point cet office à la Mosquée, ne laissent pas de monter avec eux au Minaret pour avoir part au plaisir qu'ils ont à crier à pleine teste, ou profiter des indulgences qu'ils croyent gagner lors qu'ils annoncent l'heure de la priere aux bons Musulmans.

## DE LA PURIFICATION DES TURCS.

LA derniere préparation que les Turcs font pour la priere, est de se laver plusieurs fois. Ils nomment ces ablutions de cinq noms differens, parce qu'ils en ont de cinq sortes ; & bien qu'ils ne soient pas obligez de les faire toutes cinq avant que de se presenter à l'oraison, je ne laisseray pas de les rapporter icy. La premiere de toutes & qui est la plus generale, puisque les Chrétiens s'en servent aussi-bien que les Turcs, est le bain ordinaire qu'ils appellent *Amam*. La sconde est pour les necessitez corporelles, ils la nomment *Taharat*, qui signifie netteté. La troisiéme est pour se purifier des impuretez où ils seront tombez durant la nuit ou le jour, ils luy donnent le nom de *Gouslu*, c'est à dire purification. La quatriéme est pour se laver de toutes les autres ordures qu'ils ont contractées durant le jour par les organes des cinq sens de nature. Ils se servent d'vn terme Persien pour la nommer, c'est *l'abdest*, qui signifie l'eau à la main ou ablution. Et la derniere, c'est le bain qui se fait au cadavre des morts, on l'appelle *Eulu ïakmakhe*, ou lotion mortuaire.

## DV BAIN.

DE toutes les nations du monde, il n'y en a point qui affecte si fort la netteté que le fait la Mahometane, tant parmy les Ottomans que chez les Persans. Tous ces peuples en ont fait un principe fondamental, ou pour mieux dire, toute l'essence de leur Religion, qui ne consiste que dans des ceremonies exterieures. Cela fait qu'ils ont esté obligez de bâtir quantité de lieux destinez pour des bains dans lesquels ils puissent se laver entierement le corps. Il y en a un tres-grand nombre dans toutes les villes principales de Turquie, & mesme il s'en trouve beaucoup qui ne cedent guéres aux thermes anciens des Empereurs Romains. Il ne faut que voir ceux de la ville de Boursa, qui sont d'eau naturellement chaude, receuë en de grands bassins de marbre; ils sont entourez de siéges de mesme matiere; ils sont couverts de deux fort beaux dômes qui forment sous eux deux grandes chambres, dont l'air & l'eau sont de chaleurs differentes, aussi bien que dans tous les autres; Et devant que d'y entrer on se deshabille dans une autre grande salle plus fraîche; tellement que tous ces édifices ont de necessité tout au moins trois grandes salles: La premiere où l'on entre est d'un air fort

fort temperé, & pourtant plus chaud que celuy de la ruë, c'est là que l'on quitte ses habits. La seconde est d'une chaleur plus forte. Et la troisiéme est si chaude que l'on ne peut y demeurer sans suër.

Toutes sortes de personnes sont admises à ces bains, les Chrestiens & les Juifs aussi-bien que les Turcs, parce qu'ils sont bâtis pour l'utilité publique, & pour la propreté & santé de tout le monde. Je croy que ces sortes de bains sont cause que tous les Orientaux ne sont pas si sujets aux maladies que nous, & qu'ils le seroient encore beaucoup moins, s'ils y alloient moins souvent. Il est de ces remedes comme du vin, du tabac, des medecines, & de tous les autres médicamens dont on ne doit se servir que pour la necessité, autrement tout cela devient plus nuisible à la santé qu'il ne luy est profitable. Je connois en Perse un Capucin François ( c'est le R. P. Raphaël grand Mathematicien ) qui nonobstant son âge fort avancé, qui est de prés de quatre vingt ans, est encore neanmoins plein de vigueur & de santé, parce qu'il n'a jamais bû de vin que quand il a esté malade. Lors qu'il sent quelque indisposition ( ce qui ne luy arrive pas souvent ) il prend pour toute medecine une grande tassée de vin qui luy redonne la santé: & moy pour le tabac je ne m'en sers que lors que j'ay mal à la teste, encore est-ce en si petite quantité que le prenant en poudre seulement avec l'extremité du doigt, j'en ay suffisamment pour me faire éternuër beaucoup de fois, & me décharger ainsi de ce qui m'incommodoit le cerveau. Il en est de mesme des bains de tout l'Orient. Il n'y auroit rien au monde de meilleur si l'on n'y alloit tout au plus qu'une fois le mois; mais parce que les Turcs s'y lavent presque tous les jours, cela leur humecte si fort le cerveau, que la pluspart sont affligez d'une opthalmie continuelle qui les incommode extremement: Cependant, parceque les Mahometans sont tres-exacts à observer les ordres ridicules d'une Religion aussi mal fondée que la leur, ils aiment mieux (quelque chose qu'on leur puisse dire) interesser leur santé par le frequent usage du bain, que de ne pas satisfaire autant qu'il leur est possible à ce que la loy leur commande.

Ils vont donc tous si souvent au bain, que leur revenu ordinaire ne suffiroit pas à cette dépense, s'ils payoient grassement comme l'on fait en France la peine des Etuvistes, & ils auroient pour le moins autant de sujet de se plaindre des frais excessifs ausquels l'obeïssance de leur loy les auroit engagez, que le faisoit Martial, quand il disoit pour un semblable sujet,

*Balnea post decimam lasso centumque petuntur Quadrantes.*

Mais comme il n'y a point de prix arresté pour cela, & que chacun y donne ce que bon luy semble comme chez les Barbiers, il ne leur en coûte pas plus de trois ou quatre aspres, qui sont dix-huit deniers ou deux sols chacun pour chaque fois. Les Francs ou Europens en donnent beaucoup plus. Tout le monde paye, tant les Maistres & les Maistresses que leurs esclaves, il n'y a que les petits enfans jusques à cinq & six ans qui en soient exempts, encore bien souvent leurs meres donnent-elles quelques aspres pour eux quand elles les y menent: mais lors que cela arrive, ce n'est pas en la compagnie de leur pere, puis que les femmes ne se trouvent jamais au bain avec les hommes; le temps est limité pour chacun, les hommes y vont depuis le point du jour jusques à midy, & depuis ce tems-là on n'a pas besoin de leur crier ce vers Grec d'Hesiode,

Μηδὲ γυναικείῳ λουτρῷ χρόα φαιδρύνεσθαι,

Ave*ra, neque in muliebri balneo corpus abluito vir.*

Ils ne s'y trouvent jamais, soit qu'ils croyent avec les anciens qu'il ne soit pas trop sain pour les hommes de se laver dans le mesme lieu & dans le mesme temps que les femmes se baignent; soit que l'honnesteté ne leur permettant pas, il leur est expressément défendu sous de griéves peines de s'y presenter seulement. Il n'est donc permis qu'aux petits garçons de sept à huit ans tout au plus d'entrer au bain avec leur mere, ou leurs autres parentes qui les y ménent, ne craignant rien de cét âge si tendre; Cela n'empesche pas toutefois qu'il ne s'en trouve d'assez spirituels pour remarquer toutes les sortes de divertissemens qu'elles y prennent, puis que les femmes vont autant au bain pour le plaisir que pour la necessité. J'en ay mesme connu qui se sont assez bien souvenus dans un âge plus avancé de tout ce qu'ils avoient veû faire dans le bain à celles qui les y avoient menez, pour me faire le récit de tout ce qu'ils y avoient observé lors qu'ils n'y alloient point encore à leurs dépens: mais comme une partie de ce qu'ils m'en ont raconté ne tourne pas tout à fait à l'honneur des Dames d'O-

Pagination incorrecte — date incorrecte

**NF Z 43-120-12**

rient, j'ayme mieux le taire pour leur pudeur, & dire icy que ce sont des contes de petits enfans, que l'on mene encore au bain sans payer, & des recits faits à plaisir, ausquels non seulement les personnes raisonnables n'ajoûtent point de foy, mais qui sont de ces choses dont parle Juvenal, & que

*Nec pueri credunt, nisi qui nondum ære lavantur.*

On n'attend plus comme l'on faisoit autrefois chez les Romains le son de la cloche pour avertir le monde d'aller aux bains; on les ouvre dés les quatre heures du matin, & on ne les ferme qu'environ sur les huit heures du soir; mais durant tout ce temps on n'entend jamais de bruit ny de querelles dans le bain, non plus que l'on ait dérobé les habits ou la bourse de quelqu'un, & ainsi l'on n'est point obligé d'avoir, comme Ovide le demande, une personne à la porte pour garder les habits,

*Cum custode foris tunicam servante puella.*

Il est bien vray que si les hommes ne sont plus obligez à cette ancienne coûtume, les femmes ne l'ont pas encore quittée, c'est à qui portera la plus belle Toilette, & comme elles vont en grand nombre au bain, & qu'elles y demeurent tout l'aprés midy, plûtost pour y causer & y voir leurs amies, que pour la necessité, elles y menent encore une vieille femme esclave qui se tient dans la premiere salle proche les habits de sa Maistresse ; car sçachant par experience aussi bien qu'Ovide tous les tours du bain, elles n'ignorent pas non plus que luy que,

*Condunt furtivos balnea multa jocos.*

C'est pour ce sujet que l'on voit toûjours par les ruës aprés elles des esclaves qui portent sur leur teste la Toilette de leurs Maistresses & de leurs amies, avec les legers apprests d'une collation qu'elles font ordinairement entr'elles, & qui ne consiste qu'en quelques *halvas* ou confitures. Elles laissent le tout en garde à ces vieilles femmes pendant qu'elles vont aux deux étuves du bain ; & de cette façon elles observent encore ce qui se faisoit au temps de Martial, où c'estoit la coûtume que

*Supra togulam lusca sederet anus,*

Si les femmes Turques & Chrestiennes de la Grece ont gardé cette coûtume des anciennes Dames Romaines pour la conservation de leurs habits, elles n'ont pas non plus laissé perdre celle qui concerne l'ornement de leurs personnes ; Elles ont un soin tout particulier de se teindre en rouge ou roux les cheveux, les ongles des pieds & des mains par le moyen de la poudre d'une herbe que les Arabes nomment *Elhanna*, & les Turcs *Alcana*, & elles se noircissent & se gomment les cils & sourcils, aussi bien que celle dont Juvenal dit,

*Illa supercilium madida fuligine tactum*
*Obliqua producit acu, pingitque trementes,*
*Attollens oculos.*

La maniere de laver ceux qui viennent au bain, dont se servent les Turcs, est assez particuliere. Aprés que l'on s'est deshabillé tout nud dans la premiere salle, on se met au-tour du corps une grande serviette qu'ils appellent *fota* ou *pestemal*, & dans cet équipage on passe par la seconde salle plus chaude que la premiere, pour aller dans la troisiéme où l'on fuë. On fe couche tout à plat fur le ventre au milieu de cette falle fur une élevation de marbre qui eft l'endroit le plus chaud de tout le bain, où aprés avoir fuffifamment fué, il vient un étuvifte qui prend les bras à celuy qui vient fe baigner, puis les ayant détirez plufieurs fois & détournez tant en devant qu'en derriere, & en avoir autant fait aux jambes, il fe coûle des pieds & des mains tout le long du dos & des cuiffes avec une agilité extréme, en-fuite il le conduit de là vers un autre endroit où il y a plufieurs petits baffins & robinets d'eau chaude, il le lave bien & le frotte avec un petit fachet de camelot, baracan, ou d'autre femblable étoffe fort rude dans lequel il paffe la main, puis ils le favonne & le lave derechef.

Ces fachets de baracan ou frottoirs des bains ont fuccedé aux étrilles des anciens pour l'ufage, & non pas pour la forme ou la matiere, car ces petits facs font de figure quarrée, & fervent à nettoyer la peau de toute la craffe qui peut s'eftre arreftée fur le corps, auffi-bien que les étrilles eftoient pour la racler; mais parce qu'ils ne font que de camelot, ils font plus commodes & plus maniables que ne l'eftoient pas ces inftrumens de métail qui avoient un manche, & qui eftoient faits à peu prés de la figure d'une ferpe. Les Turcs ont la mefme liberté pour ces petits frotoirs, que les Romains avoient pour leurs étrilles. Ils peuvent avoir, s'ils veulent, chacun le leur, & le faire porter au bain pour s'en fervir en leur particulier, auffi-bien que le faisoit ce Crispin au valet, de qui le Poëte Perse dit,

*I, puer, & strigiles Crispini ad balnea defer.*

Mais comme les Turcs ne se dégoûtent pas de boire & manger l'un aprés l'autre dans le mesme vaisseau, & de porter mesme les habits d'un pestiferé mort, ils ne font pas non-plus de scrupule d'estre frottez avec le mesme sachet qui aura servy à un autre dont le corps n'aura pas mesme esté tout-à-fait net, pourveu qu'ils voyent qu'on le lave un peu devant eux, comme on le fait toujours.

La frequente obligation que la loy Mahometane a imposée à ses sectateurs d'aller si souvent au bain, a donné sujet à plusieurs personnes de faire bâtir chez eux un petit appartement fort propre pour s'y faire laver par leurs esclaves, ou s'y laver elles-mesmes, sans estre obligées d'aller aux étuves publiques. Ces petits édifices servent encore aux hommes pour oster sujet à leurs femmes de sortir hors du logis, sous le prétexte d'aller au bain. Ils sont si-bien ménagez, que sans entrer à la cuisine ny sentir la fumée du pot, il ne faut souvent qu'un mesme feu pour échauffer l'*Amamgik* ou petite étuve, & pour faire cuire le dîner. Et comme ces sortes de bâtimens sont d'une grande utilité dans une maison un peu considerable, & sur tout à la campagne, j'en donneray quelque jour le plan & la veuë du dedans & du dehors, afin que ceux qui voudront en faire construire chez eux, tant pour leur propre usage, que pour celuy de leur famille & de leurs amis, le puissent faire si bon leur semble, & à peu de frais.

## Du Tahara, ou de la netteté des Turcs.

LEs Mahometans affectent si fort la netteté du corps, que craignant d'estre soüillez par la sortie de quelqu'un de ses excremens, ils ne se contentent pas de laver au bain public toute leur peau qui en est l'emonctoire universel, ils sont encore obligez de nettoyer toutes les portes par où la nature satisfait à ses necessitez, & cela autant de fois qu'ils ont eu besoin de se décharger des restes de la derniere coction des alimens. Ils ont donc presque toujours l'*Embrik* ou aiguiere à la main pour se nettoyer tous les endroits du corps par où il est sorti quelque excrement, & il n'y a rien de plus plaisant que de voir un Turc avec quelque *diarrhée* ou cours de ventre, ou bien quelque *miction* involontaire. Il ne faut point luy donner pour lors d'autre occupation, il en a suffisamment pour bien employer son tems & exercer ses mains. Ils ne sçavent ce que c'est que porte-éponge, & ce seroit un crime irremissible parmy eux de se servir de papier, qui estant remply d'écriture pourroit avoir parmy les caracteres dont il est chargé, les lettres qui servent à former le nom de Dieu que leur ignorance n'y sçauroit peut-estre découvrir; ou bien qui seroit encore capable de les y recevoir n'ayant point servy. C'est pour cette raison que le papier est en si grande veneration chez les Mahometans. Ils ne l'employent point à des choses viles, & ne sçauroient mesme souffrir que l'on marche dessus. Lors qu'ils en trouvent par les ruës quelque

# DE CONSTANTINOPLE.

petit morceau, ils le ramaſſent, le baiſent & le mettent bien dévotement dans quelque trou de muraille. Ce grand reſpect, à l'égard du papier, leur vient aſſurément de celuy qu'ils ont pour l'Alcoran, qu'ils n'abbaiſſent jamais au-deſſous de la ceinture quand ils le portent ou qu'ils le gardent dans leurs maiſons, ou bien de celuy qu'ils ont encore pour les perſonnes lettrées qui ſont chez eux en grande eſtime.

Cette netteté ſi religieuſement recommandée a obligé l'architecture Mahometane de faire conſtruire en pluſieurs quartiers de la ville, & ſur tout proche des Moſquées, quantité de lieux communs ou neceſſaires, qu'ils nomment en leur langue *Adepkana*, c'eſt à dire lieu de honte ( d'où vient l'injure ſi ordinaire parmy eux d'*Adepſis*, ſans honte ou effronté.) Ces commoditez publiques ſont tres-propres, car outre le ſoin que chacun a de ne les point gâter, & celuy que le *Maidagi* ou balayeur public & gagé prend de les nettoyer au moins tous les Jeudis de chaque ſemaine, il y a dans chacune de leurs petites cellules ou ſéparations une fontaine qui coule toujours, ou tout au moins un robinet qui s'ouvre pour la neceſſité de ce *Tahara* ou lotion particuliere.

Il faut que je confeſſe icy que nous n'avons rien de ſi commode dans toute l'Europe, ny en meſme tems qui y fût ſi neceſſaire, & ſur tout dans les grandes villes pour y conſerver la propreté qui en doit faire le principal ornement. On ne voit point dans l'Orient ce qui arrive & qui ſe ſouffre dans toutes nos villes, sçavoir les dehors des Temples infectez de l'urine & des autres excremens de ceux qui ne devroient s'en approcher qu'avec crainte & respect; & l'on n'y rencontre pas non-plus des personnes qui soient obligées d'incommoder leur santé, en retenant malgré soy des évacuations naturelles, pour ne pas trouver un lieu propre à se décharger d'un si pesant fardeau.

Je n'ay jamais oüy tant d'invectives contre la police des Européens sur ce sujet, que celles que j'entendis un jour à Constantinople sortir de la bouche d'un Turc qui me parloit & qui estoit venu à Marseille & de là à Paris. Il avoit accoutumé, suivant la maniere de vivre de son pays, de manger quantité de fruits, de salades, & entr'autres choses des concombres verts à demy meurs, avec du lait caillé, ragoûts tres-propre à faire crever les chevaux de France, & cependant fort usité parmy les peuples Orientaux à qui il ne cause pas la moindre indigestion. Cette homme, dis-je, s'estoit logé, comme il me le raconta, au quartier de S. Eustache; & durant les chaleurs de l'Esté, qu'il trouvoit beaucoup plus grandes à Paris que dans son pays, bien qu'il soit plus meridional d'environ quinze degrez, puisqu'il estoit de Damas en Syrie; il s'avisa pour se rafraichir, de manger plein un grand plat de lait & de concombre, & de là s'en aller au fauxbourg S. Marcel où il avoit quelques affaires.

En revenant de cette promenade, l'agitation du chemin & la fraicheur des concombres au lait qu'il avoit mangez, avec la chaleur du tems, commencerent à faire operation dans son ventre ; & se trouvant vers la place Maubert, il luy prit une envie d'aller à la selle ; mais croyant avoir assez de tems pour gagner son logis, il continüa sa route le plus viste qu'il luy fut possible ; cependant comme son mal s'augmentoit à chaque pas, il regardoit de tous costez s'il ne trouveroit point de ces *Adepkanas* si-bien lavez & aussi commodes que le sont ceux de son pays : Mais n'appercevant de toutes parts qu'une foule extrême de gens, que des boutiques ouvertes, & que des ruës qui ne sont gueres propres à s'y décharger d'un fardeau aussi pesant que l'estoit le sien, il se trouva peut-estre pour lors le plus embarrassé de tout Paris, ne sçachant pas encore ce que l'on y fait en telle rencontre.

Cette extremité fâcheuse pour un Musulman le faisoit soupirer aprés le *Geroun* de Damas, qui est une grande place entourée de trente-six de ces necessaires ou lieux communs. Il maudissoit toutes les ruës de Paris, & il auroit de tout son cœur changé mesme celle de la Huchette, le Pont S. Michel & tout le quartier du Palais pour les ruës d'Antioche qui sont presque toutes desertes. Il regretoit toutes les Mosquées de la Turquie, plutost pour trouver proche d'elles quelqu'un des *Adepkanas* dont il avoit tant de besoin, que pour satisfaire à la dévotion qu'il eût pour lors d'y aller faire sa priere ; & il disoit enfin, à ce qu'il me raconta luy-mesme, helas, encore si j'estois au Grand Caire, je n'aurois qu'à me mettre au premier endroit pour me soulager dans l'extremité où je suis ! j'en serois quitte, aussi-bien que d'autres, pour crier, comme l'on y fait à tous les passans, la teste baissée, *Kouf nadarak ïa sidi*, qui signifie, Monsieur détournez la veuë : & si ce n'estoit pas assez, je leur ajoûterois encore, *ou soudt mounkarak* : Mais au milieu de Paris où l'on trouve plus d'hommes que de pavez, que faire pour n'estre point veu ny remarqué dans une posture si peu conforme à l'honnêteté ? toutes ces réflexions n'empescherent point que ce pauvre Syrien ne pût passer le Pont au Change sans se rendre à la violence d'un besoin si pressant, par les tranchées que luy causoit l'incommodité de son laict & de ses concombres. Il fut donc enfin obligé de lâcher la prise, & aprés avoir desiré tant de lieux differens de la Turquie, il souhaitta encore plus ardemment que tout ce qu'il avoit demandé, de trouver au lieu du grand Châtelet, les bains tiedes naturels & salutaires qui sont dans l'Isle de Milo assez éloignez de la ville, pour pouvoir s'y retirer à l'écart; ils luy auroient servy pour se jetter promptement dedans en attendant que quelqu'un eust bien voulu laver ses habits ou luy en apporter d'autres, parce que les imprecations qu'il avoit faites sur la ville de Paris l'avoient déja mis en tres-mauvaise odeur auprés de tous ceux qui l'approchoient.

Je ne rapporteray point icy toutes les invectives que ce Turc me dit ( tout en colere qu'il estoit encore de cette disgrace ) contre la mauvaise police de Marseille, où tous les matins on est en danger de recevoir en passant par les ruës une pluye fort épaisse & tres-incommode. La moindre de ses in-

# DE CONSTANTINOPLE.

jures estoit celle de *bokïer* qu'il avoit souvent à la bouche lorsqu'il vouloit exagerer la malpropreté des autheurs de ces fâcheuses influences. Mais je ne puis en passer une entre les autres qui vient fort bien au chapitre du *Taharat* que je traitte à present, & qui est celuy de la netteté des Turcs ; il me dit, comme une grande injure, que tous les *Giaours* (c'est ainsi que les Turcs appellent les Chrétiens) estoient des *Taharat-sis*, c'est à dire des gens soüillez, sales & sans aucune netteté.

### Du Gouslu ou de la Purification Turque.

CE n'est pas assez aux Mahometans de s'estre lavez tout le corps dans le bain ordinaire, ils sont encore obligez (aprés en avoir fait l'*Abdest* dont je parleray bien-tost) de le rinser, pour ainsi dire, dans un bain particulier lorsqu'il leur est arrivé quelque évacuation extraordinaire durant la nuit, soit qu'ils ayent dormy seuls ou en compagnie. Cette purification se fait dans une grande cuve ou bassin de figure quarrée que l'on emplit d'eau tous les matins pour ne la vuider que le soir ; cette cuve est ce que les anciens appelloient *labrum* ou *oceanum*, les Turcs le nomment *Aouz Gousli*. Comme ils ne se servent de cette purification qu'aprés s'estre bien lavez au bain & avoir fait l'*Abdest*, ils ne sont pas long-tems à la finir ; ils ne font autre chose que de se plonger trois fois dans l'eau, puis ils en sortent & laissent la place à un autre qui en fait autant pour y laisser entrer celuy qui le suit, & ainsi de rang l'un aprés l'autre, jusques à ce que tous les Turcs que la nuit précedente aura obligez à cette ceremonie se soient purifiez de la mesme maniere.

Quoy-que le nombre de ceux qui se plongent dans ce bassin purifiant soit assez grand, parce que les personnes mariées à qui l'hymen permet beaucoup de choses deffenduës à d'autres, y sont aussi-bien obligées que celles qui ne le sont pas; on ne change pourtant point son eau que tous n'y ayent passé, & n'ayent dit en s'y plongeant la priere ordinaire des bons Musulmans, qui est, *La illa illalla, Allam dulilla, Alla herber*, ou autres semblables.

### De l'Abdeſt ou ablution.

La quatriéme & derniere préparation à la priere des Turcs, est l'Abdest; on la peut faire par tout, & mesme avec des herbes, des pierres ou de la terre lorsque l'on est en quelque lieu où il n'y a point d'eau. Ils se sont imaginez que Dieu ( qui demande plus l'interieur que l'exterieur des hommes ) ne voudroit point entendre leurs prieres, s'ils n'avoient auparavant satisfait, du moins autant qu'ils le peuvent, à cette ablution; & mesme qu'étant faites en cet estat impur elles seroient plutost capables d'attirer la colere du Ciel sur eux, que d'en obtenir les benedictions qu'ils croyent que l'*Abdeſt* leur procure. C'est pour ce sujet qu'ils ne bâtissent jamais de Mosquées sans les orner de quelques fontaines, comme on le peut voir dans toutes celles dont je donne icy les figures; & lorsque le lieu n'est pas commode pour cela, ils gagent un homme qui est obligé d'emplir d'eau quelques petits réservoirs, d'où par des robinets chacun en prend ce qu'il luy en faut pour satisfaire à cette ablution.

Il est inutile de dire icy de quelle maniere les Turcs font cet Abdest, je croy qu'il n'y a guere de personnes qui ne sçachent que ces peuples se lavent presque toute la teste & le col, les bras jusques au coude, les pieds & l'extremité du canal par où s'écoule l'urine, & la porte par où l'on se décharge d'un excrément plus grossier : Mais on ne sera peut-estre pas fâché d'apprendre que l'obligation étroite qu'ils ont de se laver si souvent est extrémement penible & fâcheuse pour ceux qui sont dans des pays arides & éloignez des eaux, ou qui demeurent dans des climats froids & plus septentrionaux, & mesme qu'elle est cause que plusieurs de ces Turcs voudroient bien qu'il leur fût permis de changer de Religion, & d'en pouvoir embrasser une autre qui n'obligea point à tant de lotions incommodes.

Je rapporteray icy à ce propos ce que j'entendis un jour dire à un de ces Turcs, que l'on nomme *Raphasis-ler*: ce sont des Heretiques de la loy Mahometane, qui sont en fort grand nombre en Syrie & en plusieurs autres Provinces de l'Asie Mineure. Cet homme, suivant l'ordre de sa Religion, avoit une fois esté obligé d'entreprendre le voyage de la Mecque, que les bons Musulmans doivent faire au moins une fois durant leur vie ; Et comme il estoit, aussi-bien que tous ceux de la caravane qu'il suivoit, dans l'esperance de trouver de l'eau à un puys ou citerne de la route, ne croyant pas que les chaleurs l'auroient desseché comme il estoit arrivé ; il employa aussi-bien que plusieurs autres la meilleure partie de sa provision d'eau à faire les *Abdets* aussi frequemment que le demande la dévotion de ce pelerinage ; & s'estant ainsi, avec la pluspart des autres, trouvé à sec au milieu des sablons, des chaleurs & des deserts de l'Arabie, il ne sçavoit où prendre de-quoy appaiser une soif extrême qui le tourmentoit au dernier point. Il estoit du nombre de ceux qui n'avoient pas assez de bien pour pouvoir acheter au poids de l'or le peu d'eau qui restoit entre les mains des principaux chefs de la Caravane ; Ils en avoient trop de besoin eux-mesmes pour esperer qu'ils eussent esté dans le dessein d'en donner à d'autres. Et de cette façon le pauvre *Raphasis* se vit réduit, aussi-bien que beaucoup d'autres de ses compagnons de voyage, à souffrir une soif brûlante, & fut prest à se voir encore par-dessus tout ensevelir tout vif dans les sablons déliez que des vapeurs étoufantes élevent souvent dans cette pénible route.

Le souvenir de cette extremité, d'où seulement son jeune âge & ses forces naturelles l'avoient retiré, luy mettoit dans la bouche plus de juremens contre Mahomet & contre toutes ses erreurs, que le plus zelé de tous les Chrétiens de l'Orient n'en auroit voulu proferer. Il disoit qu'il ne souhaitoit pas que le Diable l'eust emporté, parce qu'il ne le croyoit pas assez injuste pour l'avoir laissé échaper à sa rage, puisque cet imposteur, disoit-il, estant luy seul la cause de la mort de tant de millions d'ames qui perissoient

dans

# DE CONSTANTINOPLE. 249

dans le voyage de la Mecque, meritoit de souffrir dans les enfers autant de morts qu'il en causoit dans son infame & cruel pelerinage; mais qu'il auroit voulu de tout son cœur que le Ciel eût foudroyé de ses carreaux, & que l'enfer eût englouty dans ses flâmes les autheurs maudits de l'Alcoran, & tous les malheureux propagateurs de la loy Mahometane; ou bien qu'il luy fût permis de se faire Chrétien comme nous.

Je fus surpris au dernier point d'entendre un Turc parler ainsi de sa Religion à deux Chrétiens que nous estions; & craignant que ce fût quelqu'un qui cherchât à me faire avanie si j'avois dit quelque chose contre le Mahometisme, je demanday à mon compagnon quel estoit ce Raphasis, & pourquoy il parloit de la façon? Il me dit que c'étoit, parce que ces Raphasis n'estans ny Chrétiens ny Turcs, n'avoient pas la liberté de se declarer pour l'un ou pour l'autre; Qu'à l'exterieur ils faisoient tous les exercices de la Religion Mahometane; mais qu'au fonds ils ne la croyoient point, & qu'ils estoient mesme sur un pied, que si l'un d'eux vouloit declarer ouvertement qu'il quittoit le Raphasisme pour embrasser & professer sincerement la Religion Turque, on recevoit son abjuration, & qu'on le tuoit en-suite aussi bien que s'il s'estoit fait Chrétien.

La cinquiéme des lotions Turques est celle que l'on nomme *Eulu-iekmaghi*, ou nettoyement mortuaire: Je n'en diray rien en ce lieu, parce qu'il ne se fait pas avant la priere, on ne s'en sert qu'aprés

Ii

le trépas des Musulmans, ainsi je remets à en parler avec ce qui se fait quand la priere est finie, pour dire maintenant quelque chose de ce que les Turcs observent immediatement avant que d'entrer à la Mosquée.

Quand un bon Musulman a satisfait aux quatre purifications que je viens d'expliquer, il doit la veuë baissée monter au Temple, & pour se souvenir du profond respect qu'il est obligé d'y garder, il faut qu'il se déchausse à la porte, & qu'il y entre les pieds nuds, ou tout au plus couverts seulement de ses chausses. Cette necessité de se déchausser presque à toute heure, a fait trouver aux Orientaux une sorte de souliers qui est fort propre pour satisfaire commodément à l'obligation qu'ils ont de se déchausser souvent: c'est une espece de pantoufles, qu'ils nomment *Papouche*, elles sont faites d'une simple seméle & couvertes par dessus d'une empeigne de maroquin jaune, rouge, violet ou noir. Les Turcs & les Francs les portent pour l'ordinaire jaunes, les Armeniens rouges, les Grecs violettes, & les Juifs noires; mais pas une de toutes ces nations n'a la liberté de les porter vertes durant qu'elle demeure dans les Etats du Grand Seigneur, comme un chacun le peut faire dans toutes les Provinces qui sont soûmises au Roy de Perse. On imputeroit à crime à un Chrétien demeurant en Turquie de porter à ses pieds une couleur que les Mahometans regardent comme sanctifiée par l'affection que luy portoit leur Prophete; & les vrais Musulmans n'auroient garde de souffrir aux souliers d'un *Giaour* une couleur qu'ils ne mettent qu'avec un tres-grand respect sur leur teste, & qui sert à distinguer leurs Emirs à qui on donne le bonnet verd comme une marque de l'alliance qu'ils ont avec leur Legislateur & leur Prophete.

Je ne sçaurois obmettre icy en passant la réponse toute pleine d'esprit que le Grand Abbas Roy de Perse fit un jour à un Ambassadeur de Constantinople, que le Grand Seigneur luy avoit envoyé. Cet *Elchi* ou Ambassadeur de la Porte Ottomane ne voyant qu'à regret dans toute la Perse les Chrétiens aussi bien que les Turcs porter des souliers & chausses vertes, demanda au nom de son Prince à Cha Abbas, qu'il défendît à tous ses Sujets de prophaner davantage, & de porter à leurs pieds une couleur pour qui les vrais Mahometans devoient avoir plus de veneration; Qu'il sçavoit fort bien qu'estant la couleur particuliere du Prophete, les heureux sectateurs de sa loy ne devoient en couvrir que leur teste, ou tout au plus n'en parer que les parties les plus élevées & les plus honnestes de leur corps; Qu'il ne faloit point la ravaler par un mépris insupportable jusques à la fouler aux pieds, la souïller dans la bouë, & s'en servir enfin de chaussure, comme l'on faisoit impunément dans tout son Empire, mesme les Giaours, les *Chifoutler* qui sont les Juifs, & tous les autres *Mordars*, ou gens impurs, sans aucune distinction.

*Cha Abbas*, qui estoit le Prince le plus accomply de tout l'Orient, & dont les belles qualitez luy attiroient l'affection de tous les peuples, vit par là que l'injustice des *Osmanlis* ou Ottomans n'alloit pas moins qu'à vouloir empêcher, s'il leur eût esté possible, tous les hommes de se servir de la couleur verte, dont la nature leur fait un present si general, & de les obliger à n'oser mettre à leur chaussure ce que cette bonne mere leur étale mesme sous les pieds sur toute la surface de la terre; Il crût qu'il devoit plûtost se moquer par une galante raillerie d'une proposition aussi ridicule que l'estoit celle de cet Ambassadeur Turc, que de luy marquer en aucune façon le mépris que l'on devoit faire d'une demande aussi basse que celle-là.

Il fit d'abord semblant de consentir à ce que desiroit de luy le Grand Seigneur. Il promit à l'Ambassadeur, qui luy en avoit porté la parole, qu'il alloit commander à tous ses Sujets & à tous ceux qui vivoient dans ses Etats, de ne plus mettre à leurs pieds la couleur du Prophete; & qu'il estoit assuré que si-tost qu'il en auroit fait la défense, on ne verroit plus en Perse les Sujets de Cha Abbas porter des souliers verds; mais qu'il vouloit que preferablement à cet ordre, le Grand Seigneur qui paroissoit si zelé pour cette couleur en fît executer un autre sur le mesme sujet dans toutes les terres de son Domaine.

Ne sçais-tu pas, dit ce Prince à l'Ambassadeur, que ton Maistre ne se met point en peine de voir à ses yeux que l'on prophane chez luy bien plus que l'on ne fait en Perse la couleur de Mahomet? On ne porte sur les habits & sur les souliers dans mes Etats qu'une couleur verte qui est morte; & tous les animaux de Turquie vont tous les jours impunément faire leurs ordures sur l'herbe, qui est la couleur vivante qu'aimoit nostre Prophete. Va t'en donc dire à ton Maître, qu'il empêche premierement toutes les bêtes, dont son Empire est remply, de soüiller davantage l'herbe par leurs excremens & de la fouler aux pieds comme ils font continuellement. Et moy pour lors je sçauray bien empêcher mes Sujets de porter desormais des souliers verds. *L'Elchi* ou l'Envoyé Turc connoissant bien que le Roy Abbas se moquoit par cette réponse de la sottise de sa demande, sortit du *Talare*, qui est le lieu où les Rois de Perse donnent ordinairement audiance aux Ambassadeurs, pour aller reprendre à la porte ses *Papouches* jaunes qu'il y avoit laissées, comme l'on fait à l'entrée des Mosquées & autres lieux où l'on doit porter du respect.

## DE CE QUE LES TVRCS FONT
### durant la Priere.

IL seroit à souhaiter que tous les Chrétiens qui manquent de respect pour les Temples, & qui n'ont aucune attention aux prieres qu'ils y font, pûssent quelquefois observer de quelle maniere les Turcs s'acquittent de l'étroite obligation que tous les hommes ont de prier Dieu avec beaucoup d'humilité & d'attention ; ils apprendroient assurément d'eux à ne point entrer à l'Eglise avec l'interieur d'une ame soüillée de crimes, en observant que les Mahometans se lavent avec tant de soin des moindres ordures qu'ils peuvent avoir contractées en leur corps ou sur leurs habits ; & ils auroient encore sujet de se dépoüiller à la porte des Temples Chrétiens de toutes les intrigues du monde,

& de ne s'en point entretenir, comme font la pluspart dans les lieux destinez à l'oraison, s'ils avoient quelquefois remarqué que des Turcs mesme n'entrent jamais dans leurs Mosquées sans quitter leurs souliers à la porte, & sans garder pendant la priere un silence & une modestie que l'on ne sçauroit assez loüer.

C'est aussi en consideration de cette priere si frequemment & si modestement faite, que les Ottomans croyent que Dieu les a rendus maîtres des plus charmans pays qui soient dans les trois plus belles parties de l'Univers : Mais pour ne pas croire tout-à-fait ce qui sort de la bouche d'un Mahometan, je rapporteray icy ce que me dit un jour un Chrétien Grec sur le chapitre de la profanation des Eglises. Cet homme estoit de Constantinople, âgé de plus de quatre-vingts ans, & le fils d'un pere qui en avoit vécu plus de cent, aussi-bien que son ayeul. Il demeuroit assez proche de sainte Sophie, & comme il m'avoit observé plusieurs fois entrer dans le vestibule de ce Temple, la crainte qu'il avoit que de si frequentes visites d'une Mosquée ne procedassent de quelque desir de changer de Religion, ou ne me missent en peril d'estre obligé de le faire, le poussa par un zéle de charité à m'aborder & à me demander s'il pouvoit sçavoir de moy ce qui m'excitoit à venir si souvent à sainte Sophie. Je luy répondis que c'estoit la beauté de ce Temple qui m'y attiroit, & que je ne pouvois me lasser de voir un lieu qui avoit si long-tems servy aux sacrez Mysteres du Christianisme.

Ce bon vieillard tout tremblant me prit par la main, & me dit les larmes aux yeux : *Ah mon enfant ! si nos Peres n'avoient jamais entré qu'avec respect dans sainte Sophie, comme le font maintenant les Turcs, nous serions encore les Maîtres de cette Eglise & de la ville : Mais,* continua-t-il, *Dieu qui est jaloux de la gloire de sa maison, a plus puny ce crime des Grecs, que tous les autres pechez qu'ils pouvoient avoir commis.* Il me raconta en-suite fort au long ce que son grand pere luy avoit repeté plusieurs fois sur ce sujet ; & me dit entr'autres choses, que la vanité des Grecs estoit venuë à un tel point sous le regne des derniers Empereurs Chrétiens d'Orient, que les personnes de qualité, & celles qui avoient quelque bien entroient mesme à cheval, ou se faisoient porter en litiere jusques dans cette Eglise qui demeuroit bien souvent salie des excremens de ces animaux ; il ajoûta encore que Mahomet II. qui prit Constantinople n'y vint la premiere fois dans cet equipage, que parce qu'on luy dit que si les Grecs n'en faisant pas de scrupule, il pouvoit bien sans crainte conduire son cheval, aussi-bien qu'eux, dans ce Temple, & ne mettre pied à terre qu'à l'Autel pour y faire sa priere, comme j'ay déja dit ailleurs.

Il n'en va donc pas de mesme des Mahometans. Ils ne se presentent jamais à la priere qu'avec une posture si modeste & si humble, qu'il est impossible de s'imaginer une soumission plus profonde, car aprés s'estre bien lavez en priant Dieu, & s'estre déchaussez à la porte de la Mosquée ; ils vont se placer le plus prés qu'ils peuvent de l'*Imam*, sans toutefois pousser ny heurter les autres qui sont venus devant eux, & là ils s'agenoüillent & s'assoient sur leurs talons, qui est la posture que les Orientaux estiment estre la plus humiliée, pour attendre en cet estat, que la priere commence, sans que personne oze cependant parler avec son voisin, ny songe mesme à le faire.

Le moment de la priere estant venu, l'*Imam* se leve, & se tenant debout il porte ses deux mains ouvertes à sa teste, & bouchant ses oreilles avec les deux pouces, il éleve sa veuë vers le Ciel & chante fort haut & fort distinctement la priere, durant que le peuple le suit à voix basse & imite toutes ses differentes postures. Je ne rapporteray point icy les paroles de l'oraison que font les Turcs, tant parce que peu de personnes pourroient les entendre, que pour ne point donner lieu aux Chrétiens d'Orient de me faire le mesme reproche qu'ils ont déja fait à quelques autres voyageurs qui les ont écrites dans leurs relations. Ils disent qu'il semble que l'on desire apprendre aux Chrétiens à prier Dieu comme les Turcs, & qu'il y a mesme du danger qu'ayant écrit dans nos livres le *Namas* ou la priere des Mahometans, quelque personne l'ayant leuë & venant aprés en Turquie à la prononcer sans y penser, soit obligée malgré soy de perdre sa Religion ou sa vie. Il suffira donc, pour la satisfaction des curieux, de rapporter icy ce que signifient les paroles Arabes que disent les Mahometans dans leurs oraisons qui sont tirées du premier chapitre de l'Alcoran; aprés avoir representé dans la figure suivante la pre-

## DE CONSTANTINOPLE.

miere posture que les Turcs gardent en commençant leur *Namas*.

Les Turcs élevant leurs mains & leurs yeux en haut dans le commencement de leurs prieres, disent *bis milla hirrakhman irrahimi*, qui signifie *au nom*

du Dieu clement & misericordieux, puis abbaissant leurs mains au-dessous de la ceinture, comme on le peut voir dans la seconde posture de la figure cy-dessus mise; ils disent (ayant la veuë baissée en terre) la priere qu'ils appellent le *futiche* ou *fatha*, qui veut dire la preface, parce qu'elle est tirée de l'Exorde de l'Alcoran. En voicy l'interpretation.

*Que la loüange soit renduë à Dieu qui est le Seigneur des Mondes, tout clement & misericordieux. O grand Roy du jour du jugement nous t'adorons, nous nous confions en toy, conserve-nous (puisque nous t'invoquons) en la droite voye de ceux que tu as éleus & que tu favorise de tes graces, & non point en la voye de ceux contre qui tu es en colere, ny des infideles ou errans. Amen.*

Aprés que cette oraison est dite ils s'inclinent fort bas mettans les deux mains sur leurs genoux, comme le montre la figure marquée d'un 3 dans la planche suivante, & disent *Alla bou becber*, & le reste qui signifie :

*Dieu est grand. O mon Dieu que la gloire te soit renduë, & qu'avec ta loüange ton Nom soit beny, & que ta grandeur soit relevée. Car il n'y a point d'autre Dieu que toy.*

Puis avec l'*Imam*, ou celuy qui fait la priere, ils s'écrient tous à haute voix *Alla becber*, ô grand Dieu, & se prosternant en terre la baisent deux fois, comme le montre la figure marquée du renvoy 4 dans le dessein suivant, & crient tout autant de fois *Alla becber*, ô grand Dieu.

# DE CONSTANTINOPLE.

Ces inclinations s'appellent *Rekieti*, elles sont differentes en nombres suivant les heures de l'oraison; le matin ils n'en font que six, à midy huit, six au *kimdi*, huit au soir, & autant à minuit quand les Lunes de *Regeb*, *Chaban* ou *Ramazan* les oblige à se relever la nuit pour aller à la Mosquée.

Quand la premiere de ces génuflexions est faite, les Turcs se relevent & recommencent le *Fatha* precedent qu'ils disent tout debout sans remettre leurs pouces aux deux oreilles, puis ils continuent toujours la mesme priere jusques à ce qu'ils ayent fait autant de Rekiets ou inclinations que l'heure le demande. Aprés cela ils se relevent à demy, & demeurant assis sur leurs talons ils regardent dans leurs mains ouvertes, comme s'ils lisoient dans un livre, ainsi que le montre la figure suivante, & recitent un certain nombre de benedictions & de loüanges à Dieu, qu'ils content par les jointures de leurs doigts. Ces benedictions sont comme autant d'actions de graces qu'ils rendent à Dieu de les avoir écoutez dans la priere. Elles s'adressent quelquefois à Mahomet, en luy disant plusieurs fois *Resul alla*, qui signifie Envoyé de Dieu ; mais pour l'ordinaire elles ne se font qu'à Dieu, en luy disant *Subhan alla* Dieu soit loüé, *Allem dullilla* loüange à Dieu, *La illa illalla* il n'y a point d'autre Dieu que Dieu, & autres semblables.

# DE CONSTANTINOPLE, 261

6                    5

Lorsque les Turcs ont finy tous leurs *Rekiets* ou baisers de terre, ils terminent leurs prieres en se prenant la barbe, puis se tournant à droit & à gauche ils saluënt les deux Anges qu'ils croyent estre toujours à leurs costez, l'un pour les exciter au bien, & l'autre pour les accuser du mal qu'ils auront commis. Ces Anges sont à leur conte le bon & le mauvais, le premier est de couleur blanche, & l'autre de noire; aussi les esprits chez les Turcs sont assez grossiers & materiels pour se faire plus distinguer par

K k iij

# 262 RELATION D'UN VOYAGE

les couleurs que par leur subtilité. Je ne rapporteray point icy toutes les rêveries qu'ils débitent de ces deux Anges, non-plus que les visions de *Gebraïl* qui apparoist toujours, à ce qu'ils disent, à leurs *Cheiks* & *Dervichs* pour leur révéler quelque Mystere nouveau. Il suffit de donner dans la planche suivante le dessein de la posture dans laquelle sont les Mahometans quand aprés leurs prieres ils saluent ces deux Anges.

7            8

# DE CONSTANTINOPLE.

Quand les Musulmans ont finy leurs prieres qui ne durent jamais guére plus d'une demie heure, quelques Chantres s'assemblent dans les petites tribunes ou balcons que j'ay marquez dans la description de sainte Sophie, & y chantent quelquefois comme en faux-bourdon une sorte de Pseaume, dont l'air n'est point desagreable, & en-suite les Lundis, Mercredis & Vendredis un Predicateur monte en chaire pour expliquer aux assistans quelque point de l'Alcoran qu'il entend & qu'il déchiffre à sa mode: assiste qui veut à ces sortes de Sermons aussi-bien qu'à ceux qui se font quelquefois dans les marchez; on les termine toujours par quelques prieres que l'on fait pour la prosperité du Sultan & de ses armes contre ses Ennemis, à quoy le peuple qui est present ne fait que répondre, Amen.

Voila tout ce qui se passe aujourd'huy dans le Temple de Ste Sophie, aussi-bien que dans les autres Mosquées, dont je décriray succintement les principales, aprés que j'auray dit dans le chapitre suivant,

### Ce qui se fait chez les Turcs aprés la priere.

LE culte de la Divinité estant la premiere de toutes les actions des hommes, & la priere en faisant la partie principale, on peut dire que toutes les occupations des Turcs, aussi-bien que de tous les autres peuples, sont toujours posterieures à l'oraison; mais comme les hommes ont des emplois differens suivant la diversité de leur génie, je réduiray tous ceux des Mahometans à trois principaux;

sçavoir à celuy des Temples, celuy du Divan, & celuy des peuples. Le premier renferme tout ce qui appartient à la priere, le second contient tout ce qui est du ressort de la Justice, & le dernier qui regarde les peuples, comprend tout ce qui les occupe par le commerce & par les Arts.

Je toucheray en peu de mots quelque chose de chacun en particulier, pour ne point m'arrester à ce que d'autres pourroient peut-estre avoir dit devant moy.

### DES TEMPLES DE TURQUIE.

Lorsque les Turcs ont commencé les premiers exercices de leur Religion, ils faisoient leurs prieres en pleine campagne & devant tout le monde, comme cela leur arrive encore aujourd'huy dans les lieux où ils n'ont point de Mosquées, ou lors qu'ils n'ont pas le temps de s'y rendre: mais aprés que leur domination s'est étenduë, & qu'ils ont emporté plusieurs Villes sur les Chrétiens, ils se sont aussi emparez de leurs Eglises pour s'en servir aux usages & aux ceremonies de leur Religion ; & quand ils ont eu besoin de se bâtir des Temples, ils en ont pris le modele sur ceux qu'ils avoient enlevez aux Chrétiens, ne sçachans pas assez d'Architecture pour en élever d'une maniere qui leur fût propre & particuliere; C'est pour ce sujet que toutes les Mosquées de Constantinople sont comme autant de copies tres-imparfaites de la belle Eglise de sainte Sophie. On a seulement ajoûté aux principales quelques Minarets & quelques Prostiles

les ou Portiques ornez de leurs fontaines, comme on le peut facilement observer dans les desseins des trois plus belles Mosquées de Constantinople, qui sont dans la suite de ce Livre. Je n'en expliqueray que les renvois, parce qu'il suffira d'en regarder le plan & le profil pour concevoir facilement tout ce qui s'en peut remarquer.

## DE LA MOSQUE'E NEVVE, située dans l'Hippodrome.

LA Mosquée de Sultan Achmed peut passer pour un des plus beaux Temples, quant au dehors, que jamais les Turcs ayent élevé; il est le seul de tous ceux que j'ay veus dans l'Orient qui aye jusques à six Minarets; la pluspart n'en ont que deux ou quatre tout au plus. J'ay déja dit que ces Minarets sont des tourelles fort hautes & fort déliées qui servent de clochers, si l'on peut user de ce terme pour exprimer les lieux, d'où sans l'aide d'aucune cloche, on appelle le peuple à la priere. Ces six Minarets sont fort élevez, ils ont chacun trois galleries toutes travaillées à jour, quoy-qu'elles soient d'une pierre blanche & dure approchante de la nature du marbre. Il y a un escalier à limace en chacune de ces tourelles, comme on le verra dans la figure suivante au renvoy M du plan de cette Mosquée.

Mais parce que ces Minarets sont fort élevez, & qu'il regne à Constantinople d'assez grands vents pour les abbatre, on pourroit facilement se persuader que ces sortes d'édifices seroient sujets à de frequentes ruines. Cette réflexion obligea mesme Monseigneur Colbert, dont les connoissances sont aussi generales qu'extrémement étenduës, à me demander s'il n'en tomboit pas souvent ; ( Ce fut lors que j'eus l'honneur à sa maison de Seaux de l'entretenir de mes voyages & de luy faire voir cette Mosquée de Sultan Achmed dans un grand Dessein que je presentay à Mr d'Ormoy son fils & son illustre successeur à la sur-Intendance des Bâtimens de Sa Majesté.) Je répondis donc à la demande de ce tresprudent & tres-éclairé Ministre, que ces Minarets estant fort déliez & ronds, les vents n'avoient pas assez de prise pour les ébranler, & en détacher les pierres qui sont enchaînées les unes avec les autres par un fort bon ciment qui les lie ensemble; & qu'ainsi l'on n'avoit pas encore remarqué qu'il en fût tombé à Constantinople depuis plus de deux cens ans que cette Ville infortunée voit élever de ces sortes d'édifices sur le débris des clochers des Eglises bâties par les Chrétiens.

Cette Mosquée de Sultan Achmed est située dans la plus grande place de Constantinople, que l'on appelloit autrefois l'Hippodrome, parce qu'il servoit à la course des chevaux ; & parce qu'il a encore aujourd'huy le mesme usage, les Turcs luy ont donné le nom d'*At meidan*, qui signifie place de chevaux. Cette place que je ne décris point, parce que plusieurs autres l'ont fait devant moy, est au couchant de ce Temple, aussi-bien que le fameux Serrail d'Ibraïm Pacha, qui est beaucoup mieux inventé dans quelques-uns de nos Romans, qu'il n'est construit dans l'Hippodrome. Tout son Orient, tant d'Hyver que d'Esté, est occupé du canal de la Mer noire, des beaux paysages de Scutary, de Calcedoine, de *Fanari kiosc*, & des plaines, colines & valons qui les environnent. Les Isles des Princes, & la Propontide sont à son Midy avec une partie de la ville, & l'on voit du costé du Septentrion, & au Nord-Oüest de ce Temple, l'Eglise de sainte Sophie, le Serrail, le Port de Constantinople, la ville de Galata, & tous les fauxbourgs qui sont en grand nombre & de grande étenduë; tellement que du haut de cette Mosquée & des six Minarets qui l'environnent, l'on a l'une des plus agreables veuës qui se puissent trouver au reste de l'Univers.

Quoy-que l'Hippodrome, qui est une place environ deux fois aussi grande que la Place Royale de Paris, soit devant ce Temple, il y en a encore une autre fort étenduë & presque carrée, au milieu de laquelle il est bâty. Elle est separée de l'*At meidan* par une muraille basse qui est longue de plus de quatre-vingt toises, & ouverte à distances égales de soixante & douze fenestres barrées de leurs grilles de fer, & de trois portes, dont l'une est au milieu, & les deux autres aux deux extremitez de cette muraille. Elles sont toutes trois barricadées de leurs chaînes, comme le sont celles des cours ou enclos de toutes les autres Mosquées. Cette place est toute entourée d'arbres, & presque remplie de plusieurs allées tirées au cordeau, sur tout du costé du Septentrion où est le tombeau du Sultan qui l'a fait construire, aussi-bien que celuy de l'infortuné Prince

Sultan Osman qui fut mis à mort (comme j'ay dit) dans le Château des sept Tours.

Quoy-que cette Mosquée soit la plus belle de toutes celles qui sont à Constantinople, & peut-estre dans tout l'Orient, on peut dire pourtant qu'elle est celle de tout l'Empire Ottoman qui a le plus esté bâtie contre les regles, si ce n'est de l'Architecture, au moins contre celles que les loix Mahometanes ont établies à l'égard de la construction de ces sortes d'édifices.

Comme la dépense des Mosquées Royales est grande, il est expressément deffendu à tous les grands Seigneurs d'en entreprendre jamais aucune, s'ils n'ont auparavant pris sur les infideles (c'est ainsi qu'ils nomment tous les ennemis de la Porte) des villes, des Provinces, ou des Royaumes qui fournissent abondamment de-quoy subvenir aux frais excessifs qui sont necessaires pour la construction de ces Basiliques. Cependant le Sultan Achmet n'ayant par aucune conqueste étendu les bornes de son Empire, ne laissa pas de vouloir bâtir une Mosquée pour eterniser sa memoire, que ses actions n'estoient pas capables de rendre recommandable à la posterité: & bien que le *Moufti*, les *Moullas*, les *Cheïcs*, & autres Docteurs de la Loy, luy representassent qu'il ne pouvoit pas sans crime entreprendre un bâtiment de cette nature, veu mesme qu'il n'avoit point assisté en personne à d'autres combats qu'à ceux qui se donnent au Serrail pour l'exercice des Pages & le divertissement du Prince; il ne laissa pas d'y faire travailler incessamment, & parce qu'il ne vouloit point croire à tout ce qu'on luy pût dire sur cette entreprise, on nomma cette Mosquée, quand elle fut achevée, *Imansis Giamisi*, le Temple de l'incredule. On l'appelle encore autrement, la Mosquée neuve, parce qu'elle est une des dernieres faites.

Tout le corps de ce Temple est d'une figure quarrée couvert d'un dôme assez petit par proportion au reste : il est appuyé par dedans de quatre gros pilliers ronds fort étroits, & les ceintres qui y sont attachez pour soûtenir les quatre demy dômes qui l'environnent, estant aussi-bien qu'eux fort grossiers & fort bas, font que le dedans de cet édifice n'est guere dégagé ny guere bien éclairé. Avant que d'y entrer on passe par une belle cour ou prostile, au-tour de laquelle il y a un espece de cloître formé de vingt-six arcades, qui ont chacune leur voûte & leur coupole couverte de plomb. Tous ces petits dômes sont soutenus par vingt-six colonnes de marbre granite d'Egypte fort bien tournées avec leurs chapiteaux à la Turque. Toute la place qu'elles environnent est carrelée de fort beau marbre, au milieu de laquelle il y a une piscine ou fontaine de figure exagone construite de mesme matiere. Ce Prostile est fort élevé, il y a treize degrez pour y monter. Le reste de cette Mosquée se verra dans la planche suivante, qui en donnera plus d'éclaircissement que ne pourroit faire un plus long discours.

## EXPLICATION DES RENVOIS

qui sont au dessein de la Mosquée de Sultan Achmed, tant au plan, qu'au profil, où les lettres se répondent les unes aux autres.

A  Marque la circonference & l'élevation du grand dôme, tant au plan, qu'au profil de cette Mosquée.

B  Sont les quatre gros pilliers ronds qui soutiennent le grand dôme, ils sont sommez de quatre petites tourelles exagones qui paroissent en dehors au mesme renvoy B.

C  Ce sont quatre demy dômes faits en cul de four qui appuyent la grande coupole.

D  Quatre petits dômes qui sont aux quatre coins de la Mosquée.

E  C'est la grande porte du Temple, sa coupole est plus élevée que les autres.

F  C'est un grand nombre de fontaines qui sont à couvert sous des galleries soutenuës de plusieurs petites colonnes de marbre.

G  Le Prostile entouré de ses galleries couvertes de trente petits dômes qui sont appuyez sur vingt-six colonnes de marbre granite.

H  Deux portes à plusieurs degrez pour entrer dans ce Prostile, l'une est vers le Septentrion, & l'autre au Midy.

I  Deux autres à degrez pour entrer à la Mosquée.

K  Galleries exterieures de ce Temple par lesquelles on entre dans d'autres galleries interieures qui leur répondent, marquées dans le plan de la mesme lettre K.

L *C'eſt l'endroit où eſt le Mirabe ou Maharabe.*
M *Ce ſont les ſix Minarets de cette Moſquée, chacun deſquels a, comme l'on voit, trois balcons d'où les Muezins appellent les peuples à la priere.*
N *La grande porte de l'enclos dans lequel eſt cette Moſquée.*
O *L'entrée principale du Periſtile ou Cloiſtre.*
P *C'eſt une piſcine exagone couverte de ſon dôme.*

## DE LA SOLIMANIE.

SI jamais Empereur des Turcs mérita, ſuivant leur loy, d'élever un Temple, pour avoir fait quelques Conqueſtes ſur les Ennemis de la Grandeur Ottomane; on peut aſſeurément dire que ce fut le Sultan Soliman, qui fut le ſecond de ce nom, & le quatorziéme des Empereurs de Turquie. Toutes les trois parties de noſtre Hemiſphere ont ſervy de theatre aux attaques ſanglantes qu'il y a données. L'infortunée Rhodes fut une des premieres dans l'Aſie qui ſervit de matiere à ſes triomphes; une bonne partie du Royaume de Perſe, dont il fut couronné Roy dans Bagdat, luy fut ſoûmiſe, aprés en avoir pris Herzeron, Irivan, Thauris, & pluſieurs autres villes conſiderables. Il ſe rendit maiſtre des Royaumes de Tunis & de Tripoli dans l'Afrique, & s'empara encore dans l'Europe de toute la Hongrie, en y prenant les Villes de Bude, d'Albe Royale & pluſieurs autres, parmy leſquelles on peut dire qu'il gaigna encore la forte Sigethe, pluſieurs jours meſme aprés avoir perdu la vie au bourg de Cinq-Eglises qui n'en est pas beaucoup éloigné.

Ce Prince qui fut proclamé Empereur des Turcs la mesme année que Charles-Quint le fut couronné des Allemans, estant de retour à Constantinople aprés l'expedition de Rhodes & de Bagdat, fit bâtir cette superbe Mosquée à laquelle il donna son nom pour servir à la posterité d'un monument éternel & fidele des grandes victoires qu'il avoit remportées sur ses Ennemis. Ce Temple est un de ceux où l'Architecture Mahometane est le mieux suivie, il n'est pas moins beau par dedans qu'il l'est au dehors ; il est comme la pluspart des autres Mosquées bâty sur une figure presque carrée couverte au milieu d'un fort grand dôme qui ne cede guére pour la beauté & pour la forme à celuy de sainte Sophie. Ce dôme est soûtenu par quatre gros pilliers dont la figure est marquée dans le plan de cette Mosquée à la lettre D. Et entre ces pilliers vers le Midy & le Septentrion il y a encore deux fort grosses & grandes colomnes tout d'une piece d'un fort beau marbre granite qui forment trois Arcades, lesquelles appuyent sur leur ceintre une espece de mur qui sert à rendre plus fort le grand ceintre des gros pilliers qui sont beaucoup éloignez l'un de l'autre.

A ces quatre gros pilliers du dedans deux autres correspondent en dehors pour leur servir comme d'arboutans, sans toutefois avoir aucune difformité, mais au contraire font un assez bel effet à la veuë, comme on le peut remarquer au renvoy D dans la planche du dehors de ce Temple, qui est la premiere de celles qui suivent cy-aprés. Dans ces

pilliers

pilliers ou arboutans exterieurs, on a pratiqué comme dans ceux de S`te` Sophie un petit escalier qui sert à monter sur le toit & les dômes de cette Mosquée, où l'on va encore facilement par d'autres grands degrez exterieurs marquez du renvoy B.

Entre ces arboutans sont trois grandes fenêtres qui donnent jour dans les costez de ce Temple, & au dessous de ces fenêtres sont contenuës deux fort belles galleries couvertes de leur toit garni de plomb, & appuyées de plusieurs belles colonnes de marbre avec leurs chapiteaux à la Turque de mesme matiere dans l'ordre & la forme que le montre le dessein suivant au renvoy G. Et plus bas à la lettre F, on y peut remarquer les fontaines qui sont là pour faire l'*Abdest*, ou laver ceux qui se presentent à la priere.

Au costé droit de ces fontaines au renvoy E, est une petite porte ronde au pied d'un degré & d'une petite gallerie grillée: C'est par là que le Grand Seigneur monte au Temple pour y faire sa priere, aprés estre descendu de cheval à une grosse pierre taillée en degrez qui en est tout proche, à la lettre Q. En-suite de-quoy au renvoy L est le jardin dans lequel est la sepulture du Sultan Soliman fondateur de cette Mosquée, & celle de sa femme. On y entre par cette porte marquée H, ou par une autre qui luy répond de l'autre costé: cette porte est garnie de sa chaîne, comme l'on voit dans ce Dessein qui represente la partie Septentrionale de tout l'édifice.

J'ay déja dit que les Orientaux n'ont point la mauvaise coutume d'enterrer dans les Temples les cadavres des hommes, quelques élevez en condition ou en biens qu'ils puissent avoir esté au-dessus des autres durant le cours de leur vie : mais je n'ay point dit que les Empereurs mesmes & les Rois ne se dispensant point de cette loy, font toujours pratiquer proche des Mosquées qu'ils bâtissent quelque lieu pour y mettre leur tombeau. Sultan Soliman qui avoit autant l'esprit porté à la police & au bel ordre de toutes choses, qu'il avoit l'ame occupée des grandes entreprises, fit bâtir son Mausolée dans un jardin derriere la Solimanie, comme on le peut voir dans le dessein suivant au renvoy I. Ce Mausolée est le plus regulier & le mieux fait de tous ceux qui sont à Constantinople, il est d'une figure octogone, entouré par dehors d'une gallerie dont le couvert s'appuye sur quinze petites colonnes de marbre, & par le dedans il y a un petit corridor à huit angles sur chacun desquels est posé une colonne de serpentine avec le pied d'estal & le chapiteau de marbre blanc; tellement qu'il y a au dedans de cette sepulture huit colonnes de marbre qui forment autant d'arcades sur lesquelles le dôme est soûtenu. Au milieu de ce Mausolée est le tombeau de Soliman avec celuy de son fils, au pied desquels il y a un gros cierge dans un chandelier de cuivre, & au-tour plusieurs pupitres de bois faits en forme de siéges ployans sur lesquels on met les Livres dans lesquels les *Softas* viennent prier Dieu pour le défunct.

Dans le mesme jardin il y a encore la sepulture de la femme de Soliman. Comme les Mahometans n'admettent point leurs femmes à la priere avec eux dans les Temples, ils ne permettent non-plus jamais qu'on les inhume dans le mesme tombeau qu'eux. Cela vient sans doute de ce qu'ils croyent qu'elles ne seront pas receuës en leur compagnie dans le Paradis, parce qu'on leur y en donnera de beaucoup plus jeunes & de plus belles, mais qu'elles demeureront à la porte avec les *Giaours*, qui n'entreront pas non-plus qu'elles dans le Paradis qui n'est fait que pour les bons Musulmans qui sont circoncis. Proche de ce tombeau sont les lieux destinez aux necessitez corporelles d'un fort grand nombre de *Softas*, qui sont des gens gagez, comme le seroient des Chanoines ou autres Beneficiers, pour venir à la fin de chaque priere dire un petit Office des Morts pour l'ame du Sultan Soliman, qui a laissé de grandes sommes pour subvenir à leur entretien.

Il n'y a point de Mosquée, & sur tout de Royale, qui n'ait beaucoup de ces sortes de fondations, & plusieurs autres, comme celles de quelque *Timarkanas* ou Hôpital, ou bien de quelque distribution journaliere de pain de *Chorva*, qui est une espece de potage, ou de quelqu'autre aumône, tant pour les hommes, que pour les chiens qui sont encore l'objet de la charité des Musulmans, quoy-qu'ils ne veulent pas les souffrir entrer seulement dans leurs maisons. Ils les laissent tous dans les ruës, & leur bâtissent plutost quelques petites huttes & loges proche de leur logis, que de leur y donner aucune entrée, & les laisser manger, comme on le fait assez souvent en Europe, dans le mesme plat où des hommes peuvent avoir mangé, ou bien qui leur pourra servir à quelqu'autre repas, aprés avoir esté bien lavé ou écuré. Et parce qu'ils voyent que cela se pratique assez souvent parmy les Francs, ils les appellent *kupekler*, c'est à dire chiens, puisqu'on leur sert souvent sur table de la viande dans les mesmes plats où les animaux ont aussi mangé.

On voit au costé gauche de cette Mosquée plusieurs petits dômes qui vont depuis les deux grands Minarets, jusques aux deux petits. Ce sont les coupoles qui couvrent les arcades & tout le circuit du Peristile ou Cloistre qui est avant que d'entrer au Temple. Il y a au milieu une piscine d'où il sort dix fontaines pour servir à l'*Abdest* des Mahometans. Les deux Minarets qui sont proche de la Mosquée ont chacun trois galleries ou couronnes, & sont les plus hauts; mais ceux qui sont à l'extremité du Peristile sont les plus bas, & n'ont que deux de ces galleries pour les Muezins. Ces deux petits Minarets terminent tout l'édifice de ce Temple qui est au milieu d'une fort grande cour entourée d'arbres, & ornée d'une petite muraille percée de plusieurs fenestres barrées de leurs grilles de fer, comme on le peut voir dans l'élevation & le plan suivant de cette Mosquée, dont le dessein & l'explication des renvois décriront toutes les parties, & satisferont plus les curieux que tout ce que j'en pourrois dire icy.

# DE CONSTANTINOPLE.

## EXPLICATION DES RENVOIS
qui se voyent au dessein de la Solimanie ou Mosquée bâtie par Soliman II.

A *C'est le grand dôme de la Mosquée, il est presque autant écrasé que celuy de sainte Sophie, & n'est guere moins large.*

B *Degrez pour monter au corridor qui est tout au-tour du dôme.*

C *Sont autant de petits dômes entiers qui regnent au-tour du Temple.*

D *Arboutans & escaliers pratiquez dedans; les petites coupoles qui couvrent leur sommet ne sont que pour l'ornement extérieur, puisqu'elles n'ont point d'ouverture en dedans le Temple.*

E *Portes & degrez par où le Grand Seigneur monte à la Mosquée pour y faire la priere.*

F *Fontaines où les Turcs vont se laver avant que d'entrer au Temple.*

G *Galleries pour les principaux Officiers de Sa Hautesse quand elle va à la Solimanie.*

H *Entrée du jardin où sont les Tombeaux de Soliman II. & de sa femme.*

I *Mausolée de Soliman II. qui a fait bâtir cette Mosquée.*

K *Tombeau de sa femme.*

L *Plusieurs arbres qui forment les allées de ce jardin mortuaire.*

M *Les deux grands Minarets de la Solimanie.*

M* *Deux autres petits Minarets qui sont aux deux extremitez Occidentales du Cloîstre, ils n'ont que* deux galleries chacun, & sont plus bas que les deux autres.

N  Entrée septentrionale de cette Mosquée.
O  Ce sont les coupoles ou petits dômes qui couvrent les galleries qui sont au-tour du Prostile.
P  C'est le dôme qui couvre la piscine où sont les fontaines du milieu de cette cour.
Q  C'est une grosse pierre taillée en degrez où le Grand Seigneur descend de cheval lorsqu'il vient à la Solimanie.

## EXPLICATION DES RENVOIS
### qui sont au plan de la Solimanie.

A  Il y a peu de Mosquées en Turquie qui ne soient couvertes d'un dôme ; celuy-cy est un des plus beaux & des mieux faits, approchant le plus de celuy de sainte Sophie.
B  C'est le Mirabe ou Maharab, il est icy au milieu de la Mosquée, parce qu'elle est tournée justement (aussi-bien que toutes les autres que les Turcs ont fait bâtir) vers le Khoblai namai, c'est à dire vers la Mecque.
C  Le Member ou chaire du Mousti.
D  Ce sont les quatre gros pilliers qui soutiennent le grand dôme.
E  Quatre grosses colonnes de marbre granite fort hautes & d'une piece.
F  Petites galleries qui sont au dedans de la Mosquée.
f  Fontaines qui sont en dehors au-dessous des galleries exterieures.

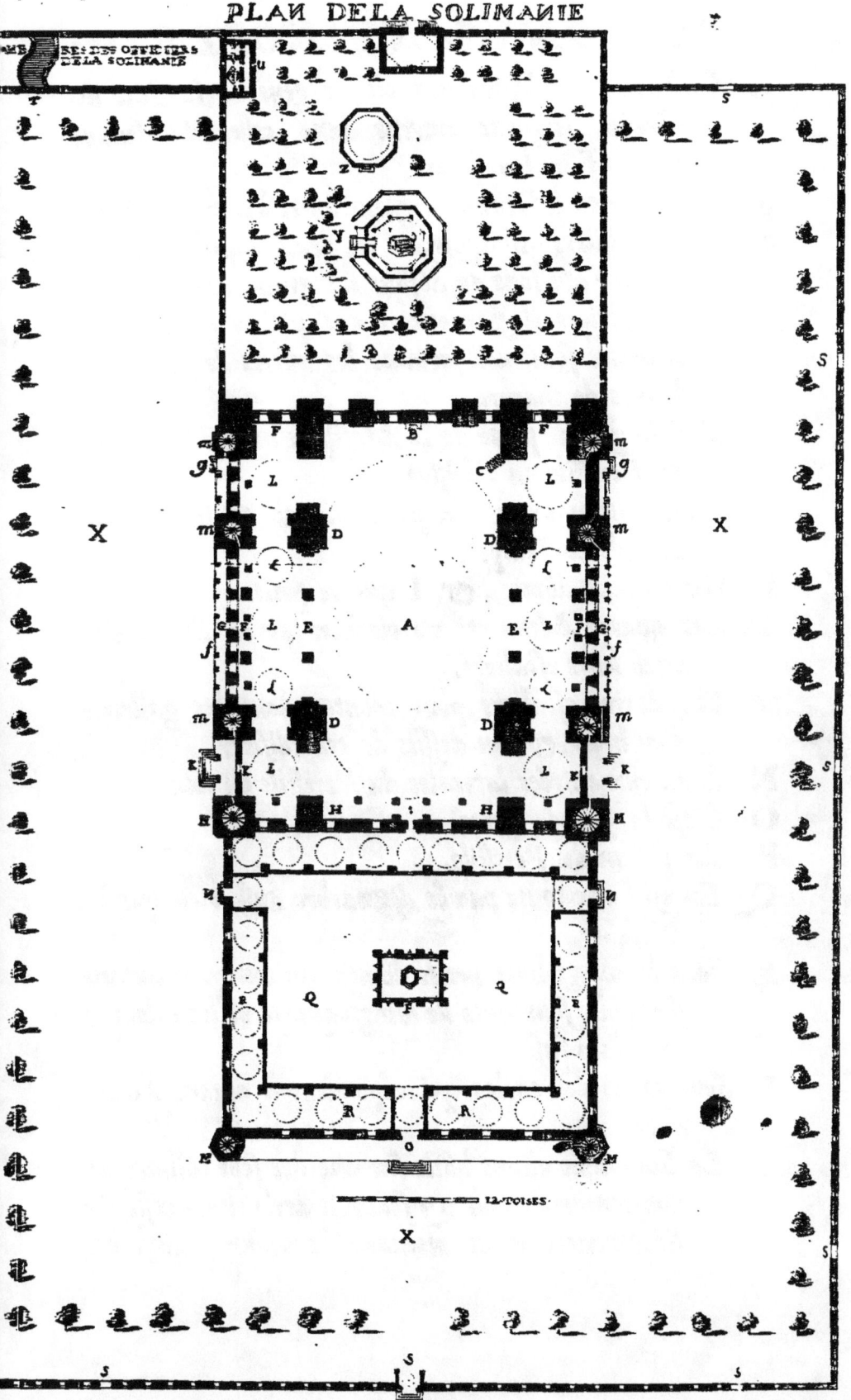

# DE CONSTANTINOPLE.

G  Galleries exterieures par où les gens de la suite du Grand Seigneur entrent dans celles du dedans pour y faire leur priere.

g  Porte par où le Grand Seigneur entre à cette Mosquée.

H  Petits pilliers qui appuyent les deux coquilles ou culs de four qui sont au défaut du grand dôme ; entre ces pilliers il y a encore des petites galleries ou tribunes soutenuës comme les autres de petites colonnes de marbre.

I  C'est la grande porte de la Mosquée qui est au milieu du Peristile ou Cloistre.

K  Deux autres portes, la septentrionale & la meridionale de ce Temple.

L  Six moyens dômes, & 1 quatre petits.

M  Les quatre Minarets ou clochers de la Solimanie, avec leurs escaliers.

m  Six autres escaliers pour monter dans les galleries d'en haut, & au-dessus de cet édifice.

N  Les deux entrées laterales du Peristile ou cour.

O  C'est la grande porte.

P  La piscine du Peristile.

Q  En est l'aire toute pavée de marbre aussi-bien que la Mosquée.

R  Sont les vingt-huit petits dômes qui couvrent autant d'arcades soutenuës de vingt-quatre belles colonnes tout d'un fust.

S  Sept portes de l'enclos qui répondent à autant d'avenuës.

T  La Solimanie estant bâtie sur une des sept collines de Constantinople, on n'y sçauroit arriver du costé du Septentrion qu'en montans beaucoup, ainsi ces deux portes ont chacune un escalier à plusieurs degrez pour arriver à la platte forme qui est garnie de son parapet ou gardefou, & entourée d'arbres, comme on le voit dans le dessein de cette Mosquée.

V  Ce sont les Adepkanas ou lieux communs pour les necessitez corporelles des Musulmans qui vont faire leurs prieres à ce Temple.

u  Sont encore les commoditez ou lieux necessaires des Officiers du Mausolée de Soliman.

X  Le grand enclos dans lequel est située la Solimanie, il est ouvert de neuf portes, & planté d'arbres tout au-tour.

Y  Plan du Mausolée de Soliman.

Z  Le Tombeau de sa femme.

&  Petite Chapelle où les passans, ou les Officiers du vieux Serrail qui est vis-à-vis, vont prier Dieu pour l'ame du Sultan qui a fait construire ce Temple.

## DE LA MOSQUE'E DE LA VALIDE'E bâtie par la Sultane Mere du Grand Seigneur.

CE n'est pas l'ordinaire que les Sultanes fassent bâtir des Mosquées. C'est un privilege particulier que la Mere du Grand Seigneur d'aujourd'huy Mahomet IV. a sceu tres-adroitement obtenir, aussi-bien qu'une entiere liberté & un grand credit dans tout l'Empire Ottoman. Ce Temple qui est le dernier de ceux que la pieté Mahometane a élevé, est ce me semble le plus mignon & le mieux executé de tous ceux qui sont à Constantinople.

nople. Auſſi eſtoit-il bien raiſonnable que la Sultane Validée femme d'Ibraïm I. & mere de Mahomet IV. eſtant une des plus grandes & des plus ſpirituelles Dames qui ayent jamais entré dans le Serrail, laiſſât à la poſterité un bijou d'Architecture Muſulmane, pour ſervir comme d'un monument eternel de ſes genereuſes entrepriſes. Elle ne pouvoit choiſir une ſituation plus avantageuſe & plus favorable à ſon deſſein. Elle vouloit obliger tous les Princes Ottomans de ſa race, auſſi-bien que les peuples qui leur ſont ſoumis, & tous les étrangers qui devoient venir à Conſtantinople, de ſe ſouvenir d'elle, ſoit en forçant les derniers d'admirer ſon genie dans la conduite d'un ouvrage & d'une entrepriſe ſi fort extraordinaire à celle de ſon ſexe parmy les Turcs, ſoit en ſe procurant aprés ſon trépas le bonheur qu'elle attend des prieres que ceux qui verront cet édifice feront pour le repos de ſon ame. Elle fit bâtir cette Moſquée dans un endroit aſſez proche du Serrail, & fort peu éloigné de ces deux beaux *kioſcs* ou bâtimens élevez qui ſervent au Grand Seigneur & à ſes Sultanes pour voir paſſer commodément tout ce qui entre dans le Port de Conſtantinople, ou ce qui en ſort.

Ce Temple eſt élevé, comme la pluſpart des autres Moſquées, ſur un plan quarré dans un grand enclos que les murs de la ville enferment au Septentrion & au Couchant; une partie du *Bazar* ou halles que cette Sultane Validée a fait bâtir, auſſi-bien que ſon Mauſolée, en occupent tout l'eſpace meridional; & du coſté de l'Orient il y a une autre muraille qui s'ouvre pour former l'entrée principale de cet enclos, en un endroit qui répond à une des portes de la ville qui n'est pas beaucoup éloignée des jardins du Serrail.

Comme j'ay suffisamment expliqué toutes les parties des Mosquées dans les trois precedentes dont j'ay parlé, je ne reïtereray point icy la description de cette derniere, puisqu'excepté la belle maniere avec laquelle elle a esté construite, elle n'a rien de particulier. Elle a, comme les autres, des galleries hautes & basses, des fontaines au dessous, deux Minarets à trois coridors, plusieurs demy-dômes, coupoles & lanternes; elle ne manque pas de son Peristile, non-plus que les grandes: Mais l'avantage qu'elle a par-dessus toutes les autres, c'est celuy de sa belle situation. Elle est placée proche de la Marine, a une des échelles ou petits ports de Constantinople qui est la plus frequentée de toutes, à cause de la Doüane qui en est tres-proche, & pour le voisinage du nouveau *Bazar* que cette Princesse a fait aussi bâtir pour la commodité des Marchands. Je renvoye donc le Lecteur au dessein suivant & à l'explication de ses renvois, qui luy éclairciront les doutes qu'il pourroit avoir sur les particularitez de ce Temple.

# EXPLICATION DES RENVOIS
## qui se trouvent au dessein de la Mosquée dite la Validée.

A   C'est le grand dôme de ce Temple, il est couvert de plomb & sommé de son aiguille ou colophon de bronze doré.

B   Ces petites lanternes sont seulement pour orner le dehors & pour aller sur le dôme, car elles ne paroissent point en dedans la Mosquée.

C   Sont deux grands demi-dômes ou culs de four, il y en a autant de l'autre costé.

D   Galleries exterieures qui répondent à d'autres galleries qui sont en dedans la Mosquée.

E   C'est un grand kiosc ou salon fait pour reposer le Grand Seigneur quand il vient à ce Temple, les deux petites tourelles qui sont au-dessus marquent que c'est un bâtiment Royal.

F   Sont les fontaines où les Turcs se lavent avant que de se presenter à la priere, il y en a autant de l'autre costé.

f   Porte par où le Grand Seigneur monte à ce Temple lorsqu'il y vient.

G   Entrée septentrionale de la Mosquée.

H   Porte septentrionale du Peristile.

I   Escalier & porte par où l'on monte du bord de la Marine à la premiere cour; il y a une chaîne aussi-bien qu'à toutes les autres des enclos des Temples Turcs.

K   Entrée principale du Peristile ou Cloistre, & de la Mosquée; toutes les coupoles ou petits dômes que l'on voit autour de ce Cloîstre couvrent autant d'arcades appuyées sur de belles colonnes de marbre.

L *Arbres qui regnent tout le long de cette partie meridionale de la Mosquée, entre lesquels est le Mausolée de la Sultane Mere; on voit derriere ces arbres les dômes d'un fort beau Timarkana ou Hôpital que cette Princesse a fondé.*

M *Les deux Minarets de cette Mosquée garnis chacun de leurs trois galleries.*

N *Cet assemblage de dômes est un grand bazar, halle ou marché tout couvert & garny de ses chambres & boutiques; on le nomme bazar de la Validée, parce que c'est elle qui l'a fait bâtir.*

O *Il y a aux deux principales avenuës de cet édifice deux Sebilkanas ou cabarets d'eau où l'on donne à boire gratis à tous ceux qui en veulent, celuy-cy est le plus petit; mais celuy qui est à l'autre porte est de beaucoup plus grand & mieux entretenu; le Sibilgi ou verseur d'eau met souvent ses cruches rafraichir dans de grands seaux pleins de neige durant les chaleurs, & l'on entend souvent des beuveurs d'eau s'écrier après avoir beu, Rakhmet ulla alla men aoukaf, Dieu fasse misericorde à qui a fait ce bien.*

P *C'est la Doüane de Constantinople; celle de Galata est vis-à-vis de l'autre costé du Port.*

Q *Echelle ou descente du Port de la Validée.*

R *Ce sont quelques boutiques de Bacals ou fruitiers.*

COMME cette Mosquée est la plus exposée de toutes à la veuë de ceux qui arrivent à Constantinople, c'est aussi dans cet endroit que l'on fait paroistre plus de réjoüissance quand les Turcs en ont quelque sujet. Le Grand Seigneur ne prend guere de Villes sur ses Ennemis, que les Minarets de la Validée n'en fassent voir les premiers au peuple des feux de joye capables d'attirer les yeux de tout ce grand nombre d'habitans qui demeurent tout autour du Port de cette ville ; car outre que les six galleries de ces deux Minarets sont toutes entourées de lampes ardentes, on attache encore de l'un à l'autre en plusieurs endroits quantité de cordes ou chaînettes qui soutiennent en l'air plusieurs figures, dont les unes marquent par un grand nombre de lampes le nom du Grand Seigneur, & au-dessous celuy des conquestes qu'il a faites & qui sont les causes de ces réjoüissances : mais parmy tous ces feux il n'est pas permis d'y tirer aucunes fusées volantes, elles pourroient causer quelqu'autre illumination dans les maisons voisines, qui mettroit bien-tost tout le quartier en allarme, & mesme toute la ville en desordre, s'il falloit que le *Kara-iel* qui est le vent que l'on appelle sur l'Ocean Nord-est, se mit de la partie.

Ce vent qui est assez frequent à Constantinople, n'est jamais plus à craindre que lors qu'il y arrive quelque incendie ; & ceux qui voudroient bien-tost réduire en cendre cette grande ville, n'auroient qu'à y jetter quelques bombes, grenades, carcasses, ou y mettre le feu de quelqu'autre maniere durant que ce vent souffle, pour voir en peu de tems le triste mais assuré succés de leur entreprise. On nomme ce vent *Kara-ïel*, c'est à dire vent noir, parce que ses effets sont toujours funestes, & que venant de la Mer noire où il regne le plus, il cause souvent de grandes pertes à ceux qui font voile de Caffa ville de la Tartarie Crimée, pour Constantinople; je me souviens d'y avoir veu un jour les restes déplorables d'un des plus grands naufrages qui y soit arrivé de long-tems.

Plusieurs vaisseaux de different bord estoient partis de Caffa au nombre de dix-huit avec un assez bon vent, qui les ayant quitté quelque tems aprés, fit place à un *Kara-ïel* aussi redoutable que jamais on en ait ressenty sur cette Mer orageuse. Ils se trouverent au milieu de ces eaux impitoyables avec la tempeste qui les y avoit surpris, & ne sachant ou pouvoir moüiller l'anchre, ny comment se sauver d'un naufrage qu'ils voyoient inévitable, ils furent obligez, aprés avoir fait tous leurs efforts, de se laisser conduire à la discretion des vagues. Ils ne pouvoient plus se servir de leurs voiles que le vent avoit toutes déchirées & emportées, en rompant les antennes & les vergues ausquelles elles estoient attachées, & brisant les mats qui les soutenoient. Le timon de chaque vaisseau cassé par la violence des effroyables coups de mer qu'il avoit souffert, ne leur estoit pas d'un plus grand secours, que les vœux qu'ils faisoient de nourrir plusieurs chameaux qui auroient fait le voyage de la Mecque, si Mahomet leur obtenoit de Dieu la grace de pouvoir arriver au Port de Stambol. Enfin s'eftant brifez les uns contre les autres, ou bien ayant échoüé contre des rochers, ils perirent tous, excepté deux, qui par le plus grand bon-heur du monde arriverent à Conftantinople, fans voile, fans gouvernail & à demy brifez, pour apporter la trifte nouvelle du rifque qu'ils avoient couru, & du naufrage dans lequel eftoient peris leurs *ïoldaches* ou vaiffeaux qui venoient de conferve avec eux.

Toutes les maifons des vingt-huit Bourgs qui font fur le Bofphore de Thrace, tant en Europe qu'en Afie, n'avoient pas affez de fenêtres pour donner place aux fpectateurs de ces deux vaiffeaux délabrez. Et de tous ceux qui les regardoient paffer, les uns faifoient des vœux pour eux, les autres verfoient des pleurs, & tout le monde enfin leur portoit compaffion, jufqu'à ce qu'eftant entrez dans le Port, chacun s'empreffa à les décharger au plutoft du monde & de la marchandife qu'ils portoient, pour les empefcher de couler à fond, puifqu'ils faifoient eau de toutes parts.

Les vaiffeaux qui font dans le Port de Conftantinople ne craignent pas tant ce vent noir, dont les colines de Pera & de Tophana les mettent à l'abry, qu'ils font le *Gun doghifi*, ou le *Gun batifi orufguiar*, c'eft à dire le vent de l'Orient ou celuy de l'Occident lorfqu'ils fouflent avec impetuofité, & fur tout lors qu'ils s'élevent durant la nuit; car pour lors agitant extrémement les eaux de ce Port dont l'embouchure eft ouverte à l'Orient, & le fond vers l'Occident, ils font heurter tous les vaiffeaux les uns contre les autres, & obligent les Matelots à une manœuvre dont ils ne sont pas les seuls incommodez. Il faut estre extrémement endormy pour ne pas se réveiller dans toutes les maisons de Constantinople, & de ses fauxbourgs qui sont autour de ce Port, par le bruit extrême que font les Mariniers qui sont dans les vaisseaux. On entend par tout une confusion des voix de tous leurs Officiers, qui s'élevant du Port se répand dans toutes les collines de la ville & de ses environs, puis une infinité de chiens qui sont perpetuellement dans les ruës répondans par leurs heurlemens & leurs abbois au bruit que font ces Matelots, excitent un fracas épouventable capable de faire peur aux plus résolus, s'il falloit qu'il arrivât la premiere nuit qu'ils coucheroient à Constantinople, puisqu'il n'y a rien qui ressemble mieux aux cris que l'on entendroit au saccagement d'une ville.

Outre ces quatre Mosquées que j'ay décrites jusques icy, il y en a encore plusieurs autres considerables à qui l'on donne le titre de *Dgiamiler*, qui signifie Basiliques ou Mosquées Royales, elles portent toutes le nom des Empereurs qui les ont fait bâtir, & ne sont point dédiées à Dieu sous d'autre invocation, que sous celle de leur instaurateur : ainsi l'on appelle les autres Mosquées, *Sultan Bajazet, Sultan Mehemet, Sultan Selim, Sultan Mourat giam si*, suivant le Sultan qui en est le fondateur; mais si c'est un Pacha qui l'ait fait construire, on doit la distinguer par le mot qui marque sa Charge, & par celuy de *Meschit*, comme celle qu'a fait bâtir un Pacha de Caramanie, on l'appelle *Caraman Pacha Meschit* : Mais parce que les sujets s'attribuent aussi facilement les termes convenables à la grandeur des Princes, qu'ils imitent leurs actions, & que le mot de *Dgiami* est plus honorable, on le donne indifferemment à tous les Temples Turcs, & l'on dit aussi-bien, & mesme mieux à cause de l'usage, *Mehemet Pacha Dgiamisi*, que *Isouf aga Meschit*.

Le nombre des Mosquées est grand par toute la Turquie, parce que tous les Mahometans sont fort réguliers à s'y rendre tous les jours tout au moins trois fois. On en conte dans la seule ville de Constantinople quatre mil neuf cens soixante-neuf ; & un Derviche me dit un jour qu'il y en avoit jusques à quatorze mille en tout, tant dans la ville, qu'aux fauxbourgs qui sont fort grands, & en nombre ; mais je croy qu'il se trompe bien de cinq ou six mille au moins. Toutes ces Mosquées sont fort bien entretenuës, parce qu'elles sont toutes bien rentées, & qu'il se trouve tous les jours quelque bon Musulman qui leur fait quelque legs pieux en mourant, ou mesme durant sa vie. Ces fondations sont pour l'ordinaire huit ou dix aspres qu'ils donnent par jour à un *Sokta* ou *Softa* qui est obligé d'assister tous les jours à toutes les cinq ou sept prieres qui se font dans les Mosquées, & d'y lire en-suite un chapitre de l'Alcoran pour le repos de l'ame de leur Fondateur, ou bien ils laissent de-quoy entretenir une lampe, faire quelque aumône aux pauvres du quartier, & autres semblables fondations, dont le *Kisler agasi* ou l'Intendant des Dames du Serrail est le directeur general, & sous luy le *Khatib* ou Curé de chaque Temple.

Parmy le grand nombre de ceux qui vont souvent aux Mosquées, il y en a qui pour estre estimez saints, ne se contentent pas d'y assister durant le jour, ils demandent encore à y demeurer durant la nuit, faisant croire qu'ils l'y passent toute en priere. Un Derviche que l'on estimoit dans son quartier pour un homme fort sobre, demanda au directeur d'une petite Mosquée la permission d'y pouvoir demeurer durant les nuits pour satisfaire à sa dévotion. Ce directeur qui estoit l'*Imam* ou Curé & *Capigi*, ou Portier de son Temple, puisqu'il n'y avoit point d'autres Officiers que luy, permit au Derviche d'y venir passer autant de nuits qu'il voudroit, ne se doutant point du dessein qu'il avoit de consumer plus d'huile luy seul, que ne pouvoit faire le feu d'une vingtaine de lampes qu'il y laissoit allumées. Il connoissoit cet homme pour une personne que l'on ne voyoit presque jamais manger, & qui par-consequent devoit estre de sainte vie ; mais il ne sçavoit pas qu'il faisoit presque toujours *Ramazan* ou Caresme, c'est à dire qu'il prenoit sa refection durant la nuit, ainsi que font les Turcs pendant ce tems, & dormoit bien souvent pendant le jour.

Cet Imam qui faisoit encore l'Office de *Mouktar*, ou qui avoit aussi le soin d'entretenir les lampes de la Mosquée, s'apperceut qu'il estoit obligé d'y mettre plus souvent de l'huile qu'à l'ordinaire, & ne sçachant à qui se prendre de cette dépense nouvelle qu'il estoit obligé de faire, voulut voir si le Derviche qu'il enfermoit tous les soirs dans son Temple, n'eftoit point du nombre de ces *Zet ïegis* ou mangeurs d'huiles qui fe rencontrent affez ordinairement en Turquie. Il fit cacher à ce deffein dans un coin de la Mofquée deux de fes amis à qui il donna charge de bien étriller le Derviche en cas qu'ils luy viffent manger l'huile de fes lampes.

L'Imam s'eftant retiré un foir en fermant la porte du Temple ; & le Derviche croyant qu'il n'y eût perfonne que luy dedans, tira de deffous fa robe un des pains qu'il avoit cachez, puis s'approchant des lampes qui eftoient toutes pleines d'huile d'olive qui eft fort bonne à Conftantinople, en éteignit une partie, & trempant fon pain dedans à la faveur de la lumiere des autres, difoit pour s'exempter du fcrupule qu'il avoit de faire l'office des rats ; *Tout ce qui eft de Dieu eft commun, ce Temple & tout ce qu'il renferme eft de Dieu, cette huile eft de Dieu, ce pain vient de Dieu, & je fuis le ferviteur de Dieu, partant je puis me fervir de ce qui vient de luy.* Les deux gardes que l'Imam avoit fait cacher dans la Mofquée s'eftant approchez fans fe faire entendre du *Zet ïegi* ou mangeur d'huile, & laffez de luy voir vuider les lampes avec cette réflection, *bou Allaftan guelur* qu'il reïteroit chaque fois qu'il y trempoit fon pain qui eftoit encore tout chaud, luy déchargerent fur les épaules chacun plufieurs coups de bâtons qu'ils avoient apportez avec eux, en luy difant *bou daha allaftan guelur*, cecy encore vient de Dieu. En-fuite de-quoy ils le chafferent hors de la Mofquée, où l'Imam ne le laiffa plus entrer pour y demeurer feul durant la nuit.

Bien que j'aye déja nommé dans la description de sainte Sophie une partie des Officiers qui servent dans les Temples des Mahometans, je ne laisseray pas d'en rapporter icy l'ordre & le nombre ; le premier de tous est le Moufti qui est comme le Patriarche des Turcs & le chef de toutes les Mosquées, aussi-bien que de tous les Divans. Cet homme a une grande authorité dans toute la Turquie, parce qu'il est pour l'ordinaire une personne de merite & qui est fort versé dans la Loy. On le consulte pour ce sujet sur les affaires les plus épineuses & les plus difficiles à résoudre. On les luy donne par écrit, & l'affaire se termine suivant son *olur* ou *olmaz*, cela se peut, ou ne se peut pas, qu'il met au bas du *fetfa* ou de la demande, avec son nom & la qualité de *Fakir* ou de pauvre, qu'il affecte par-dessus toute autre.

Aprés le Moufti, le premier Officier des Temples est le *Katib* ou Curé qui fait la priere les Vendredis & autres jours des Festes. En-suite de quoy sont les *Imams* ou Vicaires, qui sont plusieurs, dans les grandes Mosquées, puis les *Belligler* ou Chantres & Moderateurs de la priere. Les *Ovazes* & *Nasijetgis* ou Predicateurs qui montent en chaire trois fois la semaine, aprés la priere, pour instruire le peuple des points de la Religion, & de ce qu'il doit croire & faire. Les *Soktas* ou *Softas*, & les *Moullas* qui sont tous gens, comme la pluspart de nos Beneficiers, qui ne font des prieres qu'autant qu'ils sont payez, aussi-bien que les *Muallés* à qui l'on donne de l'argent pour venir chanter les loüanges des défuncts. Les *Mouktars* qui ont le soin des lampes. Les *Kilimgiler* ou Tapissiers, qui ont celuy d'entretenir les tapis. Les *Kaïmgiler* ou *Supurgiler* qui doivent les nettoyer souvent, aussi-bien que le reste des Temples. Les *Capigiler* ou Portiers, les *Muezins* ou Crieurs, & plusieurs sortes de *Dervichs*, *Cheiks*, *Santons*, & autres gens de cette sorte qui viennent bien souvent aux Mosquées, plutost à dessein d'avoir leur part des aumônes que l'on y distribuë, que pour y faire avec ferveur des prieres qu'ils n'entendent pas.

Tous ces Officiers sont bien payez & rentez, pour les obliger d'entretenir avec soin les Temples toujours nets de toutes sortes d'ordures. A ce dessein ils n'y laissent jamais entrer de chiens, ce privilege est seulement reservé aux chats, tant pour en chasser les souris qui rongent quelquefois les tapis dont tout le plancher est couvert, que parce que ces animaux sont les bons amis de Mahomet, & qu'ils sont les plus propres de tous.

On peut mettre au rang des Mosquées les autres lieux que la pieté des Turcs a établis & fondez à Constantinople. Il y a dans cette ville prés de cent maisons considerables, tant en *Timarkanas* ou Hôpitaux dans lesquels on entretient quantité de pauvres infirmes de corps & d'esprit, qu'en *Taksakanas* qui sont des lieux où on loge les pauvres, & où on leur donne tous les jours du pain & du potage. Les *Khans* ou *Caravanserats* qui sont de grandes maisons bâties à peu-prés comme les Colleges de Paris, sont encore des lieux établis par des personnes riches qui les ont faits conſtruire pour loger les étrangers, qui y peuvent demeurer à peu de frais & en toute ſeureté autant de tems que bon leur ſemble, en donnant ſeulement un ou deux aſpres le jour, qui ne font que deux liards ou un ſol tout au plus. Il y a de ces *Karavanſeras* juſques à quatre cens dix-ſept, chacun deſquels a ſes fontaines, ſes magazins, & quelques-uns meſme ont leurs Moſquées & leurs bains pour plus grande commodité.

Comme la Loy des Turcs leur deffend de boire du vin, la dévotion des bons Muſulmans s'exerce à faire conduire des eaux en pluſieurs endroits pour y avoir des fontaines afin d'éteindre la ſoif des paſſans: c'eſt pour ce ſujet qu'il y en a une ſi grande quantité, tant à Conſtantinople qu'à ſes fauxbourgs: on en conte juſques à cinq mil neuf cens trente-cinq, tant autour des Moſquées, qu'aux autres endroits de la ville où les *Sakats* ou porteurs d'eau en vont prendre dans un grand ſac de cuir qui tient bien deux de nos ſeaux, pour l'aller porter dans les maiſons, comme on fait à Paris. Les eaux de toutes les fontaines de Stambol viennent de Bellegrade, qui eſt un village éloigné de quatre ou cinq lieuës de Conſtantinople où ſont de fort beaux aqueducs.

## DU DIVAN, OU DE LA JUSTICE
### des Turcs.

SI parmy toutes les nations il eſt difficile d'en trouver une qui ait plus de reſpect pour les lieux deſtinez à la priere, que la Turque, on peut encore assurer qu'il n'y en a point qui reçoive avec plus de soumission qu'elle, les Arrests, les Sentences, & generalement tout ce qui peut sortir du Divan, & luy venir de la part de la Justice. Il ne faut pas donner une seconde assignation pour obliger les parties à se trouver devant le Juge; celle mesme qui se sent la plus coupable ne craint pas d'y aller recevoir sa condamnation, de mesme que si elle estoit persuadée que le proverbe fût veritable, qui dit que la main coupée par la Justice ne fait point de mal. Tout cela ne vient pas de l'integrité des Juges, ny de l'équité de leurs Loix, il n'y a rien de plus injuste & de plus tyranique; mais cela vient plutost de la crainte du bâton & des avanies cruelles qui se font aux personnes qui n'ozent ou ne peuvent avoir recours à une justice superieure telle que l'est celle que rend le Caïmacan de Constantinople, ou le Grand Visir luy-mesme.

Le lieu où se tient la Justice s'appelle Divan. Il y en a toujours tout au moins un dans chaque ville, pour petite qu'elle puisse estre: elle doit estre de droit chez le Cady; mais lors qu'il y a un Pacha, il fait tout son possible pour la luy oster, & connoistre luy seul de toutes les affaires. A l'égard du Divan de Constantinople, il se tient dans le grand Serrail quatre fois la semaine, sçavoir le Samedy, Dimanche, Lundy & Mardy. Chacun de ces jours les Officiers principaux de cette Justice, qui sont le Grand Visir, ou en sa place le Caïmacan, s'asseoit au milieu, le *Nichandgi bachi* ou Garde des Seaux à sa droite, & les *Cadilesquiers* ou Intendans de Justice à sa gauche, & les *Defterdars* qui sont les Greffiers de part & d'autre: le *Capigi bachi* ou grand Portier, & le *Chaous bachi* ou grand Huissier en gardent l'entrée.

Les premieres affaires que l'on traitte dans cette Chambre, sont celles des Finances, puis celles de la Milice & de la Guerre, aprés quoy on parle de celles de la Police & de la Justice de tout l'Empire Ottoman. En-suite on y examine celles des Ambassadeurs, s'il y en a, leurs demandes, & les réponses qu'il y faut faire. Puis on expedie les Privileges, Passeports, les Lettres pour les Pachats, & l'on condamne à mort les criminels ou ceux que l'on croit tels. Et enfin tout cela estant finy, on donne audiance aux affaires des Particuliers avec une Justice tres-promte & assez équitable, sur tout lorsque le Grand Seigneur est à Constantinople, parce que pour lors les Juges craignant qu'il ne soit aux écoutes à une jalousie couverte d'un gros crespe noir qui répond dans la Chambre du Divan, & qu'estant luy-mesme le témoin de leur injustice, il ne leur fit trancher la teste au sortir de ce Tribunal pour leur empescher d'en commettre davantage.

Je ne rapporteray point icy ce qu'il faut avoir fait pour estre brûlé, empalé, pendu, décapité, jetté dans la mer, ou recevoir les bastonades. On sçait assez que les fautes commises contre le Mahometisme sont expiées par les deux premiers supplices en Barbarie seulement, que l'assassinat & le vol sont punis par les deux suivans, que le cinquiéme est pour les femmes Turques trouvées en adultere, &
que

que la derniere peine sert d'ordinaire de châtiment pour les fautes les plus legeres. Toutes ces matieres ont tant de fois esté rebatuës, qu'il me seroit bien difficile de rapporter icy quelque chose de nouveau sur ce sujet. Je feray seulement le récit d'une petite histoire assez plaisante touchant la Justice des Turcs; elle servira comme de cause grasse pour terminer le traitté du Divan, & luy donner icy les vacations.

C'est la coutume des Juges Turcs de faire jurer la main sur l'Alcoran, ceux de qui l'on desire sçavoir quelque verité contestée: & les parties qui sont en debat, y ajoûtent encore, que si la chose n'est pas comme ils l'assurent, ils veulent estre separez d'avec leur femme, supposé qu'ils soient mariez, & cela s'observe sur tout du costé de la Syrie. Un jour que je me trouvay dans cette Province à la ville d'Antioche, un jeune Marchand assez riche qui s'estoit marié depuis peu à une belle Pheniciene de la ville de Damas qu'il aimoit passionnément, eut quelque démêlé pour les interests de son commerce avec un autre Marchand d'Alep; & pour prouver davantage ce qu'il avoit avancé, il luy échappa de dire pour rendre sa cause meilleure, qu'il vouloit qu'un autre que luy possedât sa femme, si cela n'estoit pas vray. Le Juge à ce serment prononça la Sentence en faveur de ce jeune marié, & condamna la partie adverse.

Celuy-cy sachant que la Loy ordonnoit que le mary qui faisoit ce serment à faux devoit estre privé de sa femme, dont un autre devoit joüir tout au moins durant 24. heures, ne se contenta

P p

pas de cette Ordonnance; mais dans l'esperance que la femme de sa partie, que l'on sçavoit estre belle, luy seroit adjugée plutost qu'à d'autres, pour s'en servir au moins durant cet espace de tems, il fit son possible d'avoir quelques témoins pour convaincre son adversaire de fausseté. Il n'est pas difficile en Turquie de trouver des gens qui ont l'ame assez basse & assez venale pour rendre un témoignage contraire à la verité. Il n'y a que trop de faux témoins, qui ne font pas scrupule pour quelque piece d'argent d'aller déposer devant le Juge ce que l'on veut qu'ils y disent, plutost que ce qu'ils sçavent, nonobstant les peines qui sont ordonnées contre les faux accusateurs.

Le Marchand d'Alep n'eut donc pas grand-peine à produire des témoins vrais ou faux pour faire condamner sa partie comme un homme qui ne gardant point sa parole estoit indigne de posseder une aussi-belle femme qu'estoit la sienne. Le *Cadi* ou *Cazi* ordonna donc, que suivant la Loy la femme du Marchand d'Antioche seroit aussi-tost séparée d'avec luy, & laissée en la puissance d'un autre. Cet infortuné au desespoir de se voir obligé à perdre tout-à-fait sa chere moitié, s'adressa dans le mesme moment à un *Cheic* qui passoit pour sçavant, & qui estoit souvent appellé pour expliquer les poincts les plus difficiles de la Loy; il le pria de trouver quelque adoucissement à cette rigueur, & que s'il vouloit parler pour luy au *Cadi*, qu'il sçauroit bien le reconnoistre de cette faveur, & qu'en attendant il luy faisoit present de dix sequins d'or

( qui sont environ vingt-trois écus de France ) qu'il luy mit dans la main. Le *Cheik* qui estoit un homme d'esprit, luy dit qu'il estoit extrémement difficile d'aller contre cette Loy, mais qu'il y trouveroit une explication favorable, & qu'il y feroit mesme consentir le Cadi, pourveu que de son costé il fit en sorte d'éblouïr auparavant ce Juge par l'éclat de l'or, & de le détourner par quelque present considerable, du dessein qu'il pouvoit avoir formé de luy enlever sa nouvelle épouse.

Le Marchand d'Antioche qui auroit donné tout son bien pour ne pas perdre sa belle Phenicienne, dit qu'il ne tiendroit pas au present, pourveu qu'on luy trouvât moyen de la garder. Alors le Cheïk ou Docteur qui estoit amy du Cazi luy menant cet Antiokien avec vingt sequins, luy dit : *Seigneur, vous avez rendu une Sentence contre cet homme, qui est à la verité tres-conforme à la Loy ; mais parce qu'elle est extrémement fâcheuse pour luy, & qu'il est de mes meilleurs amis, je viens icy pour vous prier, qu'en ma consideration vous receviez le petit present qu'il vous fait, & que vous permettiez que cette mesme Loy soit expliquée ; elle ordonne que celuy qui aura juré à faux soit pour toujours separé d'avec sa femme, ou que quelqu'autre mâle la possede au moins durant vingt-quatre heures, & qu'elle couche mesme avec luy en la presence de son mary. La Loy est fort bonne, & la Sentence que vous avez donnée est équitable ; mais permettez, je vous prie, qu'elle soit executée de cette façon. La femme du Marchand pour qui je parle sera durant vingt-quatre heures hors d'avec luy, comme vous avez ordonné ; mais celuy qui la posse-*

dera *&* entre les bras de qui elle couchera aux yeux de son mary, sera, s'il vous plaist, de le décider ainsi, le fleuve qui lave les murs de cette ville d'Antioche: Il a toutes les qualitez que la Loy demande, il s'appelle Oronte, *&* est du genre masculin. Le Cadi surpris de l'explication ingenieuse qu'avoit trouvé ce Cheïk ou Jurisconsulte, & adouci par les vingt sequins du client, prononça suivant les conclusions de cet habile Avocat, & renvoya les parties hors de cour & de procés.

## DE L'OCCUPATION DES TURCS.

PUISQUE l'homme n'a receu l'estre que pour agir, & qu'il ne le perd qu'au moment qu'il ne sçauroit plus rien faire, on peut dire que les nations qui travaillent le plus, comme la Françoise, joüissent plus de cet estre & le meritent davantage que les autres, & par-consequent celles qui agissent le moins, comme la Turque, en sont les plus indignes. Toute l'occupation des Turcs se peut rapporter, aussi-bien que celle de tous les hommes, à la necessité, à l'utilité & au plaisir; mais comme ils se contentent de tres-peu de chose, qu'ils ne recherchent point avec empressement leurs commoditez, & qu'ils n'ont pas l'esprit porté aux Arts, ny d'inclination pour les Sciences, il ne faut pas s'étonner si l'on ne trouve chez eux que ce qui est absolument necessaire à la vie, indispensablement utile au commerce, & tres-médiocrement propre pour servir aux divertissemens de l'esprit & du corps, & faire passer agréablement le tems qui est toujours trop

# DE CONSTANTINOPLE.

long pour des gens aussi grossiers & aussi-peu studieux que le sont les Mahometans.

Les choses ausquelles la necessité a contraint les Turcs de s'employer, sont l'agriculture, la boulangerie, l'apprest des viandes & l'architecture ; il n'y a guere que les Chrétiens qui ayent le soin de cultiver les terres dans l'Empire Ottoman. Les Turcs ne mettent la main à la charruë que le plus-tard qu'ils peuvent, & il faut qu'il n'y ait ny Grecs ny Armeniens dans un village pour qu'ils s'embarassent des sémailles ou des moissons ; & dans les grandes villes, aussi-bien qu'à Paris, il n'y a qu'un grand nombre de Boulangers qui entretiennent le peuple, de bled, de farine ou de pain ; il n'y en a qu'environ sept cens à Constantinople, qui ont des fours publics, où chacun de ceux qui font leur pain chez eux peut apporter sa pâte. Ces Boulangers que l'on appelle *Ecmekgiler* ont la pluspart un moulin chez eux, & ces moulins, dont le nombre monte à six cens, sont agitez par des animaux qui tournent leurs meules. Il n'y en a point à eau ny à vent dans cette ville, ny aux environs. Tout le pain que l'on y mange n'est pas bon au goût des François, il est comme des galettes plat & rond en forme d'une assiette de bois ; il n'est bon que lors qu'il est chaud, ou tout-au-plus cuit du mesme jour, & il n'est pas blanc pour la raison que j'ay dite ailleurs.

La cuisine des Turcs est à peu prés comme celle d'Alexandre le Grand, qui refusa les Cuisiniers que luy envoyoit la Princesse Ada Reine de la Carie, disant que son Gouverneur Leonidas luy en avoit laissé deux excellens, dont les sauces estoient infaillibles pour exciter l'appetit, sçavoir le travail du matin qui luy préparoit à dîner, & l'exercice du soir qui luy assaisonnoit un fort-bon souper. Il n'en faut pas d'autres pour faire trouver bons les ragoûts des Mahometans. Le *Pilavv* qui est du ris en grain fort peu cuit dans le boüillon de viande, ou bien avec de l'eau & du beurre, est le plus excellent de tous leurs mets, & sans lequel le plus grand festin du monde ne seroit aucunement estimé. On y mêle souvent du lait caillé qu'ils appellent *ïoghourt*, du saffran pour le faire jaune, du miel ou du *Pekmés* qui est du vin cuit pour le rendre doux, & enfin mille ingrediens pour satisfaire à la bizarrerie d'un goust aussi dépravé que le leur. La rotisserie, dont ils se servent assez rarement, qu'ils nomment *Kiabab* n'estant ny lardée ny bardée, si ce n'est avec la graisse des moutons de Caramanie, dont les queuës sont larges comme les bords d'un chappeau & grosses à proportion, n'a pas meilleur goust; & enfin le vin qui leur est deffendu n'estant pas pour eux un moyen de demeurer plus long-tems à table que la necessité le demande, ils ont plutost dîné & ployé leur *Sofra* ou nappe de cuir, que l'on n'auroit en France mangé une bisque ou quelqu'autre potage semblable dont les Turcs n'ont jamais entendu parler.

Cette sobrieté qui n'accommoderoit pas un Anglois pour la viande, non-plus qu'un Allemand pour le vin, n'incommode jamais un Mahometan, soit à la guerre, soit à la maison. Les plus grandes provisions que l'on porte dans leur camp, n'estant que du ris, du beurre fondu, & quelques viandes seiches, ou mesme pulverisées, elles ne les obligent point d'occuper une infinité de gens à la recherche & à la conduite de cent sortes de vivres differens, & n'engagent point leurs soldats à s'écarter de leurs corps pour aller enlever au peril de leur vie de-quoy satisfaire à leur intemperance. Et pour ce qui est du logis, un tonneau de ris par an, avec quelques pots de beurre fondu, & des fruits secs, font les plus grandes provisions d'une famille assez nombreuse. Pour moy je ne rapporte point à d'autre cause qu'à cette sobrieté, la force & l'embonpoint de tous les Levantins; & s'il leur estoit permis d'avoir de grands biens en propre pour en recevoir les rentes annuelles, cette épargne qu'ils font depuis si long-tems sur leur bouche auroit beaucoup plus étably de riches familles dans la seule ville de Constantinople, que la bonne chere & les festins n'en ont ruiné dans toute la France: car la cuisine est dans une maison ce qu'est la ratte dans le corps; plus elle s'augmente, & plus les autres facultez diminüent.

Puisque la cuisine des Turcs m'a jetté sur la Medecine, il faut que j'avoüe en faveur de Galien, que la pluspart des Orientaux, sur tout les Marchands, artisans, voyageurs & autres, mangent fort peu à dîner, & davantage à souper, comme ce sçavant homme l'ordonne; au-contraire de ce qui se pratique en Europe par ceux qui suivant l'Ecole de Salerne, obeïssent au conseil d'Hipocrate en soupant peu & dînant mieux. Il est bien vray qu'il se trouve en Turquie, aussi bien qu'en France, des personnes qui pour mettre d'accord ces deux Princes de la Faculté de Medecine, se trouvent fort bien du dîner d'Hipocrate, & du souper de Gallien. La coutume qui est une seconde nature peut accommoder ces deux partis. Enfin, quoy-qu'il en soit de la cuisine des Turcs, je ne laisse pas de m'en servir encore à Paris pour y faire quelquefois du *Pilavv*, du *Doulma*, du *Bourek*, du *Chorba*, & autres ragouts qui me font au moins souvenir que j'en ay mangé avec toutes les nations de l'Orient.

Si les Mahometans ont quelques regles d'Architecture, ils ne s'en servent jamais pour eux en particulier. Il n'y a que les édifices publics, comme sont les Temples, les Bains, les Hôpitaux, les *Caravanserats*, les *Basarts* & les *Besestins* qui ayent quelque chose d'assez passable & d'assez bien ordonné; car pour les autres maisons elles n'ont rien de beau que quelques chambres boisées, lambrissées & dorées, encore sont-elles en fort petit nombre & sans autre meubles qu'un *Sofat* garny de ses *Minderts* & tapis; tellement que qui considerera bien la maniere des Turcs dans leurs bâtimens, aussi-bien que dans leur cuisine, jugera facilement qu'ils ont plutost le dessein d'agrandir leur Empire, que de le bien établir: c'est ce qui fait qu'ils ont plus de soin de détruire tout ce que l'antiquité a élevé de beau, que de construire eux-mesmes quelques bâtimens considerables pour servir à la posterité. Ainsi l'on ne doit point chercher chez eux les amphitheatres, les spectacles, les peintures, sculptures, & generalement tout ce que peuvent produire les beaux Arts. Ils en sont les ennemis jurez, & n'ont rien parmy eux que ce qu'une nature assez grossiere leur a pû enseigner pour subvenir seulement aux necessitez de la vie; bien loin de rechercher avec étude ce quil y avoit de profond & de sublime dans la doctrine des anciens Egyptiens Arabes & Grecs, dont ils possedent maintenant les Etats, & tyrannisent les descendans avec d'autant plus de cruauté, qu'ils ne leur permettent pas seulement de pouvoir cultiver chez eux les Arts & les Sciences, ny de se servir des connoissances qu'ils pourroient avoir acquises ailleurs, quand ce seroit mesme touchant la Medecine pour laquelle ils ont tant de veneration. Si un *Akim* ou Medecin s'estoit avisé d'ouvrir le corps d'un mort pour y observer quelque particularitez de sa maladie, ou bien de faire l'anatomie de quelque animal pour y découvrir quelque chose de nouveau, il pourroit s'assurer que nonobstant le respect que l'on porte à sa doctrine, on luy feroit une avanie capable de consommer facilement en un jour tout le bien qu'il pourroit s'estre acquis avec bien de la peine en plusieurs années.

Mais de crainte qu'en continüant de parler au desavantage de ces peuples barbares, ils ne s'en vangeassent avec usure par la cruauté de leurs avanies, dans le nouveau voyage d'Orient que je suis sur le point d'entreprendre, pour ne laisser rien échapper à ma curiosité de ce qui peut passer pour remarquable dans ces lieux, je termineray icy ma relation. Je finis donc en m'adressant au Souverain Maître de toutes choses, pour le prier qu'il inspire au plus puissant Monarque de l'Univers un dessein qui ne pourroit manquer d'estre heureux, puisqu'il seroit conduit par la pieté, & soutenu par la valeur d'un Roy qui possede si justement le titre de *Tres-Chrétien*, & celuy de Victorieux.

*REnversez, ô Grand Dieu, sous les pieds de Loüis,*
*L'orgueil des Tyrans de Bysance,*
*Qu'ils tombent à l'éclat des foudres de la France*
*Aussi-tost frappez qu'ébloüis;*
*Afin qu'ayant réduit ce qui vous est rebelle,*
*Et par vous & pour vous étant victorieux,*
*Il détruise l'erreur de ce peuple infidelle,*
*Et fasse fleurir au lieu d'elle*
*De vos divines Loix le culte glorieux.*

### FIN.

# EXTRAIT DV PRIVILEGE DV ROY.

PAr Grace & Privilege du Roy, Il est permis à GUILLAUME GRELOT, de faire imprimer, vendre & debiter par luy ou par telles personnes qu'il verra bon estre dans tout le Royaume de France, La Relation des Voyages qu'il a faits dans l'Orient, enrichie des Profils, Elevations, Plans & Desseins de tout ce qu'il y a de beau, de rare & de curieux dans les villes, édifices, habits & ceremonies des Orientaux, parties desquels Plans & Desseins, ledit Grelot a fait voir par plusieurs fois à leurs Majestez Tres-Chrétiennes : Et ce en tel volume, marge, caractere, & autant de fois que bon luy semblera, pendant le temps de vingt années consecutives, à commencer du jour que le tout sera achevé, de graver & imprimer pour la premiere fois ; Avec défences à tous Graveurs, Libraires, Imprimeurs & autres, de graver imprimer, vendre & debiter lesdites Planches & Livres, sous quelque pretexte que ce soit, mesme d'impression estrangere sans le consentement dudit Exposant ou de ses ayans cause, sur peine de confiscation des Exemplaires contrefaits, & d'autres peines, ainsi qu'il est plus au long porté par ledit Privilege. Donné à Saint Germain Laye le 17. Février l'an de Grace 1677. & de nostre Regne le trente-quatriéme. Signé, Par le Roy en son Conseil, DESVIEUX. Et scellé du Grand Sceau de cire jaune.

Et ledit sieur Grelot a cedé & transporté le Privilege cy-dessus à la veuve de Damien Foucault, Imprimeur & Libraire ordinaire du Roy, pour la seule Relation de voyage qu'il a fait à Constantinople faisant partie des voyages qu'il a faits dans l'Orient, suivant l'accord fait entr'eux. Registré sur le Livre de la Communauté des Imprimeurs & Libraires de Paris, le 8. Avril 1680. Signé, CHARLES ANGOT, Syndic.

Achevé d'imprimer pour la premier fois le premier Juillet 1680.

Les Exemplaires ont esté fournis.

www.ingramcontent.com/pod-product-compliance
Lightning Source LLC
Chambersburg PA
CBHW060405170426
43199CB00013B/2007